U0490755

宁夏双一流重点培育学科（中国语言文学）资助；北方民族大学高层次人才选拔与培养项目资助

·历史与文化书系·

# 民族自治区大众传播网络构建及参与式传播模式研究

张学霞 | 著

光明日报出版社

**图书在版编目（CIP）数据**

民族自治区大众传播网络构建及参与式传播模式研究 / 张学霞著. -- 北京：光明日报出版社，2024. 3

ISBN 978-7-5194-7872-8

Ⅰ. ①民… Ⅱ. ①张… Ⅲ. ①民族自治地方—传播媒介—研究—中国 Ⅳ. ①G219. 27

中国国家版本馆 CIP 数据核字（2024）第 064141 号

**民族自治区大众传播网络构建及参与式传播模式研究**

**MINZU ZIZHIQU DAZHONG CHUANBO WANGLUO GOUJIAN JI CANYUSHI CHUANBO MOSHI YANJIU**

著　　者：张学霞

责任编辑：杨　茹　　　　责任校对：杨娜　董小花

封面设计：中联华文　　　　责任印制：曹　净

出版发行：光明日报出版社

地　　址：北京市西城区永安路 106 号，100050

电　　话：010-63169890（咨询），010-63131930（邮购）

传　　真：010-63131930

网　　址：http://book.gmw.cn

E - mail：gmrbcbs@gmw.cn

法律顾问：北京市兰台律师事务所龚柳方律师

印　　刷：三河市华东印刷有限公司

装　　订：三河市华东印刷有限公司

本书如有破损、缺页、装订错误，请与本社联系调换，电话：010-63131930

开　　本：170mm×240mm

字　　数：305 千字　　　　印　　张：17. 5

版　　次：2024 年 3 月第 1 版　　　　印　　次：2024 年 3 月第 1 次印刷

书　　号：ISBN 978-7-5194-7872-8

定　　价：95. 00 元

# 序言一

今年上半年，我刚刚为学霞博士所著《宁夏大众传播网络构建研究（1926-2018）》（2023年3月出版）一书作序。时隔不久再次看到自己的学生出版新作，感受到后辈学人如此努力，深感欣慰！

学霞博士的《民族自治区大众传播网络构建及参与式传播模式》这本书，力图在发展传播学研究视野下，呈现近20年来民族自治区的社会变迁和大众传播网络发展演变的全貌，以及两者之间相互促进、彼此共生的关系。书中集中探讨了民族自治区大众传播网络发展的动力机制和面临的问题，及民族自治区参与式传播模式的构建。围绕民族自治区的报纸、期刊、广播、电视、政府网站、新闻网站、政务微博、媒体微博、政务头条号、媒体微信、媒体融合等，分门别类地梳理了它们的发展演变情况。资料详实充分，引述规范，是对民族自治区大众传播媒体发展状况的重要专题研究成果，具有较高的资料价值和学术价值。

这本书有不少创新之处。它以民族自治区的“大众传播网络构建”和“参与式传播模式”为研究对象，将两者有机结合，具有一定研究新意。同时，本书借用约翰·B·汤普森关于“大众”的定义，将“大众传播”概念内涵进行了拓展，从报纸、期刊、广播、电视等为主体的大众传播媒体，推广至既包含传统的大众媒体、又包含网络新媒介以及应用在内的媒体种群，是具有学术价值的新观点，是对学界关于“大众传播”概念的一种创新性运用，有助于丰富和拓展学界对“大众传播”内涵的认识。

这本书指向明确，思路清晰，逻辑严密，写作规范，尤其是关于发展传播学和参与式传播部分的文献梳理，体现出作者深厚的研究和写作功力。最后，再次热烈祝贺《民族自治区大众传播网络构建及参与式传播模式》的出版，也期望学霞博士在学术道路上取得更多的研究成果！

是为序。

白润生

2023 年 12 月 11 日于北京

（中央民族大学教授，中国新闻史学会特邀理事，少数民族新闻传播史研究委员会名誉会长，内蒙古《新闻论坛》杂志顾问，故国神游文化有限公司普陀《龙族》文旅项目顾问，南京师范大学民国新闻史研究所特约研究员，天津师范大学兼职教授，河北经贸大学兼职教授）

# 序言二

说来惭愧，学霞教授送来书稿已有好几个月了，我受事务所扰，才开始学习之，深感不安。学霞近几年着力民族地区，尤其是宁夏回族自治区的新媒体传播研究，敏锐地捕捉到网络社会形成过程中，对受众以及受众所组成的社会结构的影响。传统认知中的民族自治区，区域经济、社会发展、文化建设都处于相对滞后的状态，但是互联网技术赋能下的“网络化逻辑”建构出“网络社会”，颠覆了传统社会的组织架构和组织模式，网络技术的即时性、互动性、空间多元性、海量存储等技术特征，使传统社会垂直结构的优势被反转，水平式的社会结构、交往结构成为可能并蕴含着无限的力量。这一背景，让民族自治区的信息传播结构、受众参与模式与世界保持接近的发展水平成为可能，无论从发展传播学角度还是从网络传播学角度来看，学霞的研究都具有不可替代的学术价值。

新时代，铸牢中华民族共同体意识是民族工作的主线和战略任务。习近平总书记关于加强和改进民族工作的重要思想，是从事民族地区新闻传播的学者研究的核心要义，是阐释好中国特色解决民族问题之“道”。习近平总书记于2020年6月8日至10日在宁夏考察调研时指出：“中华民族是多元一体的伟大民族，全面建成小康社会，一个少数民族也不能少。”① 在中国历时多年的传播发展史上存在丰富的具有中国特色发展传播的实践案例，这些案例成为了国内外发展传播学研究丰富的思想源泉和有力的具体例证，我国的5个民族自治区有着丰富的实践案例，是中国特色解决民族问题的正确道路的重要佐证，也是涉民族宣传创新传播方式、丰富传播内容、拓宽传播渠道、讲好中华民族共同体故事的重要案例库。

---

① 习近平在宁夏考察［EB/OL］. 中华人民共和国中央人民政府网 . http：//www. gov. cn/xinwen/2020-06/10/content_ 5518467. htm，2020-06-10/2020-07-25.

学霞的研究以《民族自治区大众传播网络建构及参与式传播模式研究》为题，其研究的核心便是对以下问题进行回答：其一，新中国成立七十年来，民族自治区大众传播网络形成的格局、动力机制、具体模式、特点；其二，民族自治区的大众传播网络在地区发展中的作用及具体案例；其三，参与式传播在中国的发展空间以及其限度、效度；其四，参与式传播在民族自治区大众传播网络建构中的具体体现。

这一研究是马克思主义与中国具体实际相结合的很好诠释，也是马克思主义新闻观与民族自治区网民参与式传播的结合式研究，在网络媒体与网民的互动中，交往的模式不断创新，并带动区域经济发展，从而更好地促进少数民族和民族地区实行现代化。

这本书的主要内容分章概述如下；

第一章《民族自治区的社会发展变迁》。本章主要对研究涉及到的相关概念进行了界定。如：传播、大众传播、传播网络与大众传播网络、传统媒介、新媒介、传统媒体、新媒体、新新媒体、参与式传播、发展传播学等。本章同时对“民族自治区”这一核心概念进行了详实的说明与概括，也对民族自治区社会发展的巨大成就，从经济、基础设施、生态环境以及教育等多方面进行了说明。

第二章《民族自治区大众传播网络的发展演变》。本章对民族自治区大众传播网络发展进行了历时性的演变梳理。报刊作为民族自治区大众传播网络中的元老，成为本章探讨的首要对象。民族区域自治区报刊发展呈现逐渐成熟趋势，其中，报纸发展文种逐渐增多，种类逐渐丰富齐全。期刊类别也随着社会发展也日渐丰富，语言多样，层次清晰。本章论述了民族自治区的广播、电视发展。总体来看，民族自治区的广播发展呈现规模大，层次多，覆盖面广的特征；电视发展呈现语种多，普及率高，覆盖面大的特点。本章还从民族自治区互联网普及和上网人数不断激增、网站数量增加以及自治区传播网络层次多、类别多三个层面论证了民族自治区新媒体发展迅猛且全面。

第三章《民族自治区大众传播网络发展的问题及发展机制》。本章对民族自治区大众传播网络发展存在的问题及发展机制进行了探讨。

本章首先认为民族自治区大众传播网络发展面临的问题有三个，一是大众传播网络规模庞大，但影响力有限，主要体现在民族自治区大众传媒影响力集中于本区，且传统媒体的影响力开始下降。二是民众参与度不高。三是发展传播研究相对薄弱，比如研究中缺乏全面深入的受众研究，民族自治区发展传播研究缺乏社会背景政治结构等宏观层面研究的同时，亦缺乏对国家制度层面的深度研究。

在分析了民族自治区发展传播研究的基础上，研究认为民族自治区大众传播网络发展的核心推动力为中国特色社会主义制度，例如统一的媒体制度是民族自治区大众传播网络普遍发展的保障，这一运行机制体现在通讯员制度实质上拓宽拓深了民族自治区大众传播网络的覆盖范围和层级。再例如四级办媒体制度，保证了民族自治区民众基本信息的事业化管理。党管媒体的制度之外，媒体企业化经营的体制，使民族自治区大众传播网络借助市场获得了强劲的发展。

另外，技术的发展创新普及应用是民族自治区大众传播网络发展的底架。无论是印刷术的发展和普及应用，促进了民族自治区报刊业的发展，还是广播电视技术的发展保障了民族自治区最大范围的人群覆盖，再到网络技术的发展通过数字赋能驱动民族自治区迈向数字化大众传播网络时代，大众传播网络的发展始终需要依赖技术的存在，技术以透明的、不可见的性质不可或缺地存在于这一传播网络中，奠定甚至引领媒介化社会的兴起。

第四章《民族自治区大众传播网络发展与参与式传播模式建构》。

本章首先对大众传播网络建构与参与式传播在民族区域自治区中的特殊性进行了说明与分析。民族自治区的参与式传播奠定了党报人民性的基础，并基本奠定了大众传播网络发展的基调，同时，参与式传播还促进了新媒体、新新媒体的迭代飞速发展。

本章还探究了民族自治区媒体融合的价值。民族自治区媒体融合发展能够巩固和扩大传统主流媒体的传播力、引导力、影响力和公信力，同时也能够更好地引导网络舆论，更好地在互联网治理中发挥作用。本章还做了历时性的分析，认为民族自治区的媒体融合经历了以下两个阶段：第一阶段为 2000－2013 年，主要是媒介形态，传播渠道，内容生产以及技术上的初步融合。第二阶段为 2014 年至今，此阶段开始探索媒体体制融合、产业融合、机构融合、人才融合等，去边界、去壁垒、去技术偏向是这一阶段的重要特征。

总的来说，本研究从对特殊例证的探讨到对一般性规律、机制的总结，将民族自治区大众传播网络的演进发展和形成动力作为研究聚焦，并通过个案进行剖析。研究将地方空间内大众传播网络演进发展的过程视为不同媒介形态发展演化的过程，以及各媒介形态共存的过程。在此基础上，研究对未来网络化社会中，民族自治区大众传播网络应具备的特色与优势进行了展望。我们深知，数字技术乃至数智技术将过往的所有媒介都揽于怀中，形成高度融合的媒介形态。传统的媒介技术在这个阶段被彻底终结，我们需要思考的是在未来社会，技术，媒介与人的关系如何摆置，人类又如何主体性的把握媒介技术所建构的社会，例如卡斯特所说的“流动的空间”。我相信，在这一点上，民族自治区并不会因为区域的特殊性而成为旁观者，对网络社会的发展传播学研究不仅不用停下脚步，反而应该大步走过去。

说起来我做民族地区发展传播学已经快 20 年了。2006 年 1 月份，冒着严寒和风雪穿行在河西走廊的几个民族自治县，陌生的社区、民俗、文化带给我异样的新鲜、好奇、求知的感受，在大通河旁的天祝县天堂寺的藏族社区、在隆畅河旁的裕固族社区，在当金山下的肃北蒙古族蒙古包，在苏干湖侧的阿克赛哈萨克族毡房里，我走进他们并且再也没有走出去。西北地区是历史上中华民族交往交流交融的重要场域，河西走廊如是，宁夏亦如是，在被称为塞上江南，朔方保障，沙漠咽喉的宁夏，游牧与农耕生产方式互融，中原文化与边塞文化互鉴，久而久之，已形成今日之铸牢中华民族共同体意识示范区。

在诸多深耕于民族地区发展传播学学术土壤的学者中，学霞以她诚挚厚道的人品，扎实深厚的学术功底，切中肯綮的“入场”经验，让她的研究由一个点逐步蔓延到一个面，形成了自己独到的研究路径和旨趣。作为多年的朋友和同道，深深为之高兴。期待学霞教授在我国民族地区发展传播学研究的道路上，做出更多的成果。

朱杰于兰山龙尾山下

2023 年 12 月 4 日

# 目　录
# CONTENTS

# 绪　论

## 第一节　选题背景、问题的提出和研究意义

当前民族问题国际化、宗教问题政治化已成为国际社会发展的一种趋势。从巴尔干半岛到中东地区，任何有关国家、地区、民族的不稳定和冲突，都使国家内部以及国际关系方面面临着危机和挑战，并呈现出“地方行动、全球思维”的特点。中国是在国际上处理民族问题十分成功的国家，但在全球化背景下，受国际环境以及国内发展形势的影响，维护社会稳定、民族团结，促进社会和谐发展在当下中国具有强烈的现实意义。大众传播网络作为一种由穿越时间和空间的信息流组成的联系网络，具有规模化、系统化的特征，以及连通性强、流动性强等特性，还拥有着强大的传播力和巨大的覆盖范围，在信息社会的日益发展中扮演着重要角色。尤其是民族自治区的大众传播网络，在传递国家话语，增强国家认同，提升中华民族凝聚力，强化对外传播，以及促进国家和地方发展等方面具有独特的功能和作用。因此，在地方行动、全球思维的背景下，在关注全球变迁、中国一体化发展的同时，关注地方经验、地方模式以及地方大众传播网络构建显得尤为重要。

### 一、选题背景

当前世界正面临百年未遇之大变局，中国也处于重要战略发展时期，处于全面建成小康社会的决胜阶段，地域之间发展不平衡不充分的现象明显，利益统筹兼顾的难度加大，意识形态领域的斗争激烈、复杂，国家安全面临新情况。因此，在国内外形势发生深刻复杂变化的大背景下，面对社会矛盾和问题交织

叠加的社会现实，要想使中国大众传播网络更好地发挥提升中华民族凝聚力、增强国家认同的作用，以及更好地发挥促进民族团结、社会发展、国家稳定的作用，就有必要全面、深入地研判国内外新近的发展变化，立足当前的世情、国情、党情和民情以及民族地区的发展实情。

### （一）现实背景

近年来我国相继发生了对社会稳定和民族团结影响较大的少数民族群体事件。这些事件的发生表明，对民族地区的民族管理工作、意识形态工作、信息传播工作以及社会治理工作的研究，成为事关中国民族团结、社会稳定以及民族地区改革发展的重大和现实课题。可以说，民族地区特别是民族区域自治地区发生的群体事件已不再是一个个简单的概率事件，而是国家环境、社会秩序、运行规则、社会治理、意识形态管理的系统性破坏或错位。因此，坚持中国特色社会主义道路，掌握和巩固民族自治区意识形态工作的领导权、管理权、话语权，巩固马克思主义在意识形态领域的指导地位，巩固民族自治区人们的共同思想基础就显得尤为必要。同时，利用具有规模化、系统性，具有强大传播力和巨大覆盖范围的大众传播网络一如既往地促进民族自治区的发展也尤为重要。

党和国家的领导人一直准确把握我国统一的多民族国家的国情，高度重视民族地区和少数民族的发展，提出民族地区和少数民族发展的核心是全面建成小康社会，增强团结的核心是加快少数民族和民族地区发展，促进各民族共同繁荣。始终把解决民族地区的民生问题放在心上。2013 年 9 月，习近平在两会期间参加西藏代表团审议时指出，要坚持富民兴藏战略，毫不动摇把保障和改善民生放在更加突出的位置，解决好人民最关心最直接最现实的利益问题。①2013 年 11 月，习近平在湖南省湘西土家族苗族自治州调研时指出，“加快民族地区发展，核心是加快民族地区全面建成小康社会步伐”②。2014 年 3 月 4 日，习近平在参加全国政协十二届二次会议少数民族委员联组讨论时指出，“增强民族团结的核心问题就是要积极创造条件，千方百计加快少数民族和民族地区经

---

① 习近平关于民族工作的重要讲话［EB/OL］. 中国军网，2017-03-12.

② 十八大以来习近平关于少数民族和民族地区的讲话［EB/OL］. 中国新闻网，2014-09-30.

济社会发展，促进各民族共同繁荣发展”①。2014 年 5 月 28 日至 29 日，习近平在第二次中央新疆工作座谈会上指出：“要坚定不移推动新疆更好更快发展，同时发展要落实到改善民生上、落实到惠及当地上、落实到增进团结上。”② 2014 年 9 月，习近平在中央民族工作会议暨国务院第六次全国民族团结进步表彰大会上的讲话中指出，支持民族地区加快经济社会发展是中央的一项基本方针。③ 2019 年 9 月 27 日，习近平在全国民族团结进步表彰大会上的讲话中指出，没有民族地区的全面小康和现代化，就没有全国的全面小康和现代化。我们要加快少数民族和民族地区发展，推进基本公共服务均等化，提高把“绿水青山”转变为“金山银山”的能力，让改革发展成果更多更公平惠及各族人民，不断增强各族人民的获得感、幸福感、安全感。要完善差别化的区域政策，优化转移支付和对口支援机制，实施好促进民族地区和人口较少民族发展、兴边富民行动等规划，谋划好“十四五”时期少数民族和民族地区发展。④ 2020 年 6 月 8 日至 10 日，习近平在宁夏考察调研时指出，“中华民族是多元一体的伟大民族。全面建成小康社会，一个少数民族也不能少。各民族团结携手，共同迈进小康社会，体现了中华民族优良传统，体现了中国特色社会主义制度的显著优势”⑤。

在党和国家的高度重视下，在各族人民的不懈奋斗中，民族地区尤其是民族自治区获得了前所未有的发展。党的十八大以来，民族地区累计减贫 2500 多万人，贫困发生率从 21%下降到 4%。在民族自治区前所未有的大发展中，民族地区的大众传媒和大众传播网络也获得了前所未有的发展。

截至 2022 年，新疆出版报纸种数达到 80 种，报纸出版总印数达到 4.1 亿份，期刊出版种数达到 218 种；西藏出版报纸种数达到 24 种，报纸出版总印数达到 0.9 亿份，期刊出版种数达到 40 种；内蒙古出版报纸种数达到 52 种，报纸出版总印数达到 2.2 亿份，期刊出版种数达到 150 种；广西出版报纸种数达到

---

① 十八大以来习近平关于少数民族和民族地区的讲话［EB/OL］. 中国新闻网，2014-09-30.

② 十八大以来习近平关于少数民族和民族地区的讲话［EB/OL］. 中国新闻网，2014-09-30.

③ 中央民族工作会议暨国务院第六次全国民族团结进步表彰大会在京举行［EB/OL］. 新华网，2014-09-29.

④ 习近平：在全国民族团结进步表彰大会上的讲话［EB/OL］. 新华网，2019-09-27.

⑤ 习近平在宁夏考察［EB/OL］. 中国政府网，2020-06-10.

42 种，报纸出版总印数达到 4.5 亿份，期刊出版种数达到 177 种；宁夏出版报纸种数达到 13 种，报纸出版总印数达到 0.9 亿份，期刊出版种数达到 37 种。同时，新疆公共广播节目套数达到 160 套，西藏公共广播节目套数达到 30 套，内蒙古公共广播节目套数达到 125 套，广西公共广播节目套数达到 77 套，宁夏公共广播节目套数达到 23 套。民族自治区广播节目综合人口覆盖率也不断攀升。2022 年，新疆地区广播节目综合人口覆盖率达到 99.20%，西藏地区广播节目综合人口覆盖率达到 99.41%，内蒙古地区广播节目综合人口覆盖率达到 99.75%，广西地区广播节目综合人口覆盖率达到 98.8%，宁夏地区广播节目综合人口覆盖率达到 99.93%。2022 年，新疆公共电视节目套数达到 205 套，西藏公共电视节目套数达到 82 套，内蒙古公共电视节目套数达到 119 套，广西公共电视节目套数达到 117 套，宁夏公共电视节目套数达到 29 套。这五个民族自治区电视节目综合人口覆盖率分别为：新疆 99.30%，西藏 98.56%，内蒙古 99.75%，广西 99.45%，宁夏 99.98%。2022 年，新疆移动互联网用户达到 2435.4 万户，互联网宽带接入用户达到 1174.8 万户；西藏移动互联网用户达到 301.1 万户，互联网宽带接入用户达到 130.3 万户；内蒙古移动互联网用户达到 2577 万户，互联网宽带接入用户达到 868 万户；广西移动互联网用户达到 5177.8 万户，互联网宽带接入用户达到 2054.2 万户；宁夏移动互联网用户达到 787.9 万户，互联网宽带接入用户达到 346.4 万户①。

由此可以看出，民族自治区历经七十多年的发展，已由 1949 年前极为单薄、脆弱，由报纸、杂志等纸质媒介和广播电子媒介构建而成的二元传播网络，逐渐发展成为和全国其他地区一样，拥有多元、复杂、丰富网络结构，规模庞大的大众传播网络。民族自治区大众传播网络在区域的发展过程中一直发挥着不可替代的作用，同时也不断遭遇着发展中的新挑战。新形势下，民族自治区依然面临着社会主义市场经济带来的机遇和挑战，面临着经济加快发展和发展低水平并存的挑战，面临着国家对民族地区支持力度持续加大和民族地区基本公共服务能力建设仍然薄弱的挑战，以及面临着民族交往交流交融趋势增强和涉及民族因素的矛盾纠纷上升并存的挑战，同时还面临着反对民族分裂、宗教极端、暴力恐怖斗争成效显著和局部地区暴力恐怖活动活跃多发并存的挑战，等等。在这样的形势和背景下，民族自治区的大众传播网络如何坚持以马克思主义为指导，围绕坚持和发展中国特色社会主义的需要，更好地发挥意识形态

① 根据国家统计局网站数据统计汇总.

引领作用的同时，切实促进民族自治区的发展就具有特别重要的意义。

### （二）理论背景

从新闻传播学功能主义的角度来看，国内外的研究表明，大众传媒在促进信息的传播与传递，呈现舆情，监测环境，促进教育和文化的传承，提供娱乐等方面具有突出作用；在促进国家和社会发展方面具有长期积极的作用。国外具有六十多年的发展历程，专门从传播学视域研究发展问题的发展传播学的研究结果表明，大众传播媒介在促进社会发展、推动发展中国家实现现代化方面具有一定的正面功能和积极作用。

发展传播学派的学者丹尼尔·勒纳（Daniel Lerner）将大众传媒的发展视为民主政治发展的三个阶段之一①。约瑟夫·克拉珀（Joseph T. Klapper）则认为，大众媒介对社会的影响虽然不能立竿见影，但总会影响到人类及其社会经济生活②。韦尔伯·施拉姆（Wilbur Schramm）指出，充分的信息流通，特别是大众传播媒介的适当使用，可以对国民社会经济发展做出重大贡献。他通过考察世界 4 个地区的 4 个实例研究了大众传播与社会经济发展的关系，并罗列了大众传播媒介在促进国家发展方面的系列优势。还特别指出，小镇报纸和地方电台这样的“地方媒介”在发展中国家的社会经济发展中具有很大的重要性③。罗杰斯（Everett M. Rogers）的研究表明，大众传播媒介是最快、最有效的扩散手段，它在劝服人们接受新事物、新观念、新产品方面发挥着重要作用④。瑟韦斯（Jan Servaes）等学者认为，传播对可持续发展过程中的众多议题都有所关注，发展传播的方法可以处理可持续发展中遇到的一些复杂的问题⑤。瑟韦斯还提出，发展传播研究的新范式认为没有普适性的发展道路。发展是一种整体的、多维度的和辩证的过程，它具有相对性⑥。发展传播学后期的研究者们提倡发展传播学的参与范式，并认识到自力更生、独立发展和多元发展的重要性。国外

---

① LERNER D. The Passing of Traditional Society: Modernizing the Middle East [M]. New York: The Free Press, 1958: 64.

② 克拉珀. 大众传播的效果 [M]. 段鹏，译. 北京：中国传媒大学出版社，2016：210-213.

③ 施拉姆. 大众传播媒介与社会发展 [M]. 金燕宁，蒋千红，朱剑红，译. 北京：华夏出版社，1990：133-151.

④ 罗杰斯. 创新的扩散 [M]. 辛欣，译. 北京：中央编译出版社，2002：16.

⑤ 瑟韦斯，玛丽考. 发展传播学 [M]. 张凌，译. 武汉：武汉大学出版社，2014：1-4.

⑥ 李萌. 美国发展传播研究的历史考察：发展传播现代化范式的生成、危机与重构 [D]. 武汉：华中科技大学，2012：13.

发展传播学作为一门专门研究传播与发展问题的学派，历经六十多年的发展，不断推陈出新，其研究重点一直是大众传播媒介如何促进社会发展，促进非西方国家尽早实现现代化。这与1949年以来中国一直把发展当成主旋律，不断通过新闻媒介的实践来推动和促进国家现代化发展有一定的契合之处。不过，西方发展传播学研究者们推崇的“美国模式”的发展传播道路与中国探索的“中国特色”的发展传播道路有着较大的不同。

有些学者认为，上述发展传播学的观点和主张有脱离社会结构和历史背景的缺陷，这些观点较少关注大众传播与其他社会要素，比如与社会、文化、民族等的关联与互动。另外，勒纳和施拉姆的研究都具有冷战背景。本研究认同这些学者对西方发展传播学派的这些批评。不过西方国家发展传播学的一些内核主张和注重理论指导实践的研究倾向，和中国的马克思主义也有一些共同之处。国外发展传播学关于大众传媒一些积极功用的研究也有一定的说服力。“媒介是一种资源，应当与城市化、教育及其他社会力量一起共同相互促进第三世界国家经济、社会及文化的现代性，媒介的成长可以被视为衡量发展的一个指标。”① 这一发展主义的观点并没有过时。发展传播学的一些理论和主张对于透视和研究经济较落后国家和地方的传媒发展仍然具有一定的穿透力。

发展传播学新范式中提出的整合国家传统进行现代制度安排，地方自力更生地发展，民众参与自我发展的规划和执行中的主张，和中国共产党奉行的“从群众中来到群众中去”的群众路线，实事求是的工作作风，以及“发展才是硬道理”的主张有诸多相似之处。更重要的是，发展传播学和主流传播学研究的不同之处在于，前者注重经济不发达国家和不发达地区的发展传播研究，因此它对透视和研究我国民族自治区以及其他经济不发达地区的发展传播研究具有一定的理论借鉴意义。尤其是在新的认识论基础上，以参与式理论为核心的发展传播学②对新新媒体时代民族自治区大众传播研究更具参照意义。中华人民共和国的成长史本身就是一部中华民族、中国人民的发展史。同时，中华人民共和国新闻事业发展的历史也是中国大众传媒发展的历史，也应是大众传播和国家发展相互促进、相互观照的历史。从这个意义上讲，秉持批判性吸收的立

---

① 莫斯可．数字化崇拜：迷思、权力与赛博空间［M］．黄典林，译．北京：北京大学出版社，2010：5.

② 韩鸿．发展传播学近三十余年的学术流变与理论转型［J］．国际新闻界，2014（7）：103.

场，结合发展传播学的部分理论，考察具有中国特色的、民族自治区的发展传播实践，就具有一定的现实意义。

## 二、问题的提出

1949年以来，中国发生了翻天覆地的变化，取得了令世人瞩目的成绩。其中，发展和实现现代化成为新中国孜孜以求的重要目标之一。目前解决人民温饱问题、人民生活水平总体上达到小康水平这两个目标已提前实现。在此基础上，党的十九大报告提出，到新中国成立一百年时，将基本实现现代化，把我国建设成为社会主义现代化国家①。在中国建设社会主义现代化国家的过程中，大众传播网络一直扮演着重要角色。它们在传播党和国家的声音，增强民族团结和凝聚力，形成社会共识、促进社会发展等方面发挥着重要作用。同时，我国大众传播网络也从最初单薄、脆弱的印刷媒介、电子媒介构成的二元网络结构，发展壮大为拥有印刷媒介、电子媒介、新媒介等多元、复杂、丰富网络结构的、规模庞大的传播网络。可以说，中华人民共和国的成长史是一部中国人民的发展史，也是中国新闻传播的发展史。国家的发展极大地促进了大众媒体、大众传播网络的发展，大众媒体、大众传播网络的发展也促进了国家和社会发展。

在这波澜壮阔的七十多年的新闻传播发展史上，出现了无数具有中国特色的发展与传播的实践案例。这些在社会主义革命和建设实践中产生的、本土化的发展传播实践，不仅真正地推动和促进了国家和社会发展，也为国内外发展传播学研究提供了丰富的思想源泉和研究案例。国外一些学者如施拉姆、罗杰斯等人较早地在著作中提到了中国发展传播的成功案例，罗杰斯还将之命名为"中国模式"。国内的一些学者也开展了一些有关发展传播的研究。

然而，从总体上看，我国有关大众传播网络与国家、社会发展关系问题的研究还有着较大的提升空间。它在我国新闻传播学研究中占的比重较小，研究规模也不大，一直不是新闻传播学研究的主流。在已经开展的相关研究中，系统性理论研究和整体性的案例分析相对缺乏，对国内蓬勃发展、日新月异的发展传播实践关注不够，研究中的中国特色不够明显，有些停留在对国外理论的译介和推荐上，缺乏宏观的国际视野和全球性洞察能力。同时，参与式传播研

---

① 习近平．决胜全面建成小康社会 夺取新时代中国特色社会主义伟大胜利——在中国共产党第十九次全国代表大会上的报告［J］．理论学习，2017（12）：22.

究成为我国发展传播研究的薄弱环节，民族自治区的发展传播研究更是我国发展传播研究的短板。

1949年以来，民族自治区大众传播网络在不断跨越式发展的过程中逐渐成熟和完善，目前已经拥有报纸、期刊、广播、电视、新闻网站、媒体微博、媒体微信、媒体抖音号等传播媒介在内的多元、复杂、丰富的大众传播网络。这些大众传播网络在促进民族地区社会发展方面发挥着不可替代的作用。然而，尽管民族自治区在七十多年的发展中取得了巨大的成就，民族自治区的大众传播网络也更加丰富、多元和规模化，但是大众传播网络在过去七十多年中促进民族自治区发展的案例研究还不多，民族自治区具有中国特色的发展传播模式还未得到更好的提炼，独具特色的中国发展传播的理论还没有得到更好的概括和提升。

因此，本研究针对民族自治区大众传播网络发展现状和民族自治区未来的发展目标，重点研究以下几个问题。其一，新中国成立七十多年来，民族自治区形成了怎样的大众传播网络？这些大众传播网络形成的动力机制是什么？具有哪些模式和特点？存在哪些问题？它未来的发展趋势是什么？其二，民族自治区的大众传播网络在促进地区发展的过程中发挥了哪些作用？是如何发挥作用的？形成了哪些发展传播案例？这些案例的中国特色是什么？是否形成了发展传播的中国模式？其三，中国作为互联网发展和应用大国，互联网用户以亿计为单位高速增长，并呈现规模化发展趋势。在这样的社会现实下，参与式传播在我国是否具有更大的发展空间和作为空间？它的限度和效度是什么？这种侧重共有、横向传播、参与和对话的传播模式，能否和单向、线性的大众传播网络相结合，在进行自上而下和自下而上传播模式互相结合的基础上，形成具有中国特色的参与式传播模式？具有中国特色的参与式传播模式如何在马克思主义的指导下，在结合民族自治区发展实际的基础上，既立足于世界范围内的国际风云变幻，也结合我国的国情、党情和民情，不断发展创新，从而促进少数民族和民族地区更好地实现现代化？

### 三、研究意义

国外发展传播研究已有六十多年的发展历程。它在批判和质疑声中不断进行范式转换和理论升级，因此一直具有一定的理论穿透力和时代发展性。它重点关注的传播与发展问题与中国的发展主题相契合，因此国内也出现了发展传播研究。国内发展传播研究在起步较晚、起点较高的基础上持续推进。与此同时，民族自治区发展传播研究也在缓慢进行中，但研究基础比较薄弱，研究力度不够，研究规模也较小。因此如何进一步推动发展传播学的本土化研究，如何使发展传播研究成为中国新闻传播研究中的新增长点就成为本研究主要的考量点。

### （一）理论意义

少数民族新闻传播研究作为中国新闻传播研究不可或缺的重要组成部分，已经累积了一定的研究基础，拥有一定的研究积淀，并在宏观上的民族新闻传播研究层面，以及西南地区、中南地区、西部地区、西北地区、东北地区少数民族新闻传播研究等层面形成了学术研究高地。同时，少数民族国家认同研究也成为我国少数民族新闻传播研究的新高地。然而，在我国少数民族新闻传播研究繁荣发展的态势中，少数民族和民族地区的发展传播研究却成为其中的薄弱一环。本研究的理论意义和现实意义如下。

#### 1. 推动发展传播理论与当代中国马克思主义相融合

国外发展传播理论一直聚焦非西方国家传播与发展问题，在拥有国际比较视野的基础上，喜欢制定一系列发展规划和发展策略助力非西方国家实现现代化。从表面上看，国外发展传播理论似乎具有普遍推广价值。然而在冷战背景下起步的早期发展传播学理论的研究者们大多出自欧美国家，他们倡导的理论属于美国冷战意识形态的一部分，因此存在着西方价值观输出的主观色彩。早期发展传播学理论的研究者们提出的非西方国家的传播发展策略主要以美国的发展为标杆，大多忽略了其他国家政治、经济的复杂结构和文化、民族等多元背景，与中国马克思主义的研究立场并不相符。不过，国外发展传播学追求发展、理论联系实际的研究取向，关注社会现实的研究传统，却与马克思唯物主义的研究取向和同样追求发展的研究传统具有一致性。也就是说，马克思主义政治经济研究视野恰好可以弥补发展传播研究中政治经济研究的不足。因此，本研究秉持马克思主义的研究立场，在批判地吸收国外发展理论的基础上，将发展传播问题置于中国政治、经济结构中，致力于将国内发展传播研究割裂分离的理论研究取向和实证研究取向结合起来，在充分理解和把握当代中国马克思主义的基础上，致力于推动发展传播理论与当代中国马克思主义相融合，使国内发展传播理论在马克思主义的指引下焕发新的活力。

2. 推动国内发展传播理论实现新发展

目前我国民族自治区新闻传播研究大多集中在新闻业务研究、新闻史研究、新闻理论研究、新闻教育研究及媒体从业人员研究等方面。理论研究的内容主要包括国家认同、民族文化传播、民族形象建构、传播与发展、对外传播、媒介素养、民族新闻语言规范研究等方面。从整体研究分布和研究比重来看，民族文化传播研究所占比重最高，发展传播研究所占比重最小。在有限的发展传播研究中，量化实证研究较多，理论研究较少。在为数不多的发展传播理论研究中，译介、推荐、梳理国外发展传播理论的研究占比较高，梳理国内发展传播脉络，勾勒国内发展传播全貌，并概括、提炼相关理论的研究占比较小。也就是说，国内发展传播理论研究出现了“重国外译介推荐，轻国内概括提炼”的研究倾向。同时，媒介中心主义在国内发展传播研究中占据主导地位，对国内外社会结构和意识形态的研究相对不足。国外发展传播研究倡导的行为主体主要是资本、市场和社会力量，较少倡导政府或者行政力量主导下的发展传播模式，发展的标杆主要是以美国为主。而我国发展传播实践主要由政府主导，一直坚持中国特色社会主义，以解决中国问题、探索中国模式为主，因此形成了中国特色的发展传播实践，也应该形成中国特色的发展传播理论。本研究致力于从理论层面进行本土化理论归纳和提炼，突破媒介中心主义局限，以民族自治区发展传播实践为切入点，强调在传播与社会的互动中研究民族自治区发展传播实践，在内外互动中把握民族自治区发展传播实践，并将民族自治区发展传播实践置于中国乃至世界体系结构和意识形态变迁范畴内，以此推动国内发展传播理论实现新发展。

（二）现实意义

在对外传播上，通过传播、塑造真实的少数民族形象以及少数民族的发展面貌，某种程度上更能标示中华民族的多元一体性，更能标示我国文化的多元性、丰富性和一体性，更能标示我国各族人民享有信仰自由和精神自由的丰富性，更能说明我国各族人民都享有自由、民主和幸福生活的权利。在对内传播上，民族新闻传播研究通过研究少数民族新闻史、新闻传播理论、新闻传播实践，能更好地展示我国少数民族在追求和实现个人、地区和国家的现代化过程中，所具有的凝聚力和创造精神，以及维护民族团结、促进区域经济发展、保持社会和谐发展的重要性。本研究的现实意义如下。

1. 首次从历时性、结构性角度勾勒出民族自治区大众传播网络发展全貌，有助于国家和社会形成对民族自治区大众传播网络发展的全面认识

民族自治区新闻传播研究已经呈现出生机勃勃、多点开花的研究景象。其中民族自治区不同媒介形态的大众传播媒体的发展、实践研究独占鳌头。以宁夏新闻传播研究为例。宁夏新闻传播研究中大众传播媒体研究几乎涵盖了当下出现的所有媒介形态的媒体。1926—1949 年的报纸、期刊、广播研究；1949 年后的报纸、期刊、广播、电视研究；2000 年后以新闻网站为代表的新媒体研究；2010 年后以微博、微信等为代表的新新媒体研究等都已经涌现。其他民族自治区不同媒介形态的媒体研究也十分全面，不同类别的媒体研究数量颇多，成果颇丰。然而从历时性、结构性的角度全面、系统地透视和研究民族自治区大众传播网络构建全貌的研究较为少见。即大多数民族自治区的新闻传播研究是对报纸、期刊、广播、电视、媒体微博、媒体微信等进行分门别类的纵向独立研究，较少见到对这些媒体类别横向、系统、整体性、网络化的研究。本研究坚持宏观的、历史的、结构性的整体研究思路，将民族自治区分散、交错甚至平行发展的多类别的媒体实践、媒体发展置于国家和地方总体社会发展和传播网络构建中，重点研究民族自治区大众传播网络发展全貌。这种宏观的、历史的、结构性的大众传播网络研究有助于国家和社会形成对民族自治区大众传播网络的全面认识。

2. 有助于推动民族自治区更好地实现中国式现代化

民族自治区在七十多年的发展过程中尤其是改革开放的四十多年里，取得了巨大的成就。然而由于历史、地理、人口等综合原因，民族自治区依然是我国发展的重点、难点。在民族自治区实现中国式现代化的阶段，充分地、全面地发挥大众传播网络的传播功能和凝聚力的作用显得尤为必要。大众传播网络具有规模化、系统化的特征和连通性强、流动性强的特性，拥有强大的传播力和巨大的覆盖范围，已经成为人们日常生活中的一部分。它能够在促进地区和国家发展方面发挥巨大的作用。民族自治区电视传播网络已经普及，报纸、期刊、广播都拥有一定的占有率，网络基础设施完备，网络传播的应用发展和全国其他地方几乎同步。这些大众传播网络在推广国家通用语言、促进教育普及、提高女性地位等方面具有重要作用，也在传播、传递国家政策和经济信息方面具有独特的作用，一定程度上也促进了民族地区人们观念的现代化。民族地区的民众一定程度上已经对大众传播媒介形成了媒介依赖。本研究的重点之一是，

民族自治区大众传播网络如何更好地促进当地的发展，如何更好地通过参与式传播的方式使该地区的人们更好地参与信息传播、意见表达和经济发展建设，从而更好地实现个人和地区的现代化。从这个意义上讲，研究民族自治区大众传播网络构建以及参与式传播模式，有助于推动民族自治区更好地实现中国式现代化。

3. 为世界范围内的发展传播研究提供新鲜的、具有典型性的范本

中国是世界上最大的发展中国家，改革开放四十多年间，我国已有7.4亿人口脱贫。按照世界银行的标准，我国有8.5亿人口脱贫。① 也就是说，世界上近80%的贫困是在中国消除的。这就表明，中华人民共和国的成长史是一部发展史，我国各地域的成长史也是一部部发展史。而民族自治区的发展因其基础薄弱、地域广阔、人口庞杂、文化多元等更具有发展的代表性和典型性。民族自治区在经济取得巨大发展的过程中，在脱贫过程中，涌现了许多发展传播案例。这些发展传播案例具有鲜明的中国特色，是中国发展传播研究的经典案例，也为世界范围内的发展传播研究提供了新鲜的、具有典型性的研究范本。正如中国消除极端贫困的举动终将载入人类文明发展的史册一样，中国发展传播的实践也会成为世界范围内发展传播研究的典型案例。

## 第二节　国内外相关研究综述

### 一、国外发展传播研究综述及参与式传播研究综述

发展传播学是从传播学视域研究发展问题的一门学问，亦是研究大众传播媒介对非西方国家发展价值的一门学问。国外关注发展问题的学者们一直试图利用大众传播媒体来促进社会发展，从而减少贫穷。发展传播学的概念（concept of development communication/development communication）早就存在，发展传播研究亦有六十多年的发展历程。较早较著名的学者主要有美国丹尼尔·勒纳、埃弗雷特·罗杰斯和韦尔伯·施拉姆等人。此后贝尔特伦、瑟韦斯以及科林·斯巴克斯等学者对发展传播学也进行了系统性描述和集中性研究。参与

① 张维为. 这就是中国：走向世界的中国力量［M］. 上海：上海人民出版社，2019：6.

式传播作为发展传播研究的一种模式、一个流派，起源于20世纪五六十年代。在国外发展传播研究主导范式被提出后，参与式传播模式作为一种被视为主导范式的修订模式进入关注发展传播研究的学者们的视野，并逐渐成为发展传播研究中的主导范式。

（一）发展传播研究的兴起和发展

发展传播学伴随着传播学的发展而逐步兴起，和美国传播学经验-功能主义研究、量化研究有着共同的渊源。其中，丹尼尔·勒纳的著作《传统社会的消逝：中东现代化》①（*The Passing of Tradition Society*：*Modernizing the Middle East*）被视为发展传播学研究的奠基之作，也被视为传播学实证研究、大规模量化研究的代表作之一。勒纳本人也被视为是将主导范式作为一个理论体系加以发展的核心人物。

勒纳1958年的著作《传统社会的消逝：中东现代化》的研究背景是在第二次世界大战以后，多种大众传播媒介尤其是广播被广泛地应用于说服、宣传工作和心理战中。相关研究也表明，传播在改变个体或团体态度和行为方面有着重要的作用。在此背景下，传播学诞生，发展传播学研究也因此起步。同时，20世纪中期，美国早期的现代化理论和现代化研究开始盛行，这都为勒纳研究大众传媒在中东地区现代化进程中的作用和功能提供了一定的背景和条件。故此书也被视为当时美国现代化理论和研究的代表作②。

勒纳的研究主要涉及以下四个层面的内容：种族中心主义、移情作用、传播与发展的关系以及经典现代化理论的发展和局限。勒纳反对和批判种族中心主义，或者说勒纳较为认可的观念是种族自由主义。在勒纳看来，西方人的种族优越论大有问题，非西方国家的人民只要采取合理的方式，一样可以实现现代化③。也就是说，勒纳认为，只要不存在种族上的差别而只是存在心理上的差异，那么心理上的差异是可以通过移情作用予以跨越的，所以中东的现代化是可能得到实现的。这一点对于理解勒纳的现代化理论较为重要，因为勒纳就此将他的移情概念、移情作用与大众传播媒介和现代化有机结合起来。

---

① LERNER D. The Passing of Traditional Society：Modernizing the Middle East［M］. New York：The Free Press，1958：32.

② 郭建斌，吴飞．中外传播学名著导读［M］．杭州：浙江大学出版社，2005：140.

③ 李兴亮．传播与现代化：丹尼尔·勒纳的传播思想评介［J］．新闻研究导刊，2016（4）：9.

勒纳在该书中的核心观点之一是大众传播媒介在社会发展的现代化中有着巨大的作用和功能，这和传播效果研究的结论如出一辙。勒纳将大众传播媒介视为社会发展过程中的倍增器①，他认为大众传播媒介能加速社会发展，提高现代化程度，是现代社会中具有举足轻重地位的、高度组织化和专业化的社会机构。不仅具有传播信息、普及教育、参与政治、监督舆论等作用，还具有移情作用。大众传播媒介是刺激传递移情能力的最好工具，是能够把需要的知识和态度传播得更快更广的一种工具②。他还将大众传媒的发展视为民主政治发展的三阶段之一。勒纳通过建构传播与现代化理论之间的关系，通过长时间、大范围的调查研究，展示了大众传媒在从传统社会向现代化社会转化过程中所充当的角色，旨在说明大众传播媒介在现代化中的重要性和价值所在③。勒纳的这一观点启发了施拉姆和罗杰斯等学者，他们开始思考传播在社会转变过程中的作用，逐渐形成了传播学研究中的一个新领域——发展传播学领域。

约瑟夫·克拉珀对大众传播的效果研究推动了发展传播学的初步发展，他于1960年出版的著作《大众传播的效果》（*The Effects of Mass Comminication*）通过梳理一系列有关大众传播社会效果和心理效果的研究，论证了大众传播对社会的价值和影响。他的研究结论是，大众传播会产生独特的传播效果，有些是直接效果，有些是间接效果。有些效果虽然不能立竿见影，但总会影响人类政治、经济、社会、文化等方方面面。约瑟夫·克拉珀还阐述了大众传播产生效果的情境或者条件④。

埃弗雷特·罗杰斯有关创新的扩散研究进一步推动了发展传播学的发展。罗杰斯被视为继勒纳之后发展传播学研究的较优秀的继任者，也是最早反思发展传播学研究范式的学者之一，他推动了发展传播学从现代化范式向多元范式的转换。他于1962年出版的著作《创新的扩散》（*Diffusion of Innovations*）充满了对亚非拉等国家发展的关注，并自觉运用范式进行观察。他的研究和勒纳的研究一样，也成为传播效果研究的代表作之一。

---

① LERNER D. The Passing of Triaditional Society: Modernizing the Middle East [M]. New York: The Free Press, 1958: 52.

② 施拉姆. 大众传播媒介与社会发展 [M]. 金燕宁，蒋千红，朱剑红，译. 北京：华夏出版社，1990：47.

③ 郭建斌，吴飞. 中外传播学名著导读 [M]. 杭州：浙江大学出版社，2005：158.

④ 克拉珀. 大众传播的效果 [M]. 段鹏，译. 北京：中国传媒大学出版社，2016：208-210.

罗杰斯从扩散的要素研究起步，成体系地梳理了扩散研究的历史、现状、意义、价值以及扩散研究存在的问题，并在扩散研究的基础上重点研究了创新的扩散。罗杰斯界定了创新、扩散、发展、传播的概念，认为创新的扩散是一个社会过程。扩散是创新经过一段时间，经由特定的渠道，在某一社会团体的成员中传播的过程。扩散是特殊的传播，所含的信息与新观念有关①。罗杰斯是较早将扩散研究与传播研究结合起来的学者。扩散研究涉及教育、人类学、农村社会学、公共卫生、公共健康、市场营销、地理学等诸多领域，罗杰斯在梳理上述扩散研究学术传统的同时，也梳理了扩散研究的传播学传统，提出扩散研究是传播研究的一种特殊类型。扩散研究的传播传统拥有的优势是可以研究任何形式的创新。传播学研究人员可以更关注于扩散过程本身，并且自有一套适用于研究扩散的类似于可信度、网络分析以及语音识别等的概念和方法②。罗杰斯重点研究创新的扩散，主要关注创新—发展过程，创新—决策过程，创新的属性、采纳率，创新性即采纳者分类，扩散网络，创新代理人，组织内部创新，创新的结果等。他没有直接系统地展开对传播的专项研究，是在研究的过程中将涉及传播的部分予以关注，也就是说对传播的系统性研究所占的篇幅较少。

罗杰斯关于传播的主要观点之一是大众传播在劝服人们接受新事物、新观念、新产品方面发挥着重要作用。大众传媒是最快、最有效的扩散手段，它们能使作为潜在接受者的观众得知一项创新③。同时，人际关系渠道也能够说服个人接受一个新方法④。罗杰斯辨析了不同的传播渠道在创新—决策过程中的不同阶段的作用：大众传媒渠道在创新—决策过程的认知阶段较为重要，人际关系渠道在创新—决策过程中的说服阶段较为重要；广泛的渠道在创新—决策过程中的认知阶段较为重要，区域性的渠道在说服阶段较为重要；对较晚的采纳者来说，大众传媒渠道比人际关系渠道更重要，对较早的采纳者来说，广泛的渠道比地域性的渠道更重要。显然，罗杰斯的扩散模式仍然延续了早期主导范式的发展传播学的垂直、单向的传播模式。

继罗杰斯以后，韦尔伯·施拉姆成为推动传播学发展的优秀贡献者。他被

---

① 罗杰斯．创新的扩散［M］．4版．辛欣，译．北京：中央编译出版社，2002：30.
② 罗杰斯．创新的扩散［M］．4版．辛欣，译．北京：中央编译出版社，2002：67-71.
③ 罗杰斯．创新的扩散［M］．4版．辛欣，译．北京：中央编译出版社，2002：16.
④ 罗杰斯．创新的扩散［M］．4版．辛欣，译．北京：中央编译出版社，2002：17.

视为是与勒纳比肩的发展传播学研究的杰出学者。他同样采用量化研究和实证研究方法考察了大众传播媒介在社会发展中的作用。他采纳了勒纳的很多观点，形成了发展传播学的“主导范式”，也有学者称之为“现代化范式”。本研究不做精准区分，主导范式和现代化范式都指涉相同的内涵，可以相互替代使用。

施拉姆于1964年发表的著作《大众传播媒介与社会发展》（*Mass Media and National Development*）被视为是传播学研究中小群体研究、量化研究和实证研究的代表作之一。这项研究是联合国和联合国教科文组织为促进大众传播媒介的发展所进行的长期工作的一部分，目的是考察大众传播媒介在促进经济和社会的进步中所起到的作用。施拉姆作为该项目的委托专家，从考察非洲中西部的两个家庭入手，描述和研究了信息在发展中国家的作用。他的观点可以概括为以下几个层面。

首先，信息传播在国家发展过程中具有看守人作用、制定政策作用和教育作用，施拉姆是通过对中东、亚洲、非洲和拉丁美洲的个案进行例证对比后得出的上述结论。

其次，国与国之间存在着信息流动的不平衡性问题，城乡之间也存在着信息传播的不平衡问题。施拉姆认为，国家间新闻流动是稀少的、不平衡的。对少数高度发达国家的报道较多，对许多欠发达国家的报道较少①。同时，信息材料从发达国家向欠发达国家的流动也是受阻碍的。施拉姆提出的解决方案是振兴发展中国家的生产力和国民收入②，他还看到了发达国家和发展中国家普遍存在的城乡二元信息结构对立和差异化的问题，大城市比农村地区更容易得到信息，在城市之外很难得到传播媒介③。并据此谈到了农村传播渠道的问题，如果农村没有道路、电话、良好的邮政服务和其他延伸物，那么国家很难使农村从孤立中走出来④。施拉姆引用了卢因的把关人理论来说明，在发展中国家，领袖

① 施拉姆．大众传播媒介与社会发展［M］．金燕宁，蒋千红，朱剑红，译．北京：华夏出版社，1990：67.

② 施拉姆．大众传播媒介与社会发展［M］．金燕宁，蒋千红，朱剑红，译．北京：华夏出版社，1990：69.

③ 施拉姆．大众传播媒介与社会发展［M］．金燕宁，蒋千红，朱剑红，译．北京：华夏出版社，1990：71.

④ 施拉姆．大众传播媒介与社会发展［M］．金燕宁，蒋千红，朱剑红，译．北京：华夏出版社，1990：81.

与人民之间，以及民众相互之间来往的信息链特别有赖于把关人①。同时，施拉姆还谈到了国家发展过程中多元化渠道的作用。他认为，如果能够通过多元渠道进行传播，信息就能更自由地流动，也会被更有效地接受。如果地方的媒介能够补充地区和全国性的媒介，它们就能起到中间人的作用……因此，出现多元和本地的渠道是表明向现代传播的转换正在顺利进行的一个标志②。

再次，大众传播在国家发展中具有直接作用和辅助作用。施拉姆通过大量的例证证明大众传播媒介在发展中国家的四个领域即农业、卫生、扫盲教育和正规教育运动中的直接作用。施拉姆认为，大众传播媒介是社会变革的代言者。不过，大众传播媒介在促进社会变革时需要考虑当地的文化联系、团体关系并制订教授必要技能的计划③。他强调大众传播媒介的双向互动和大众传播媒介使用的地方化，认为在经济、社会的发展中，高效率地使用大众传播媒介就意味着它们应该尽可能地方化④。地方化是构成地区变革之最基础部分的决策过程中最重要的一个方面⑤，并引用玛格丽特·米德关于中国大众教育计划是由居住在农村的知识分子来执行落实的案例来说明这一观点。施拉姆谈到了大众传播媒介使用的限度和效度问题，认为有些传播任务是大众传播媒介可以高效完成的，另外一些任务只能起到协助完成作用。施拉姆系统具体地论证了大众传播媒介的三种作用，即大众传播媒介可以使人开阔眼界、集中人们的注意力、提高人们的期望⑥。他将决策过程中媒介的作用细分为以下六种，即大众传播媒介可以向人际渠道馈送信息，授人以地位、扩大政策对话的范围，强化社会规范，帮助人们培养兴趣，影响人们持有的轻率的观念，潜移默化人们固执的态度等。施拉姆将大众传播媒介作为教授者的作用细化为“大众传播媒介对各类教育和

---

① 施拉姆．大众传播媒介与社会发展［M］．金燕宁，蒋千红，朱剑红，译．北京：华夏出版社，1990：89.

② 施拉姆．大众传播媒介与社会发展［M］．金燕宁，蒋千红，朱剑红，译．北京：华夏出版社，1990：92.

③ 施拉姆．大众传播媒介与社会发展［M］．金燕宁，蒋千红，朱剑红，译．北京：华夏出版社，1990：122-129.

④ 施拉姆．大众传播媒介与社会发展［M］．金燕宁，蒋千红，朱剑红，译．北京：华夏出版社，1990：130.

⑤ 施拉姆．大众传播媒介与社会发展［M］．金燕宁，蒋千红，朱剑红，译．北京：华夏出版社，1990：131.

⑥ 施拉姆．大众传播媒介与社会发展［M］．金燕宁，蒋千红，朱剑红，译．北京：华夏出版社，1990：134-137.

培训可以有极大帮助"①。施拉姆还通过大量的实证分析论证了大众传播媒介在发展中国家的农业、卫生、扫盲教育、正规教育运动中发挥的直接的作用，认为"大众传播媒介对某些发展任务可以有比其他任务更为直接的帮助"②，提出发展运动计划者们应该考虑传播系统而不仅仅是传播媒介，即发展运动计划者们面临的问题是什么样的信息和渠道组合，以何种次序排列对实现所需要的变革帮助最大?

最后，施拉姆提出传播研究中信息反馈的重要性和本地化受众研究、效果研究的重要性，阐述了传播研究的性质和任务。他还从资金、计划、培训、设备和材料等方面探讨了如何建设发展中国家的大众传播媒介的问题。

综上，作为传播学分支的发展传播学，经过勒纳、克拉珀、罗杰斯、施拉姆等学者的系统研究和专门阐释，其主导范式或者"现代化范式"已经初步形成。这一范式一经形成便引起了较大的关注，也引发了一些争议。初期的发展传播学具有以下三个特点：其一，关注社会现实，注重理论联系实践。主导范式的发展传播学关注社会现实，尤其关注发展较为落后地区的农民的生存现状，致力于消灭贫穷、落后，追求现代化发展。他们的理论发展与实践项目实施同步，具有参与性的特征，也具有理论结合实践的唯物主义特征。这种理论结合实践的唯物主义特征使发展传播学具有格外的魅力。其二，倡导大众传播和人际传播相结合，以及全国性媒体和地方性媒体相组合。对人际传播和地方性媒体的强调体现了发展传播学本土化研究的特点和学术追求，这与其他一些传播学侧重研究传播的普遍规律和结构研究、模式研究等有较大的区别。其三，强调通过传播系统来推动和促进社会发展和人们转变。即勒纳、罗杰斯、施拉姆等学者都关注大众传播系统的整体发展，关注传播系统与社会发展和人们转变之间的关系。

发展传播学也存在着一定的不足。它较少关注社会背景、社会结构、政治以及文化等宏观层面的根本差异。发展传播学的目标之一是通过经济的发展和传播系统的作用提高人们的生活水平，促进人们的现代化转变。初期发展传播学的研究学者们对发展传播目标抱有普遍乐观的认识，并自觉或不自觉地以西

---

① 施拉姆．大众传播媒介与社会发展［M］．金燕宁，蒋千红，朱剑红，译．北京：华夏出版社，1990：147.

② 施拉姆．大众传播媒介与社会发展［M］．金燕宁，蒋千红，朱剑红，译．北京：华夏出版社，1990：156.

方国家的发展做样本，希望非西方国家的发展也能沿着西方国家的发展路径尽快进入现代化发展之列，却忽视了非西方国家独特的社会背景、社会结构、政治结构和文化特色等。这也是发展传播学饱受争议的原因之一。另外，现代化模式或主导模式的发展传播学研究的不足还在于，它是一种精英式的垂直、线性、单向的传播模式。

### （二）发展传播研究的进一步发展

20 世纪 70 年代以来，针对初期发展传播学的理论和实践项目的批评和质疑越来越多，罗杰斯和拉美学者路易斯·拉米罗·贝尔特伦（L. R. Beltrán）等对发展传播学初期理论和实践项目的批判、反思，以及进一步的思考，推动了发展传播研究的进一步发展。

罗杰斯在早期推动了发展传播研究的发展，也是最早反思发展传播研究范式的学者之一。随着其他学者相继对发展传播学的主导范式提出疑问，罗杰斯在《传播与发展：主导范式的消逝》（*Communication and Development：The Passing of the Dominant Paradigm*）中，对主导范式进行了回顾、总结和反思，认为主导范式已经开始衰落。衰落的原因是建立在工业革命、资本密集型技术、纯粹的经济增长和用量化数据来定义增长的社会背景和社会基础之上的发展传播学已经不适应 20 世纪 70 年代的社会环境了。遵循早期发展传播学模式的实践在亚非拉国家发展得并不顺利，甚至可以说已经失败了或者过时了①。罗杰斯认为，以往的研究忽视了社会结构对发展的限制性作用，较少认识到大众传播在促进发展方面的作用往往是间接的和不唯一的。他提出了发展传播学新的发展方向：从单纯追求经济、技术进步转向注重分配平等和关注生活质量；从一味强调“现代”转向融合“传统”和“现代”；从集中化规划发展转向鼓励和支持自力更生，鼓励和支持民众参与，并深入到村一级的发展规划和执行中；从一味信奉大众传播的直接、有力的作用转向假设并测量大众传播效果，并注重进行人际传播中的网络分析②。中国的发展以及其中的一些发展案例被罗杰斯用来作为论据和论点的主要支撑之一。

罗杰斯的反思是，发展传播应当被放置到一个整体性的社会变革的框架中，

---

① ROGERS E M. Communication and Development：The Passing of the Dominant Paradigm［J］. Communication Research，1976，3（2）：213-215.

② ROGERS E M. Communication and Development：The Passing of the Dominant Paradigm［J］. Communication Research，1976，3（2）：224-225.

不应把大众传播看作社会某些变革的替代品，或者认为其仅仅起到加速器的作用。未来的发展传播学应该将重点从“政府对人民做什么”转为人民的“自我发展”。这种转向就意味着放弃原来的自上而下的传播模式，而代之以运用传媒提供解决人们问题的有用信息。罗杰斯调强媒介近用、参与、媒介内容与社会文化环境的关联性，把发展的内涵从技术的、过度物质的、决定主义的维度转向平等的、草根参与的、社区自决的以及内生和外生相结合的方向，倡导一种基于社会平等而非单一经济增长的传播模式①。从这个意义上讲，罗杰斯推动了发展传播学从现代化范式向多元范式的转换。

拉美学者贝尔特伦于 1979 年发表的论文《告别亚里士多德：平行的传播》②（*Farewell to Aristotle：horizontal communication*）梳理了以往传统的或经典的传播概念，把从拉斯维尔、香农、韦弗到维斯特利、麦克莱恩的电信传播模式、控制论的反馈模式、SMCR 模式统称为亚里士多德模式，并对该模式进行了开创性的拉丁美洲式的批评。贝尔特伦认为，亚里士多德模式试图通过单向的信息传递、线性的传播影响甚至控制受众，该模式的研究集中在接受者作为个人和社会成员的渗透性上，忽视了双向互动和反馈，没有认识到社会文化的变量对传播交流的影响，也没有深入到经济、政治和权力游戏的根源中。

除了贝尔特伦外，其他的一些拉美学者也十分强调大众传播的异化影响。一些拉美学者的研究揭示了如美国等国家灌输的外来价值和规范相当于促进了一个整体的资本主义意识形态的生活方式。还有一些拉美学者认为，单向的、线性的传播不利于民主的集体行为。贝尔特伦提出了共有、民主、横向传播、参与、对话等一系列发展和替代传统传播概念的概念，倡导一种新型的横向传播模式。这种横向传播模式具有以下几个特点：获取信息是横向交流的先决条件；对话是横向沟通的轴心；参与是横向交流的高潮。即获取信息是一个数量问题，对话是一个质量问题，参与是一个定性/定量问题。接触、对话和参与是横向沟通系统过程的关键组成部分，进行自我管理，平衡的相互依存的反馈，不可缺少的约束。也就是说，贝尔特伦对“传播”的认识从“信息”和“传递”转向了“过程”和“关系”，在提出横向、草根、参与、民主等代替性传

① 韩鸿．发展传播学近三十余年的学术流变与理论转型［J］．国际新闻界，2014（7）：102.

② BELTRÁN L R. A farewell to Aristotle：horizontal communication［J］. In A. Gumucio - Dagron，Alfbnso & T. Tufte，Communication for Social Change Anthology：Historical and Contemporary Readings. New Jersey：Communication for Social Change Consortium，1979.

播概念的基础上，倡导一种基于“对话”的横向传播模式，将近用、对话、参与、传播权、自主和平等视为横向传播的重要因素，进而呼吁关注草根、自力更生、解放和本土对话的重要性①。

与前述发展传播学的研究者们相比，贝尔特伦的与众不同之处在于，他在对拉丁美洲大众传播的研究中发现，社会的整体性结构对传播的广泛性或创新的接受程度有着决定性的影响。这一观点与马克思的社会分析观点已经十分接近。贝尔特伦还在1989年的一篇论文中指出，到了20世纪70年代中期，大众传媒显然已经没什么特殊效力来推进社会发展，仅仅依靠大众传媒本身已无力改变不公平的社会现象和经济结构。显然贝尔特伦充分认识到了社会结构对大众传媒的决定性作用。孤立地探讨大众传媒的作用，或者只将大众传媒置于经济发展的框架中设置或预定它的功能，是主导范式在拉丁美洲未能取得完全成功的原因之一。

除了罗杰斯和贝尔特伦的反思性研究之外，其他学者的研究也推动了发展传播学的深入发展。论文集《发展传播文集：历史及当代读物》（*Communication for Social Change Anthology: Historical and Contemporary Readings*）除了收录了上述罗杰斯和贝尔特伦这两篇具有代表性的论文外，共计收录了186篇对发展传播研究有较大影响的论文。和其他主要呈现欧美学者思想的传播文集不同的是，《发展传播文集：历史及当代读物》还收录了一定比例的来自亚非拉国家学者的论文。这些国家的学者持有与欧美学者不同的学术观点。

瑟韦斯（1985）认为，发展传播研究范式中的“现代化与增长”模式和“依附与不发达”模式已经式微，新近涌现的诸如自力更生、基本需求、参与、传播的分散化和民主化等新观念表明一种新视角、新研究范式的出现。这一新范式强调：没有普适性的发展道路，发展是一种整体的、多维度的和辩证的过程。发展具有相对性，没有哪一个国家全方位地处于发达状态②。Silvio Waisbord（2002）认为，发展传播研究的现代化范式和参与范式存在着聚合的可能性。这种聚合性表现为：为了促进社会变迁，政治意图是必须的；为了改变行为，可以使用基于各种理论和方法的工具箱；应进行自上而下和自下而上两种方向上的融合。Robert Huesca（2003）提出，未来的发展传播学要深化传

---

① 韩鸿. 发展传播学近三十余年的学术流变与理论转型［J］. 国际新闻界，2014（7）：102.

② 李萌. 美国发展传播研究的历史考察：发展传播现代化范式的生成、危机与重构［D］. 武汉：华中科技大学，2012：13.

播理论、实践与宏大的政治经济结构的关联性研究。Karin G. Wilkins（2004）指出，中东的研究者们在探讨现代性转型问题时更倾向于强调民主改革，认为经济转型也应包括民主改革这一过程①。

另一本研究文集《国际传播与发展传播：一种21世纪的观点》（*International and Development Communication*：*A 21st-Century Perspective*）也收录了大批关于发展传播学的、较有影响力的论文。这些论文的研究结果也进一步推动了发展传播学的发展，并使发表传播学呈现出与时俱进的时代特色。有的论文探讨了发展传播的四种观点：现代化观点、批判性观点、解放或者神学观点和赋权观点。并指出，对发展传播的理解可以归纳为以下两种：一种视传播为组织性的传递系统，一种将传播视为更广泛的、与社会变迁和文化的所有方面不可分离的系统。同时得出结论，后结构主义和后现代主义语境使理论家们面对着来自对普遍真理和客观性观念的挑战。人们被鼓励着接受多重的意义及符号的理性或非理性，接受文化的特殊性，接受权力的主导意识形态的被消解，即民众的批判性意识有所增强②。

综上，继形成了发展传播学的主导范式之后，发展传播学在争议、质疑和不断回应的声音中继续发展。以罗杰斯和贝尔特伦等为代表的一批学者在批判的基础上，引领着发展传播学的进一步演进。其中以贝尔特伦为代表的一批拉美学者对发展传播学的研究，拓展了发展传播学的研究范畴，拓宽了它的研究路径，丰富了它的研究视角，对于完善和提升发展传播学研究做出了突出贡献。

### （三）发展传播学的综合性研究及代表性研究

20世纪80年代以后，有关发展传播学的范式之争和发展理念之争仍在延续。一些学者如Jo Ellen Fair、Hemant Shah等人关于发展传播学的综合性研究推动了发展传播学的演进。这一时期，Jo Ellen Fair和Hemant Shah的学术论文比较引人注目，瑟韦斯、斯巴克斯的研究则更具代表性。

Jo Ellen Fair在博士论文中对1958—1986年发表的224篇有关发展传播学的研究论文和相关的发展传播学项目进行了历时性分析。结果发现，其间，尽管

① 李萌．美国发展传播研究的历史考察：发展传播现代化范式的生成、危机与重构［D］．武汉：华中科技大学，2012：11-15.

② 李萌．美国发展传播研究的历史考察：发展传播现代化范式的生成、危机与重构［D］．武汉：华中科技大学，2012：15-16.

现代化范式一直饱受批评，但它在发展传播学领域中的主导地位并未改变，它仍在实践中实际主导着发展传播学的实践[①]。不过，Jo Ellen Fair 和 Hemant Shah 在 1997 年关于发展传播学的后续研究却表明，在 1987—1996 年，现代化模式已经消失，最常见的理论框架是参与发展。同时，这一时间段内有关发展传播学的理论更加多元化。最常见的建议是需要进行更多的政策研究和制度分析，可以通过参与模型研究发展传播模型及发展的本土模型[②]。这是 Jo Ellen Fair 和 Hemant Shah 对 1987—1996 年发表的 140 篇期刊、论文集和著作进行综合分析后得出的结论。Hemant Shah 又进一步延续了这方面的研究。他在对 1997—2005 年发表的 167 篇研究文献，包括 123 篇论文、38 个书籍章节和 6 本书的内容进行综合分析后发现，在 1987—1996 年间消失的主导模式又在 1997—2005 年重新出现，并且现代化理论仍占据着主导地位（51%），参与式理论占据着次要地位（38%）。同时，“参与沟通”和“社会学习”成了发展传播学流行的发展方向[③]。

对发展传播学进行系统和综合研究较有代表性的学者是比利时学者杨·瑟韦斯和英国学者科林·斯巴克斯（Colin Sparks）。他们均对发展传播学进行了系统研究和整体性勾勒，可以说是发展传播学研究的集大成者。但两人的研究重点有所不同。科林·斯巴克斯和勒纳、施拉姆等人一样，首先认同在世界范围内，作为实践行动指南的大众传媒在发展中扮演着极为活跃的角色[④]。并认为，直到今天，发展传播学在塑造当代传播实践时仍然具有相当旺盛的生命力[⑤]。他的著作《全球化、社会发展与大众传播》（*Globalization, Development and the Mass Media*）从理论上梳理了发展传播学的理论范式和知识脉络，并结合 21 世纪以来的各种情势发展，试图建构一种新的理论范式。瑟韦斯则在系统地介绍了发展传播学的学术体系、历史和范式的变迁后，重点探讨了发展传播学的参与范式，这对本研究有着更为重要的借鉴意义。

---

① FAIR J E. 29 years of theory and research on media and development: the dominant paradigm impact [J]. Gazette, 1989 (44): 129-150.

② FAIR J E, SHAH H. Continuities and discontinuities in communication and development research since 1958 [J]. Journal of International Communication, 1997: 3-23.

③ 瑟韦斯，玛丽考．发展传播学［M］．张凌，译．武汉：武汉大学出版社，2014：27-29.

④ 斯巴克斯．全球化、社会发展与大众媒体［M］．刘舸，常怡如，译．北京：社会科学文献出版社，2009：5.

⑤ 斯巴克斯．全球化、社会发展与大众媒体［M］．刘舸，常怡如，译．北京：社会科学文献出版社，2009：20.

瑟韦斯被认为是发展传播学领域研究的专家，他从 20 世纪 80 年代开始就从事发展传播学的系列研究。从学科发展的角度看，瑟韦斯除了在发展传播学理论方面有所贡献外，他还对该领域零散的学术成果进行了系统化总结，并使其体系化。这表明他在发展传播学学科发展过程中起到了穿针引线式的作用①。瑟韦斯有关发展传播学的论文较多，其中对发展传播学进行系统研究的著作是《发展传播学》(*Communication for Social Change*)。

瑟韦斯在《发展传播学》中除了系统地梳理发展传播学的学术脉络、历史沿革和范式变迁以及何为发展传播的本质，如何以传播促发展外，还重点剖析了参与范式的内涵和方法，介绍了参与范式下发展传播项目的策划案例和效果评估，并以健康传播项目为例，分析了不同语境和不同文化对发展的影响。瑟韦斯认为，传播对可持续发展过程中的众多议题都有所关注，发展传播的方法可以处理可持续发展中遇到的一些复杂的问题。尽管行为传播、大众传播和宣传传播都有用武之地，但参与传播与促进结构化和可持续化社会变革的传播更能够创造可持续化的发展。发展传播应该与本地能力的提升，以及与本地的利益相关者，特别是那些弱势群体和边缘人群所偏好的适当的传播过程和传播媒介保持一致②。与一些学者的观点不同，瑟韦斯认为，发展传播本质上是知识共享。发展是一种共识性的行为，这一行为考虑了所有与这一过程相关人的利益、需求和能力。因此，它是一个社会过程，传播媒介是完成这一过程的重要工具，人际关系传播也起到基础性作用③。

瑟韦斯的参与传播观点主要包括以下几点。其一，参与传播已成为一种趋势和流行。21 世纪初，人们在对于草根参与能够带来社会和个人层面的变革上已达成了共识。其二，参与传播的理念是人们有能力参与社会转型，即人们有能力在寻求自由的过程中发现什么对自身最好，以及如何积极地参与转型社会的任务。其三，参与传播能与文化身份、赋权结合起来。参与模式是融合了现有的多元发展框架下的多种概念，它强调本地社区文化身份的重要性，以及在国际的、本国的、本地的和个人的各个层次的民主化参与。真正地参与直接定位了社会中的权力及其分布，即参与涉及对政治和经济力量

---

① 张凌，陈先红．瑟韦斯的发展传播学学术思想述要［J］．武汉理工大学学报（社会科学版），2015（2）：189.

② 瑟韦斯，玛丽考．发展传播学［M］．张凌，译．武汉：武汉大学出版社，2014：1-4.

③ 瑟韦斯，玛丽考．发展传播学［M］．张凌，译．武汉：武汉大学出版社，2014：21.

的更加平等的分享，这常常削弱了一定群体的优势。其四，参与传播的路径包括对话、近用、参与和自我管理。其中，社区途径和社会参与都被认为是关键的、决定性的因素，自我管理是最先进的参与形式。其五，传播所面临的变化。传播的视角已经改变，它更加关注过程和语境即“意义 ”的交换。更加关注过程的重要性，即社会关系模式和社会制度。还出现了另一种传播，这种传播支持多元性、小范围、本地性、去制度化、信源和信宿角色的互换，以及将社会各个阶层联系在一起的传播的平行性。传播的中心开始由传播者中心转向受众中心。结果导致更加强调意义的寻求和归纳，并非简单的信息传递。因此，参与传播需要改变的是传播者本位的思维，专家和发展工作者应该回应而不是命令。同时，瑟韦斯还强调了社区媒体适当性的地位和应发挥的作用等。

比瑟韦斯的研究更全面的是科林·斯巴克斯，他详尽地探讨了发展传播学四种理论范式的流变，即“主导范式”（及其延续性变体和参与范式）、“帝国主义范式”（媒介和文化帝国主义）、“全球范式”和“一种新范式”。① 斯巴克斯将勒纳和施拉姆的理论主张统称为主导范式。他综合一些持批评意见的学者的研究后认为，主导范式强调的是国家控制和信息传播的主导性，研究视角聚焦于社会精英和上层“自上而下”的方法，忽略了国家社会结构和文化的特殊性。“主导范式是一个宣扬管控变革的模式，对主导范式最初也最猛烈的批评是在实践中行不通。”② 发展传播学的研究者们对批评做出了回应，但仍然坚持现代化优于传统的主张，寻求个人层面上而非社会结构层面上的转变，因此出现了主导范式的延续性变体，并转而诉求参与范式。“参与范式”将视角转向底层，主动去发现民众的需求，强调大众在传播与发展关系中的决定性作用，认为大众才是决定社会变革性质和方向的元素③。参与范式强调的不再是工业化和城市化，而代之以更加广泛的科学技术和社会结构，传播的目标是允许地方社团交流他们的观点、信仰和意见，促成彼此在目标和方法上达成一致。简要言之，参与范式与主导范式的区别在于，纵向传播被横向传播替代，唱独角戏的

① 斯巴克斯. 全球化、社会发展与大众媒体［M］. 刘舸，常怡如，译. 北京：社会科学文献出版社，2009：序.

② 斯巴克斯. 全球化、社会发展与大众媒体［M］. 刘舸，常怡如，译. 北京：社会科学文献出版社，2009：38.

③ 斯巴克斯. 全球化、社会发展与大众媒体［M］. 刘舸，常怡如，译. 北京：社会科学文献出版社，2009：52.

传播方式被对话式的传播方式替代。参与范式倡导的实施方式比以往更为民主，更为看重参与横向传播，因此在20世纪70年代民主热潮翻滚的时期赢得了广泛的支持。但是关于参与范式的理论研究与发展实践之间却出现了明显的脱节，真正致力于参与理论的发展项目的数量少得可怜，因此参与范式面临着两难境地①。参与范式强调不同的社会应有不同的发展传播模式，但并没有更多地触及国家的社会结构。因此，激进地转向对发展中国家的结构性限制特别是外部结构限制的分析与批判的"帝国主义范式"开始登场。

帝国主义范式具体体现为"媒介帝国主义"和"文化帝国主义"，研究的重点是发展中国家的结构性制约因素，以及国家内部社会结构的多重性和复杂性。具体而言，"帝国主义范式"更关注政治，即关注政府和国家的政策。当涉及国家传播政策时，它面对的是国内政策的制定；当涉及中心—边缘关系时，它面对的是国与国之间的关系。"帝国主义范式"形成于20世纪60年代末，20世纪70年代初流行一时，到20世纪80年代中期进入全面衰退时期。其兴盛的原因是当时反帝国主义是世界政治的主旋律，衰落的原因有外部因素，也有内部因素。斯巴克斯认为，"帝国主义范式"衰落的外部因素可归咎于政治形势的变化，内部因素是有四类学术原因导致了这一范式的边缘化②。概括而言，就是"帝国主义范式"在理论上重点关注国际层面即国家与国家之间的关系，在确认国家间的斗争是变革的主要推动力量后，在制订实际的长远计划时却忽视了国家内部结构对发展的制约。

继"帝国主义范式"后，发展传播学中的"全球化范式"登场。科林·斯巴克斯提炼出了"全球化范式"的十个特征。并指出，"全球化范式"不具备很强的连贯性，也很难找出一个主要的理论家。科林·斯巴克斯认为，"全球化范式"与其他范式相比，主要的区别在于，这一范式没有经过明确的实验检验，更加远离社会实践。尽管它扮演了极有价值的角色，但是它是以放弃权力和不平等问题为代价。作为左派理论家的科林·斯巴克斯对"全球化范式"进行了质疑，并在此基础上尝试建构一种新的发展传播学的理论建构。

科林·斯巴克斯建构的新理论范式是综合借鉴"全球化范式""帝国主义范

---

① 斯巴克斯．全球化、社会发展与大众媒体［M］．刘舸，常怡如，译．北京：社会科学文献出版社，2009：64-73.

② 斯巴克斯．全球化、社会发展与大众媒体［M］．刘舸，常怡如，译．北京：社会科学文献出版社，2009：114-125.

式”和“参与范式”后的新范式。这一新范式认同“全球化范式”在当代发展学中的重要地位，但主要吸收了“参与范式”和“帝国主义范式”的长处，改造它们的不足，使之同时兼顾国内结构和国际结构这两个层面。这一范式既能保持“参与范式”和“帝国主义范式”的优势，又能在深植于传播政策中心的种种政治行动层面上形成合力①。科林·斯巴克斯构建发展传播学新范式是源于他对当下主流全球化“话语”或“范式”的不满，因为这种主流话语忽视了全球化时代结构性不平等和民众参与对于促进发展中国家的发展的意义，也就是说忽视了“帝国主义范式”和“参与范式”所强调的国际、国内层面的结构性限制对后发展中国家的意义。在学者邓正来看来，科林·斯巴克斯构建的发展传播学新范式是通过揭示对国际层面的“全球统治结构”和国内层面的“统治阶层”，并将其纳入全球化话语而构建的新型全球化理论。也就是说，这一范式是基于“全球统治结构”而又强调民众参与的全球化理论。尽管科林·斯巴克斯构建的这一新范式对发展中国家颇具诱惑力，但是他对全球化时代发达国家和发展中国家之间结构性不平等的讨论还不够充分。原因在于科林·斯巴克斯对他提出的“全球统治结构”没有进行理论阐释，这个核心概念的阐释缺失使得他的理论企图在很大程度上会落空②。

国外发展传播学的发展历程和研究现状表明，尽管发展传播学在发展、演进的过程中一直经历着质疑和批判，但它一直以积极的姿态回应着各种批评，并不断进行着各种范式的转换和升级，且一直在与时俱进地发展着。这一时期发展传播学的研究现状出现了以下变化。首先，中后期的发展传播学的研究队伍中出现了拉美学者和韩国等亚洲学者的身影。与早期发展传播学研究主要是以欧美等发达国家学者为主流研究学者不同的是，中后期的发展传播学研究开启了众多拉美学者包括亚洲学者参与的新的研究模式。众多的拉美学者包括韩国等亚洲学者加入了发展传播学的研究队伍中，充实了发展传播学研究的力量，增强了发展传播学研究的视角，也丰富了发展传播学研究的案例，更是对勒纳、施拉姆等人开启的现代化范式进行了检验和校对，并对后续的“帝国主义范式”“依附范式”“参与范式”的形成做出了特有的贡献。其次，参与范式成为这一

---

① 斯巴克斯．全球化、社会发展与大众媒体［M］．刘舸，常怡如，译．北京：社会科学文献出版社，2009：217.

② 斯巴克斯．全球化、社会发展与大众媒体［M］．刘舸，常怡如，译．北京：社会科学文献出版社，2009：序．

时期的主流范式。在经历了“现代化范式”“帝国主义范式”“依附范式”以后，研究者们都重新认识到在国与国之间国家参与的重要性和国家内部人民参与的重要性。发展传播研究不管是促进国家、社会的发展还是促进人的发展，都离不开国家、社会尤其是人的参与。即便是“全球范式”以及斯巴克斯倡导的“新范式”都强调了参与的重要性。因此可以说，参与范式是当下发展传播学研究的重点范式。最后，认识到自力更生、独立发展和多元发展的重要性。早期的发展传播学研究推崇具有西方特色的现代化范式，后续的发展传播学研究集中在对“帝国主义范式”或“依附范式”的批判中。中国发展传播模式的出现使部分研究者意识到了自力更生、独立发展和多元发展的重要性。中国发展传播的实践案例一直出现在国外发展传播学研究者们的视野中，且一直是以成功的案例来证明大众传播对国家和个人发展的重要作用。但早期的研究者们较少关注社会结构和社会背景等宏观因素，因此没有看到中国发展传播实践的成功主要源于中国独特的国家制度和国家结构。后期发展传播的研究者也由于种种原因未能进一步提炼和识别中国模式的特点和属性，但很多学者尤其是拉美学者和亚洲学者都认识到了自力更生、独立发展和多元发展的重要性。这些发展传播学的变化对于推动中国发展传播研究显然具有积极的作用和意义。

## 二、国内发展传播及参与式传播研究综述

国内发展传播研究滞后国外发展传播研究近三十年，却体现出了起步晚、起点高、持续推进的研究特色。尤其是张学洪、裘正义、陈崇山、孙五三等学者开展的较大规模的量化实证研究奠定了国内发展传播研究的基础。同时，国内发展传播研究呈现出两种不同的研究取向。一种是以范东生、李彬、支庭荣、殷晓蓉、韩鸿、李萌等学者为代表的侧重发展传播理论取向的研究，一种是以陈崇山、孙五三、闵大洪、张宇丹、方晓红、徐晖明、姚君喜等学者为代表的侧重量化实证取向的研究。目前，发展传播研究中参与式传播研究的比重在上升，也出现了关注民族地区、关注少数民族的发展传播研究。不过，整体而言，国内参与式传播研究和少数民族地区发展传播研究还处于发展阶段，有着较大的提升空间。

### （一）国内发展传播及参与式传播研究综述

国内参与式传播研究伴随着发展传播研究的过程而不断演进。国内发展传播的系统性研究开始得较早，研究文献也较多，参与式传播的研究则出现得相

对较晚，文献也较少。本书主要综述发展传播研究现状，涉及参与式传播研究的综述会重点介绍。国内发展传播的系统研究发起于20世纪70年代至80年代，大致分为以下三个时间段：20世纪80年代至90年代的研究；21世纪第一个十年的研究；21世纪第二个十年的研究。

1. 20世纪80年代中期至21世纪初：发展传播及参与式传播研究现状

20世纪80年代中期，以张学洪等为代表的一批学者较早采用定量研究的方法研究了苏北地区传媒与人的现代化关系。1985年，张学洪在苏南、苏中、苏北三个经济发展水平不同的地区，各选一个村民小组，每组抽选100人做问卷调查，回收有效问卷289份，研究了新闻传播对农民思想观念的影响①。同时期的学者袁路阳②、林珊③、刘燕南④、潘玉鹏⑤、蒋俊新⑥等开始系统地介绍何为发展传播学、发展传播学的渠道、实际效用、国外研究现状、未来研究重点、发展趋势以及当时的"国际传播计划"等相关内容。此时关于参与式传播的介绍与阐述极少。

20世纪90年代以后，国内发展传播研究得到进一步发展。这一时期，裘正义的著作《大众传媒与中国乡村发展》和陈崇山、孙五三主编的《媒介·人·现代化》被视为当时发展传播学研究的代表作。《大众传媒与中国乡村发展》是国内最早的发展传播学经验研究的成果，它是首次在传播学理论框架下开展的大规模实证效果研究，抽样调查的范围覆盖9个省，包括发达地区、发展中地区和欠发达地区，也是首次以乡村居民为研究对象的传播学调查⑦。它对乡村地区的传播者，即党政部门有关人员和大众媒介的工作人员，以及传播过程和渠道都进行了调查。这在中国尚属首次，也为今后开展全面性调查打下了良好的基础⑧。这本著作较早较系统地介绍、评价了国外发展传播学理论的基本内容、理论渊源、发展流派。描绘了当时中国乡村传播的总体现状，即低需求层次同与此相适应的低期望值的低度满足。书中指出，发达地区、发展中地区和欠发

---

① 陈崇山．中国受众研究之回顾：中［J］．当代传播，2001（3）：14.

② 袁路阳．传播事业与国家发展：国际传播学研究的一个新领域［J］．新闻学刊，1986（1）：18-21.

③ 林珊．"国际传播发展计划"的来龙去脉［J］．国际新闻界，1986（3）：1-5.

④ 罗杰斯．传播事业与国家发展研究现状［J］．刘燕南，译．国际新闻界，1988（4）：20-23.

⑤ 潘玉鹏．发展传播学简介［J］．新闻大学，1989（4）：41-49，46.

⑥ 丘．2000年的发展传播学：未来趋势和发展方向［J］．蒋俊新，译．现代传播，1989（5）.

⑦ 徐晖明．我国发展传播学研究状况［J］．现代传播，2003（2）：15.

⑧ 卓南生，程曼丽．宁树藩文集［M］．增订版．北京：清华大学出版社，2017：490.

达地区的乡村居民在现代化程度方面的差距要大于在传播行为方面的差距①。这就表明，大众传播不是促进观念现代化的唯一要素，经济水平在促进乡村居民的现代化方面发挥着重要作用。裘正义还针对中国乡村发展传播的现状，以及乡村发展传播与文化建设等方面的问题提出了对策和发展建议。此书材料丰实、分析细致、思考深入，为日后中国发展传播学的理论阐述奠定了坚实的基础。

陈崇山、孙五三主编的《媒介·人·现代化》也是早期国内大规模量化研究和实证研究的典范之一。研究者们在全国进行了抽样调查，在浙江、北京、厦门进行了儿童调查。研究内容主要包括：我国受众媒介接触的人口特征；受众媒介接触行为、媒介内容偏好与观念现代化的关系；受众媒介观念、人际交往与大众媒介的共同作用；大众传播与儿童的现代化的关系；等等。此书的观点之一是，受众接触媒介的行为越积极，即接触的媒介越多，频度越高，则受众的观念现代化程度越高；受众接触媒介的内容越倾向于新闻性，受众观念的现代化程度则越高；印刷媒介比电子媒介对受众的观念现代化更具影响力；三大媒介——报纸、广播、电视各具优势，任何一种媒介都不可能完全替代另一种媒介；电视拥有的受众数量最多，受众接触电视的频度和时长远高于报纸、广播，但受众收看电视的目的和收获如果仅仅是“娱乐消遣”，则不仅无助于受众观念的现代化，还呈现出负相关的关系②。这一调查结果直至今日仍然具有一定的穿透力，也表明我国大众传媒的发展与人们观念的更新具有正相关的关系。同时，社会发展和人们观念的更新主要依靠大众传播媒体的信息提供功能而不是娱乐消遣功能。

这一时期有关发展传播的研究论文也在逐渐增多，并呈现出了两种不同的研究取向。一种是以范东生、李彬、支庭荣、陈龙、杨瑞明、殷晓蓉等为代表的学者们的论文呈现出发展传播理论研究取向；一种是以王怡红、闵大洪、陈崇山、张学洪等为代表的学者们的论文呈现出发展传播学量化研究、实证研究取向。在发展传播理论研究取向的论文中，范东生系统、全面地对发展传播学的兴起、理论、流派演变、大众传播在国家发展中的功能和作用等进行了概括分析③。其中对发展传播学批判学派的概括较有新意，不过没有提及参与式发展

① 裘正义．大众传媒与中国乡村发展［M］．北京：群言出版社，1993：53-55.

② 陈崇山，孙五三．媒介·人·现代化［M］．北京：中国社会科学出版社，1997：89-91.

③ 范东生．发展传播学：传播学研究的新领域［J］．国际新闻界，1990（3）：1-14，52.

传播模式。李彬简明扼要地概括了发展传播学的三种范式，认为发展传播学似已陷入僵局①。不过该文同样没有提及参与式传播范式。这一时期国内介绍发展传播学的理论文章都较少提及参与式传播。

支庭荣在对发展传播学进行粗略的背景分析、发展缘起介绍及政治批判后认为，发展传播学已走到尽头。除此之外，他还在论文中尝试性地探讨了发展传播学的本土化问题②。王旭在简要地梳理了发展传播学国外发展历程后，提出对国内发展的启示：应注重媒体的地位、发展的道德和对传播环境的认识③。陈龙在概述了国外发展传播学的三种理论范式外，提出这三种理论都没有充分认识到媒介发展的复杂性。即媒介功能的发挥还取决于以下多重因素：社会整合程度、媒介制度的复杂性、国家或地区受众整体的水平、经济状况以及媒介技术因素等④。杨瑞明通过较为规范的论文行文方式，对20世纪90年代以来中国传播学界较少关注的“媒介帝国主义”理论进行了全面的评价和分析，他在文中梳理了“媒介帝国主义”的理论起源、发展历程、理论意义和现实意义。其中，他对马克思主义学者赫伯特·席勒系列著作的介绍和评价成为该文的特色之一，也使对媒介帝国主义理论的研究更加深入。这是国内较早对“媒介帝国主义”理论进行全面、深入介绍和研究的论文之一。

与上述前四位学者不同的是，殷晓蓉除了概述了发展传播学兴起的背景、发展现状外，还重点介绍了美国传播学教授马杰德·泰拉尼安（Majid Tehranian）在20世纪70年代至90年代有关发展传播学的研究成果。她认为泰拉尼安的思想代表着发展传播学的一种比较新近的变化和趋势。泰拉尼安十分重视参与性传播的作用，认为传播与发展的参与性模式既要依靠传统媒体，也要依靠现代媒体。强调采用平行的而非垂直的传播途径，这些传播途径应是自愿结合和网络性的，还提出媒介技术的双重性和选择性发展策略。泰拉尼安提出了“第三条传播与发展的道路”，即“社群主义”的道路。他提倡将传播媒介作为内生发展工具而非外在的发展工具，这一点与经验主义和批判主义学派提出的发展与

① 李彬．试论媒介与发展的三代范式［J］．现代传播，1996（4）：15-16.
② 支庭荣．由盛转衰的发展传播学［J］．新闻大学，1996（4）：4-7.
③ 王旭．发展传播学的历程与启示［J］．兰州学刊，1999（6）：51-52.
④ 陈龙．“发展理论”演进中的媒介角色及其再认识［J］．新闻与传播研究，1998（1）：62-67，94.

传播的思路不同①。殷晓蓉的研究丰富了国内发展传播学研究的视角，也是国内发展传播学研究中较早涉及参与式传播的文章。

这一时期除涌现了上述主要侧重理论研究取向的研究文献之外，还出现了和上述两本著作一样注重量化研究和实证研究的有关发展传播的文献。王怡红在经过实证研究后提出，大众媒介在促进我国人民观念现代化的种种社会力量中拥有自身价值和优势，但不能简单地得出判断，即认为大众媒介组织自身的努力能决定一切。她还提出大众媒介主要受两个变量的影响，一是受社会条件的制约，二是受社会意识形态的影响②。这是国内较早通过实证研究论证中国大众媒介与观念现代化关系的文献之一。

闵大洪、陈崇山关于20世纪90年代初期浙江省城乡受众新闻媒介接触行为与现代观念的相关性研究称得上是早期量化研究和实证研究的典范之一。文章详尽介绍了调查目的、方法、调查地点等内容，行文也是按照“研究假设”“现代观念量表的信度和效度分析”“调查发现”这样较规范的框架展开，结论和《媒介·人·现代化》著作的部分结论是一致的。此文应是《媒介·人·现代化》著作部分内容的提炼。张学洪在1988年用误差分层抽样方法在江苏城乡进行了一次受众调查，研究结论是社会存在决定社会意识，新闻传播的影响力是有限的。新闻传播具有认知作用，但在受众心中新闻传播的参考价值低于了解价值，即受众对外部世界的评价更多依据自身的观察体验，还有向国外新闻传播寻求解答的倾向。新闻传播仅是影响人的观念现代化众多因素中的一种，人们在获取有关客观世界的信息时，还会依据人际传播、群体传播、组织传播、其他大众传播，以及个人的观察体验等。新闻媒介的劝服作用逊于告知作用③。这一结论比较全面和客观，也是较理性地提出了大众媒体的有限效果以及其他传播的重要性。

综上，20世纪80年代至90年代的发展传播研究在论文方面主要是以介绍和梳理国外发展传播学研究为主，集中介绍国外发展传播学兴起的背景、理论渊源、发展演变历程、研究现状等，较少关注国内发展传播实践，也较少研究国内发展传播研究现状。虽然有些论文提出了发展传播本土化的问题，但这一

---

① 殷晓蓉．当代美国发展传播学的一些理论动向［J］．现代传播（北京广播学院学报），1999（6）：27-30.

② 王怡红．大众媒介对观念现代化的影响［J］．行为研究资料，1990（2）：31-37，72.

③ 张学洪．新闻传播效力的一项实证分析［J］．新闻研究资料，1992（2）：17-29.

时期的论文极少关注国内发展与传播的实际与实践。不过，与研究论文形成鲜明对比的是，这一时期出版的专著则系统地研究了中国某地域的发展传播问题，为后续开展研究奠定了坚实的基础。因此这一时期可称为发展传播的引进及初步探索阶段。尽管这一阶段的研究成果相对较少，研究规模相对较小，但可贵的是，存在着多元化的研究维度。有中立性的介绍、推介维度，也有集中在发展前沿和持批判立场的研究维度。不过，发展前沿研究和持批判立场的研究相对较少。另外，研究综述较多，专门、单一的研究较少，参与式传播的研究极少。

2. 21 世纪以后：发展传播研究及参与式传播研究现状

进入 21 世纪以后，国内有关发展传播的研究文章逐渐增多，同时也包含小部分的参与式传播研究。两者的研究一直呈现平稳发展态势，不曾出现研究井喷现象。但是研究角度开始多元，研究深度不断增加。这一时期出现的关于发展传播研究的 4 本著作、2 篇博士论文均提升了发展传播研究的质量，更是大幅地推动了发展传播研究向纵深发展。这一时期的研究出现了两个新变化：其一，出现了关注参与式传播的研究文章，虽然数量少，但依旧体现出与国外发展传播研究同步的研究趋势；其二，出现了民族地区和少数民族的发展传播研究。这表明国内发展传播的研究对象和研究区域开始有所拓展和细分。这是显而易见的进步和提高。

（1）2000—2010 年：发展传播研究及参与式传播研究现状

吴予敏在 21 世纪初延续了传播与发展理论的批判立场。他认为，传播技术推动了全球化发展，也制造了世界霸权，即传播建构了晚期资本主义文明与霸权。因此他对传播观念与当时的文化策略进行了反思。吴文中对文化策略的归纳和反思较为集中和精彩。他认为，需要调校原有的民族国家和意识形态的视角，也需要以新的观念、开放的心态拥抱全球化传播时代①。宫承波、艾红红对勒纳的传播与发展思想进行了集中概述和分析，剖析了勒纳传播与发展思想产生的历史背景，肯定了勒纳学科创始的意义，也指出了勒纳的认识局限②。这是国内较早对勒纳发展传播理论进行专门研究、系统研究的论文。

徐晖明全面、深入地对 20 世纪 80 年代和 20 世纪 90 年代国内发展传播学研

---

① 吴予敏．全球化时代的传播与国家发展［J］．新闻大学，2000（4）：20-25.

② 宫承波，艾红红．试论勒纳的传播与发展理论［J］．山东大学学报（哲学社会科学版），2002（6）：137-140.

究进行了综述，在肯定这些研究成果的同时也指出了研究中存在的问题①。这是国内较早对本土发展传播学进行详尽、准确综述的论文，对国内发展传播学后续研究提供了较多的研究资料。李斯颐较全面地梳理了国外现代化理论的源与流，提炼了19世纪中期以后中华民族整体性的现代化追求，并在此基础上比较深入地探讨了传播与人的现代化关系问题。韩鸿在对国内发展传播研究进行了精要的点评后，指出其研究中存在着以下的问题：相关研究只能考察受众媒介接触状况与观念现代化之间的相关关系，却不能证实是因果关系，也没有反映出是否还有中介变量在起作用；量化调查设计过于笼统，细分度不够；借鉴其他学科领域成果方面不够宽广②。这是国内较早运用现代化视角透视传播与人的现代化关系的论文。文中引用了大量的参考文献，具有较高的学术借鉴价值。

韩鸿这一时期关于参与式传播的研究开启了国内参与式传播研究的新征程，对开展国内参与式传播研究起到了较好的带动作用，可以说韩鸿是参与式传播研究的标志性人物。他在2007年的论文《参与式影像与参与式传播——发展传播视野中的中国参与式影像研究》中开始关注源自参与传播理论背景下国内参与式影像的实践案例，以及参与式影像在中国乡村传播中的价值，存在的问题，解决方法，以及未来发展趋势③。这是国内较早从发展传播研究视域扼要论述参与传播理论以及国内参与式传播实践的文献。显然，参与式影像是参与式传播实践的形式之一。接下来，韩鸿在2009年的论文《参与式传播对中国乡村广播发展的启示——基于四川蔺县桂香村“夫妻广播”的调查》中，直接聚焦四川蔺县桂香村农民自建的、已开办14年的“夫妻广播室”，将之视为国内参与式传播的实践案例之一。在对它进行充分的调查研究后，得出如下启示：乡村广播发展的路径选择之一是开展参与式传播④。文中结合参与传播理论论证了何以得出这一启示，以及实践这一理念的举措。

从国外发展传播学的研究来看，以勒纳、施拉姆、罗杰斯等为代表的发展传播学尽管不断地经历了范式转换，但参与式传播一直是该学派主要的观点之

① 徐晖明．我国发展传播学研究状况［J］．当代传播，2003（2）：14-16.

② 李斯颐．传播与人的现代化研究：源流、认识及评价［J］．新闻与传播研究，2004（1）：71-80，96-97.

③ 韩鸿．参与式影像与参与式传播：发展传播视野中的中国参与式影像研究［J］．新闻大学，2007（4）：74-80.

④ 韩鸿．参与式传播对中国乡村广播发展的启示：基于四川古蔺县桂香村“夫妻广播”的调查［J］．当代传播，2009（2）：94.

一。在主导范式引起较大争议后，其修正范式已经开始重点强调参与式传播。帝国主义范式、依附范式乃至全球化范式，都在推崇参与式传播的重要性。国外在20世纪70年代已经开始了参与式传播的学术研究，但国内早期发展传播学的研究者们很多忽视或者遮蔽了这一研究方向，较少有文献对此展开研究。

至韩鸿起，他把国内外参与式传播作为持续关注的研究内容之一，开始带动国内参与式传播研究的发展。韩鸿的研究较好地体现了理论对实践的参照和指导。他在分析、概括参与式传播理论、模式、特点的基础上，对中国乡村传播进行了深入的分析和思考，提出了具有指导意义的建议。韩鸿在2010年以及后续的研究中，开始系统阐述发展传播学的研究范式，并重点阐释参与式传播的理论和实践。他简明扼要地介绍了发展传播学的三种范式及其转换，认为发展传播学已进入多元范式阶段，参与式传播成为多元范式的主导理论。他概括了参与式传播的基本特征、理论基础、基本模式、相关争议和反思，重点写了参与式传播对中国乡村传播的启示，提出中国乡村传播发展的思路是建立内生性媒介，乡村文化建设的基本路径是村民共建，乡村传播的内容生产方式是村民参与①。《参与式传播：发展传播学的范式转换及其中国价值：一种基于媒介传播偏向的研究》是进入21世纪以来较早较全面地论述发展传播学参与式传播的文章。

这一时期，除了上述有代表性的研究论文外，还涌现了一批发展传播研究的专著和博士论文。其中，在张国良主编的起点高、内容全、比较前沿的经典著作《新闻媒介与社会》② 中，有一章专门介绍发展传播理论、发展传播研究、发展传播实践的内容。与其他发展传播研究文献不同的是，《新闻媒介与社会》中有关发展传播学的梳理、评价相对客观，更追求平衡性。另外，该书还在全面梳理中国现代化历程的基础上，论述了中国大众传媒发展的社会影响，以及媒介与中国现代化的关系等。总之，该著作是把发展传播学作为其中的一个章节加以介绍和阐释，注重理论与实践的统一。

张宇丹的著作《传播与民族发展：云南少数民族地区信息传播与社会发展关系研究》延续了国内早期发展传播学实证效果研究的传统，成为这一时期发展传播研究的代表作之一。也是国内较早开展少数民族与新闻信息传播研究的

---

① 韩鸿．参与式传播：发展传播学的范式转换及其中国价值：一种基于媒介传播偏向的研究［J］．新闻与传播研究，2010（1）：40-49，100.

② 张国良．新闻媒介与社会［M］．上海：上海人民出版社，2001：1-2.

经典著作之一。它主要研究经济不发达地区社会发展与信息传播之间的关系。研究对象包括占云南省少数民族人口总数96.25%的13个少数民族。这也是该书独特的贡献之一，即它较早地关注了经济不发达地区少数民族新闻传播与社会发展之间的关系。张宇丹在调查中发现，云南少数民族地区信息化程度不高，不同民族之间的信息化程度也有差异。虽然少数民族地区信息传播与社会发展之间是正相关关系，但云南少数民族地区大众传媒发挥的作用较为有限。云南地区的大众传媒未能有效地承担起知识启蒙的作用，未能有效地发挥观念引导的功能，对云南少数民族文化的传承与发展起到的积极作用不大，对少数民族地区受众行为的影响也较弱①。针对这一严峻的现实，作者提出了一定的发展建议。张宇丹的研究表明，一些研究发展传播的学者已经从一般地域的、一般性的受众调查，转向关注此前较少为人关注的经济不发达地区、少数民族地区和少数民族受众的媒体发展情况。这为此后少数民族地区开展少数民族新闻传播研究起到了较好的示范作用和引领作用。这项研究使用了问卷调查法（有效问卷1990份）、内容分析法以及个案研究方法，框架完整，数据翔实。

方晓红的著作《大众传媒与农村》致力于研究苏南农村大众媒介与政治、经济、文化发展的互动关系。研究的基础建立在方晓红2001年开展的对苏南农村受众、南京市城市受众进行问卷调查，对江苏省、市级媒体进行书面专访，以及对苏南农村人口进行访谈等量化实证调查之上。该书采用了以调查问卷为主、书面访谈和入户访谈为辅助的研究方法。研究特色如下：其一，对社会背景和社会环境有一定分析；其二，对20世纪80年代江苏省已经完成的两次受众调查与本次调查进行了纵向历史对比；其三，对苏南、苏北地区的受众以及对城市与农村受众进行了横向对比。著作对“信息与农村政治、经济、文化发展的关系”“信息传播对观念变革的影响”等方面提出了一定见解，从互动的角度论证了“农村的变革是媒介发展的动力”“大众媒体构建了农村与城市文明对话的平台”等观点，提出了对农村受众而言，娱乐性节目更易影响其观念的变更等新的理念②。

《大众传媒与农村》无疑是这一时期大众传播媒体效果研究中有代表性和影响力的著作，显示了这一时期有关大众传媒与发展关系研究的较高水平。书中

---

① 张宇丹．传播与民族发展：云南少数民族地区信息传播与社会发展关系研究［M］．北京：新华出版社，2000：43-46.

② 方晓红．大众传媒与农村［M］．北京：中华书局，2002：6-7.

对经济、文化与大众传媒之间的互动关系进行了深入、全面的阐释，也指出它们相互之间的作用力关系。研究数据翔实，论证有力，尤其是文化与大众传媒之间关系的研究十分精彩。

同一时期，徐晖明的论文《发展与传播——我国大众传播现状调查与分析》成为继裘正义后国内第二篇关于发展传播的博士论文。作者采用了以量化研究为主、以访谈和内容分析为辅的研究方法，对 9 个省市（上海、浙江、广东、黑龙江、河南、江西、甘肃、四川、云南）的城乡居民展开了一次较大规模的调查。有效问卷 2830 份。同时，对 50 多位媒体负责人进行了访谈，对 32 份报纸（党报 19 份，市民报 13 份）内容进行了分析。

这是继裘正义、陈崇山等学者之后国内当时进行的规模较大、覆盖范围较广的一次实证效果调查。论文的理论假设是：大众传播是一种可以促进社会发展的手段，它与社会发展的目标密不可分。论文主体内容包括三部分：受众媒介拥有、接触和认知情况；个人特征对媒介行为的影响；对 32 份报纸进行内容分析。论文的结论是：我国在总体上已具备“媒介社会”的特质，但还存在较明显的发展不平衡状况；必须将大众传播的分析研究置于社会大系统的背景之中①。这篇博士论文较好地延续了 20 世纪 80 年代以来发展传播量化实证研究传统，并增加了访谈和内容分析的研究方法。文中对国内发展传播研究现状的综述较为全面和准确。

姚君喜的著作《甘肃大众传播与社会发展报告》（2002—2003）是张国良主持的教育部重大项目“中国发展传播学”的子项目中“甘肃发展传播研究”的系列成果之一。它针对国内传播学界对贫困地区和落后地区关注较少的现实，直接聚焦甘肃大众传播与社会发展的关系，基于当时信息化水平最低地区之一的甘肃地区存在着明显的信息贫困，以及和发达地区存在着明显的信息化差异的社会现实，对甘肃兰州市、天水市、定西市进行了问卷调查。有效样本 314 份。姚君喜的著作虽然样本规模不大，但是对当时甘肃主要的大众传播媒体如报纸、杂志、广播、电视、书籍、VCD/DVD、电影、网络等均进行了受众接触和评价调查，体现出了涵盖面广、受众范围多元化的特点。其中对网络受众接触、评价的调查较早较系统，对推动后续网络传播研究具有一定的现实意义。

姚君喜调查发现，甘肃受众对媒介信息的接受有相当大的局限性和片面性，

① 徐晖明．传播与发展：我国大众传播现状调查与分析［D］．上海：复旦大学，2004：8-12.

媒介对他们的影响不是非常突出和明显，反而以“友人”“家人”等为主的人际传播对他们的影响远超过大众传播媒介的影响，即大众传播在经济落后地区尚没有发挥主导性作用①。调查还发现，甘肃受众对国家发展问题的认识与国家发展的排序并不同步。甘肃受众更倾向于关注国家发展中的个人性、基础性问题，如环境保护、经济建设、就业、交通、社会治安等②。这本著作是比较典型的受众效果调查分析著作，数据全面、充实，具有一定的参考价值。

（2）2010 年以后：发展传播及参与式传播研究现状

21 世纪的第二个十年间，发展传播研究及参与式传播研究得到进一步发展。刘锐的论文首先拉开了发展传播研究进一步发展的序幕。其论文对 2001 年至 2010 年中国发展传播研究进行了综述。刘锐粗略地梳理了这十年间中国主要新闻传播学术期刊上发表的有关发展传播的研究论文，同时也兼顾了一些学术著作和博士论文；概述了这一时期发展传播的研究现状，进行了前景展望。杨魁、肖正涛结合西部大开发第二个十年计划启动的大背景，综述了西部传媒发展与社会发展研究的现状。他们认为，发展传播在中国经历了从宏观到微观、从他者到自己的转变，但西部传媒与社会发展的研究还任重道远，研究远远不够，专门研究西部传媒与社会发展的专著较少，研究方法也较单一。杨魁和肖正涛提出，应将大众传媒与社会发展置于中国经济社会发展的整体战略中，西部传媒研究要寻求与西部大开发战略的契合点，参与西部大开发战略实施的进程中，做到“重参与、强服务、入主流”，重点研究大众传媒事业与西部经济、政治、文化发展等方面的互动机制和关系，特别是能够从国家战略的角度探讨促进和保障西部地区发展的大众传播事业发展战略③。此文较早提出应改变以实证研究来验证西方发展传播学理论的研究取向，认为应注重发展传播学建构研究范式与批判范式的结合。

宫承波、管璘延续了殷晓蓉对泰拉尼安发展传播学思想进行介绍的做法，进一步深入、全面地介绍和剖析了泰拉尼安关于发展与传播的思想。文章指出，泰拉尼安重新界定了“传播”“发展”的概念，重新阐释了“传播与发展”的

① 姚君喜．甘肃大众传播与社会发展报告：2002—2003［M］．兰州：甘肃民族出版社，2005：171.

② 姚君喜．甘肃大众传播与社会发展报告：2002—2003［M］．兰州：甘肃民族出版社，2005：194-196.

③ 杨魁，肖正涛．中国西部传媒与社会发展研究的现状与趋势［J］．中国媒体发展研究报告，2012（0），275-280.

关系。他的传播思想主要围绕“传播是什么”“传播为了什么”“传播怎样才能为国家发展服务”展开。泰拉尼安倡导的传播是将意识形态、文化表达、信息内容与多层次的传播渠道结合，并将之纳入传播过程中；传播是为了促进人的发展；传播与发展互动的核心是保障民族和地区的最高利益，同时更加关注人的发展和公民在传播中的参与性，并把实现社会的可持续发展作为目标①。

继 2010 年提出参与式传播是当今发展传播学研究的一个热点，韩鸿在这一时期高质量地延续了对国内参与式传播的研究。他持续关注了我国乡村社区建设中参与式影像的实施与效果。文章梳理了国内参与式影像的发展态势，探讨了参与式影像在我国乡村建设项目中的参与效果和赋权效果。论文提出，参与和赋权是解读中国参与式影像的两个关键词②。参与式影像是参与式传播的一部分，因此按照韩鸿的逻辑可以推论说，参与和赋权也是解读参与式传播的关键词。除此之外，韩鸿还梳理了国外发展传播学近三十余年的学术流变和理论转型，旨在厘清近三十年间国家发展传播学发展脉络，并在此基础上提供了对中国发展传播学研究有益的思路。论文指出，近三十余年国际发展传播学出现了以下的研究走向：从个体变革走向社会变革；从扩散模式到参与模式；关注权力问题中心化；传播视域从国际、国家转向社区。论文认为，中国的发展传播在理论和实践层面均存在着不足：仍然固守着现代化框架，局限于以大众媒体为主体，以新闻信息传播为主要内容，以自上而下的单向传播为基本途径，偏重城乡二元结构下城市与农村的单向传播，较少考虑如何加强农村内部的横向传播与互动。中国发展传播建设的进路应该是更多地开展田野研究和实践，基于问题介入乡村传播实践并开展行动研究等③。该文是这一时期发展传播学研究的代表作之一。

张凌、陈先红系统地介绍了瑟韦斯发展传播学的理论。在介绍了瑟韦斯对发展传播概念的新认识、他的理论脉络和社会语境之后，张凌、陈先红重点介绍了瑟韦斯倡导的“参与传播模式”以及他基于发展传播学视角下的健康传播

① 宫承波，管璘．试论泰拉尼安的传播思想［J］．当代传播，2014（3）：9-11，14.

② 韩鸿．参与和赋权：中国乡村社区建设中的参与式影像研究［J］．国际新闻界，2011（6）：23.

③ 韩鸿．发展传播学近三十余年的学术流变与理论转型［J］．国际新闻界，2014（7）：99-112.

研究[①]。韩利红从发展传播学角度探讨了当代中国新闻媒体与政治系统的伴随关系。文章围绕发展传播学的中心议题即大众传媒在国家实现现代化过程中的作用展开了我国政治系统与新闻媒体之间伴随关系的研究[②]。这是国内较少地结合伴随关系理论，探讨发展传播学中大众传媒与政治之间关系问题的文献。论文鲜明地提出我国政治系统中的问题可以转移到新闻媒体伴随系统中予以解决。中国发展传播研究与国外发展传播研究的显著区别之一是，政治元素在中国发展传播中一直扮演着重要和核心的角色。中国成功的发展传播案例都是政治主导作用的结果。遗憾的是，国内的一些学者在发展传播研究中较少直接研究政治与发展传播之间的关系。因此韩利红的论文的出现一定程度上弥补了国内发展传播研究中缺失的这一政治视角。

罗鸣、张立伟主编的《中国发展新闻学概论》成为这一时期国内发展传播学研究的集大成之作。著作围绕发展传播学的核心问题"新闻传播如何促进国家发展"展开，提出要建设中国的发展新闻学。著作追根溯源，提出中国发展新闻学可追溯到毛泽东新闻思想，即中国共产党的新闻思想源流是中国发展新闻学的直接理论传统，"建设中国发展新闻学就是以中国特色社会主义理论体系为指导实现中国新闻理论的现代化"[③]。罗鸣、张立伟提出，以新闻传播促进中国发展是中国经验的重要组成部分，而对其理论抽象与建构是为中国发展新闻学。并断言，中国发展新闻学是中国新闻学者能对全球新闻传播研究做出真正贡献的一个领域。著作阐述了发展新闻学的理论基础，重点研究中国新闻现代化和中国传媒现代化这两大命题。

该书最大的特色和亮点在于，罗鸣、张立伟将马克思主义新闻观和发展传播理论进行了整合分析和对比分析，结果发现，马克思主义新闻观与发展新闻学在"主张新闻媒体必须和应该促进社会和国家发展"方面具有一致性，并且很多主要主张异曲同工。马克思主义新闻观的核心之一是促进发展，这与发展新闻学的核心"新闻传播促进社会和国家发展"是一致的。因此，罗鸣、张立伟提出，发展新闻学是人类新闻实践活动的总结，是新闻发展的一个新阶段。

---

① 张凌，陈先红．瑟韦斯的发展传播学学术思路述要［J］．武汉理工大学学报（社会科学版），2015（2）：189-192，198.

② 韩利红．论新闻媒体与政治系统的伴随关系［J］．甘肃社会科学，2017（5）：35.

③ 罗鸣，张立伟．中国发展新闻学概论［M］．北京：社会科学文献出版社，2010：绪论．

他们主张中国发展新闻学应包含五大理论观点①。书中梳理了发展传播学、发展新闻学各自产生的原因和发展历程，并对两者进行了对比分析。还强调发展新闻学不同于发展传播学，两者之间有共同之处，也存在着较大的差异。该书的第二个亮点和特色是，著作中部分内容涉及了少数民族聚居区的新闻传播状况。书中指出，少数民族聚居区“信息沟”现象相当显著，“信息沟”的存在阻碍了少数民族聚居区国民意识的形成②，这为后续开展民族聚居地区发展传播研究提供了一定的借鉴。该书第三个亮点和特色在于具有国际视野，著作关注了国际传播与国家发展的关系问题，这也为国内后续发展传播研究提供了一定的参考。

同时，东风、彭剑主编的《传媒与民族地区发展——甘孜藏区新闻事业研究》也是这一时期国内发展传播研究的代表作之一，被称为是中国发展新闻学走向实践的重要个案研究成果。这项研究从历史和现实出发，采用历史描述、理论分析、抽样调查、深度访谈等多种方法，以四川省甘孜藏区传媒为个案，全面系统地研究了甘孜大众传媒与社会发展的关系③。作为国内首部系统研究甘孜藏区传媒与社会发展关系的著作，书中梳理了甘孜州近现代大众媒体发展演进的历程，系统分析了甘孜州大众传媒的受众情况，并据此提出了甘孜州跨越式发展与长治久安的舆论引导战略。该书的特色在于，不仅系统地梳理了近现代以来甘孜州大众传媒发展历程，还面向现实，采用问卷调查方法对甘孜州媒体受众的媒介拥有、接触、使用、偏好等情况进行了调查。这延续了发展传播研究一贯的量化、实证研究的特色，为后续国内发展传播研究尤其是民族地区的发展传播研究奠定了一定的基础。

21世纪以来，与20世纪80年代至90年代相比，参与式传播研究的文献数量开始增多。但和传播学其他研究相比，参与式传播研究整体上研究文献偏少，从发展传播学视域一脉相承地研究国内参与式传播的文献更少，还处于传播学研究中的冷门状态和边缘位置。在为数不多的研究参与式传播的文献中，一些文献或是借用了参与式传播的名称，或是从其他学术脉络探讨参与式传播，并没有采用发展传播学视域和学科范式，故不在本研究的文献综述中。从发展传

① 罗鸣，张立伟．中国发展新闻学概论［M］．北京：社会科学文献出版社，2010：30-40.

② 罗鸣，张立伟．中国发展新闻学概论［M］．北京：社会科学文献出版社，2010:265-266.

③ 东风，彭剑．传媒与民族地区发展：甘孜藏区新闻事业研究［M］．成都：四川大学出版社，2012：2.

播学体系探讨国内外参与式传播的文献主要有以下几篇。

张志华探讨了委内瑞拉的媒体结构、社区媒体生发的政治经济环境，从社会保护和反文化霸权的角度阐述了委内瑞拉社区媒体参与式传播的案例①。这是国内参与式研究中较为少见的、研究其他国家参与式传播实践的文献。除此之外，关于参与式传播的研究文章还提出扭转城乡传媒失衡的关键因素之一应是参与传播。冉明仙、杜建华认为，传媒市场加剧了城乡传媒失衡。扭转城乡传媒失衡需要媒体去“市场化”，需要农民“参与式传播”，需要发挥“系统合力”。就参与式传播而言，以农民符号系统变革农村传媒，调动农民共同介入信息交流与分享过程，让农民参与全媒体实验是缩小城乡信息差距、统筹城乡传媒发展的措施之一②。王朋从发展传播学的角度，结合乡村社会学和社会变迁理论，把四川省阿坝藏族羌族自治州松坪乡作为调查对象，采用问卷调查、田野调查、访谈、参与式观察等研究方法，研究了松坪乡信息传播情况。研究结论是，我国西部民族地区乡村信息传播应构建起能够发挥本地智慧，利用本地化内生性媒介，以“农业协会”为主体的乡村参与式信息传播模式。这一模式能够发挥参与式广播和参与式影像等媒体作用，是一种以“社区媒体”为主导的“自下而上”的乡村信息参与式传播模式③。文章研究综述广泛，理论基础阐述部分十分全面，对松坪乡的调查充分、深入。除了和以往一些开展发展传播研究的学者一样采用了问卷调查研究方法外，还采用田野调查和参与式观察的研究方法进行案例分析，与单纯量化研究有所不同。

关永凤通过文献研究、田野调查、访谈等方法对非政府组织在长沙县“乐和乡村”社区进行的参与式传播进行了研究。结论是，针对我国乡村普遍存在的原子化现象突出、公共生活空间严重缺失、信息“最后一公里”情况普遍存在的现实，非政府组织通过参与式传播能有效解决外来组织与当地社区的观念冲突，也能将外来观念进行内生性转化，发挥营造公共空间等功效。并据此提

① 张志华．委内瑞拉社区媒体：参与式传播的力量［J］．新闻大学，2012（5）：133-139.

② 冉明仙，杜建华．扭转城乡传媒失衡的三大关键：去市场化·参与传播·系统合力［C］．复旦大学信息与传播研究中心，复旦大学新闻学院．“传播与中国·复旦论坛”（2010）：信息全球化时代的新闻报道：中国媒体的理念、制度与技术论文集，2010：9-11，25-30.

③ 王朋．西部民族地区参与式乡村信息传播模式研究：以松坪沟为例［D］．成都：电子科技大学，2015.

出，社区赋权、协商治理是“乐和乡村”社区建设参与式传播取得成功的关键要素①。该文是国内较早、较系统地从参与式传播的角度研究非政府组织参与乡村社区建设的文章。文章综述了国内外参与式传播研究的现状，对国内参与式传播研究的综述较为全面，具有一定的参考价值。

这一时期出现了一篇有关发展传播研究的博士论文，也出现了一本有关参与式影像与参与式传播的专著。李萌从研究范式的生成、演进的角度考察了1958年以来美国发展传播学的历史进程。以类似学术史的手法盘点了发展传播研究的学术积累。李萌认为，20世纪50年代末期形成的发展传播研究的现代化范式至20世纪70年代后期陷入理论危机，因此发展传播现代化范式的支持者们一方面将理论范围压缩至群众健康传播领域，使发展传播现代化范式的核心假设得以保留并不断优化；另一方面，部分发展传播学现代化范式的拥护者成为参与式传播范式的领军者，在历史的变迁、学界理论的发展以及媒介技术的前进等综合作用下，重构了发展传播学的现代化范式。论文对“发展”“传播”“发展传播”等关键概念进行了辨析和界定，对国外发展传播研究进行了详尽、全面的梳理，对国内研究现状进行了简要的综述。在论文的第五章“回应与重构：发展传播现代化范式的强大生命力”中探讨了发展传播现代化范式的理论调整和范式转型，讨论了当时的社会背景和学术语境下发展传播参与式范式的形成和特点②。这是国内首篇系统研究美国发展传播研究，以及发展传播现代化范式生成、危机与重构的博士论文，也是首篇深入探讨发展传播现代化范式与发展传播参与式范式的博士论文。论文重点探讨了发展传播现代化范式的生成与危机，简练地梳理了发展传播参与式范式的历史变迁和主要学者的主要观点。李萌认为，Servaes的“多样性范式”、Melkote和Steeves的“赋权进路”以及Huesca的“新社会运动”得到了学界更多的关注，并重点阐述了Servaes的“多样性范式”。李萌的论文对国内继续推进发展传播研究起到了积极的作用。

韩鸿的著作《参与式影像与参与式传播——当代中国参与式影像研究》是国内首部关于参与式影像与参与式传播研究的著作。著作对中国参与式影像的发展历程、理论基础、操作程序、社会效果、发展路径等进行了研究。该著作

① 关永凤．长沙县“乐和乡村”社区建设中的参与式传播研究［D］．长沙：湖南大学，2018.

② 李萌．美国发展传播研究的历史考察：发展传播现代化范式的生成、危机与重构［D］．武汉：华中科技大学，2012.

采用了实地实验、参与式观察、深度访谈以及问卷调查等多种研究方法。韩鸿认为，参与式影像是发展传播学中的一种有效传播手段和操作方法。在诸多媒介中，影像因具有信息的完整性、表达的多元性和意义的丰富性而尤为适合边缘和少数民族的口头文化传统，并且是另类媒介中发展最为迅猛的媒介之一①。著作中提出，参与式传播是参与式影像发生发展的重要理论支撑，并对参与式传播的发展脉络、范式、理论基础、概念、基本特征、基本模式等进行了综述分析和概括、提炼。作为国内首部关于参与式影像与参与式传播研究的著作，该著作重点研究了国内参与式影像的现状、存在的问题，提出了未来发展的建议。著作内容系统、全面，第一手资料丰富、多元，案例新鲜，具有乡土气息，数据翔实，视野开阔，认识深刻。其中采用的实地实验方法和参与式观察方法尤其值得提倡，对中国乡村信息传播存在的问题的认识尤为深刻。这部著作是当下中国参与式影像与参与式传播研究的代表作。

综上，进入21世纪以来，中国发展传播研究没有出现井喷式研究热潮，没有成为传播学研究的热点和焦点，但也呈现出持续、强劲的发展态势，依然延续了自20世纪80年代以来的两种研究取向：理论研究取向和实证经验研究取向。其中吴予敏、张国良、宫承波、李斯颐、韩鸿、张凌、李萌等学者的研究主要偏重发展传播理论阐述，张宇丹、方晓红、徐晖明、姚君喜等学者的研究则主要偏重发展传播经验实证研究。国内21世纪的发展传播研究与20世纪80年代至90年代的研究相比，有以下新的发展变化。其一，参与式传播研究开始登台亮相，占据了发展传播研究的半壁江山，涌现了一批具有代表性的文献，研究数量和研究规模与以往相比都有较大增加。其二，开始出现关注少数民族地区和少数民族的发展传播研究。其三，研究方法更加多元。20世纪80年代至90年代发展传播的研究方法主要是以调查问卷和书面访谈为主。21世纪以来，发展传播研究除了延续上述两种研究方法外，还采用了田野调查、参与式观察等研究方法。特别是研究参与式传播的文献，大多采用了田野调查、参与式观察等方法。整体而言，国内发展传播研究一直在推进过程中。有关参与式传播研究和有关少数民族地区、少数民族的发展传播研究已经出现，但总体上研究规模小，研究数量少，还处于薄弱的起步阶段，有着巨大的开拓空间。

---

① 韩鸿．参与式影像与参与式传播：当代中国参与式影像研究［M］．成都：电子科技大学出版社，2012：23-26.

### （二）民族自治区发展传播研究与参与式传播研究综述

民族自治区新闻传播研究是中国少数民族新闻传播研究的重要组成部分，也是中国新闻传播研究的重要组成部分。少数民族新闻传播研究填补了国内少数民族新闻传播研究的空白，也成为中国新闻传播研究中不可或缺的组成要件。缺少少数民族新闻传播研究的中国新闻传播研究是不完整的，也不符合现实发展状况。少数民族新闻传播研究更好地彰显了中国多元一体的发展格局，也更好地向世界展示了民族团结、社会稳定、文化繁荣、国家统一的国家形象和地区形象。

1. 民族新闻传播研究现状

目前民族新闻传播研究已经出现以下几个学术研究高地。第一，是宏观上的民族新闻传播研究。以林青、白润生等学者的贡献最为突出。第二，是云南地区民族新闻传播研究。郭建斌、单晓红、孙信茹等学者的研究令人瞩目。第三，是中南地区民族新闻传播研究。高卫华、陈峻俊、黄迎新等学者的研究十分抢眼。第四，是民族自治区民族新闻传播研究。这个学术研究小高地涌现了一批具有代表性的学者，如周德仓、袁爱中、张丽萍、帕哈尔丁、金玉萍、李世举等。第五，是西部地区、西北地区民族新闻传播研究。益西拉姆、牛丽红、刘俭云、李文、李克、张硕勋、朱杰等学者的研究具有典型性。第六，是东北地区民族新闻传播研究。崔相哲、于凤静等学者的研究具有代表性。第七，是民族国家认同研究。南长森的研究开启了西部民族地区国家认同系统研究的征程。综上，民族新闻传播研究处于遍地开花、繁荣发展的研究态势。

2. 民族自治区新闻传播研究现状

民族自治区新闻传播研究正在从处于劣势和边缘位置向中心位置慢慢靠拢和迁移的过程中。有两大元素促成了这一发展变化。其一，是白润生、周德仓、袁爱中、张丽萍、帕哈尔丁、李世举等学者持续的研究推动。其二，民族自治区新闻传播研究的重要性和迫切性日益凸显。越来越多的学者加入对民族自治区民族新闻传播的研究中，使研究队伍不断扩大，也涌现了大批的研究成果，从而推动了民族自治区民族新闻传播研究的发展。民族自治区新闻传播研究主要集中在以下几方面。按照传统的、宏观的分类方法，主要包括以下四类：民族自治区新闻传播史研究；新闻传播理论研究；新闻业务研究；新闻教育和媒体从业人员研究。按照具体研究内容分类，主要有以下几类：民族自治区国家认同研究；民族文化传播研究；民族形象建构研究；对外传播研究；媒介素养研究；发展传播研究；民族新闻语言规范研究；等等。其中，民族文化传播与传承研究占比较高，研究较为成熟。

3. 民族自治区发展传播与参与式传播研究综述

在民族自治区新闻传播研究蓬勃发展之际，民族自治区发展传播研究与参与式传播研究也在缓慢发展中。虽然直接从事大众传播与民族自治区发展传播研究和参与式传播研究的论述不多，但间接开展相关研究的论著也有一些。整体而言，民族自治区发展传播研究较为薄弱，参与式传播研究则更为薄弱和稀少。

宫京成、苗福成采用深度访谈的研究方法（共访问 83 人）对宁夏电视观众的收视取向、收视愿望、收视评价等进行了调查。结果发现：宁夏电视收视率最高的节目是新闻类节目和娱乐性节目；宁夏观众更喜欢收看中央电视台和经济发达地区电视台的卫视频道；对宁夏本土电视节目，观众主要收看的是新闻类节目。调查还发现，宁夏观众对本土电视节目品牌认知度较低；观众收视的随意率在逐渐增强；节目内容和画面冲击力成为影响宁夏观众频繁换台的主要因素①。宫京成、苗福成据此提出了具有针对性的发展策略。文章是在宁夏电视业已有三十多年的发展历程、有线电视和数字电视已蓬勃发展的大背景下进行的调查，一定程度上反映了宁夏大众传媒与社会发展之间的关系。

谢明辉在 2010 年采用问卷调查的方法（有效问卷 726 份）对宁夏的五个城市——银川、石嘴山、吴忠、中卫、固原中 18 岁以上的人口关于新版宁夏卫视的情况进行了收视效果调查。文章的调查规模较大。虽然不曾就宁夏电视与当地社会发展问题进行直接的研究，但对于了解和掌握阶段性宁夏大众传媒与社会发展的关系还是具有一定的参考价值。

张学霞在 2013 年采用田野调查和问卷调查相结合的方法（有效问卷 272 份）对宁夏兴泾镇新媒体的应用情况进行了调查。结果发现：人际传播仍然在村镇中占据着重要地位；电视成为覆盖率最高的大众传媒，是村民主要的消遣娱乐工具；手机的普及率为 95.8%，已成为青壮年农民重要的使用媒介；使用手机上网的村民达到了 68.6%。手机上网的村民们的网络应用功能单一，应用

---

① 宫京成，苗福成．当前宁夏电视观众的收视特征与传媒对策［J］．宁夏大学学报（人文社会科学版），2005（2）：97-98.

类别较为有限，主要是以腾讯QQ为主①。据此张学霞认为，应构建手机媒体和QQ群等主要公共信息平台来推动和促进少数民族地区民众的参与式传播，一方面凝聚社会共识，增强少数民族地区民众对国家的认同；另一方面填补少数民族地区农村新媒体发育不足等空缺，使大众传播更容易实现多元化和当地化②。该文属于小样本调查范畴。文章未就宁夏新媒体与社会发展的关系展开直接论述。但是论文基于兴泾镇村民迁入银川市近三十年的发展历程，从媒介与社会建构的关系入手调查新媒介在少数民族地区城市化变迁中的应用，为研究和分析宁夏大众传媒与社会发展的关系提供了一定的借鉴。

赛来西·阿不都拉、阿斯玛·尼亚孜在2004年采用问卷调查的方法（有效问卷156个），对新疆哈萨克族群众媒体接触、使用情况进行了调查。调查数据显示，有56%的哈萨克族群众居住在乡村、牧区或山区。哈萨克族群众家庭的电视拥有率为75%，收音机的拥有率为79%，报纸的订阅率为21.8%。其中，70%的新疆哈萨克族群众选择收听收看本民族语言的节目或报刊，只有1/4的受众选择汉语语言节目或汉语语言书刊。调查还显示，新疆哈萨克族群众的文化程度已有很大提高，50%的调查对象的受教育程度达到高中（中专）以上。在媒体内容选择方面，农闲时70%以上的哈萨克族群众会在家里收看电视，看电视的群体中有近40%的观众会选择娱乐性节目或电视剧，但电视收视的清晰度仅达20.8%。另外，71%的哈萨克族群众收听广播的主要目的之一是“消遣娱乐，打发时间”③。赛来西·阿不都拉、阿斯玛·尼亚孜在调查中还发现，新疆哈萨克族群众居住地区的大众传媒存在着不平衡发展的状态。其中，大众传媒的传播功能主要体现为娱乐功能，没有充分发挥对哈萨克族受众观念、行为的引导作用。新疆少数民族地区的信息输入质量整体不高，不少内容杂乱，质量低下，基本上处于无序状态；同时，对少数民族地区的文化传承和社会发展的作用还应加强④。针对上述研究现状和存在的问题，赛来西·阿不都拉、阿斯

---

① 张学霞．宁夏回族社区新媒体应用及效果分析：2013年11月—12月宁夏兴泾镇实证调查［J］．新闻知识，2015（2）：56-58.

② 张学霞．宁夏回族社区新媒体应用及效果分析：2013年11月—12月宁夏兴泾镇实证调查［J］．新闻知识，2015（2）：58.

③ 赛来西·阿不都拉，阿斯玛·尼亚孜．新疆哈萨克族受众分析［J］．当代传播，2004（1）：35-37.

④ 赛来西·阿不都拉，阿斯玛·尼亚孜．新疆哈萨克族受众分析［J］．当代传播，2004（1）：37.

玛·尼亚孜给出了具有针对性的发展建议和策略。文章的研究重点集中在哈萨克族受众行为特征分析上。但是有关新疆少数民族地区大众传播发展的描述，对从发展传播的角度研究民族自治区的大众传媒与社会发展的问题有一定借鉴意义。该文体现了量化实证研究特色。

杜松平同样采用问卷调查的方法（有效问卷83份）对伊犁地区锡伯族受众媒体使用和媒体接触情况进行了调查。调查发现，锡伯族受众获取信息的最主要途径是电视。从节目类型上看，64.4%的锡伯族受众首选新闻联播，50.7%的受众选择收看娱乐节目；从媒体接触频率、接触时间来看，呈现出电视>报纸>广播的状态；从媒体语言选择来看，与上述调查不同的是，新疆锡伯族受众主要是以汉语语言媒体为主，锡伯语语言媒体为辅。究其原因是锡伯族受众的汉语水平普遍较高。另外，锡伯族受众接触信息的首要目的是获取国内外信息①。调查还发现，锡伯族农民对新闻类节目和经济类节目关注度较高。由此得出结论，伊犁地区锡伯族农民的现代意识有了很大提高②。杜松平针对发现的问题也给出了针对性的发展建议。

林晓华、钟熠面向国内主要少数民族地区采用问卷调查方法（有效问卷400余份）对我国少数民族农村信息传播与媒介素养现状进行了调查。调查的重点是大众传媒对少数民族农民思想观念的影响程度③。调查结果显示，大众传播媒介对少数民族农民的思想观念有重大影响。除却家庭是影响少数民族农民思想观念的第一因素外，电视成为影响少数民族农民思想观念的首要因素。综合而言，以广播电视为主的电子媒介在少数民族农村占据强势地位，印刷媒介处于萎缩状态，而电脑的普及率较低。调查还显示，被调查的大多数少数民族农民对大众媒体传播内容的真实度，对它干预和解决现实问题的能力持“将信将疑”的“模糊化”态度。同时，受调查的半数以上的少数民族农民对“农民与农村的发展”充满了希望。充满希望的前提是“党的政策好，农民大有希望”。另外，40%的少数民族农民认为，大众传播媒介在少数民族农村有帮助发家致富的作用。他们提出应大力发展大众传媒④。

---

① 杜松平．新疆锡伯族受众媒体接触行为分析［J］．新疆社科论坛，2007（4）：92-93.

② 杜松平．新疆锡伯族受众媒体接触行为分析［J］．新疆社科论坛，2007（4）：92-94.

③ 林晓华，钟熠．大众传媒对少数民族农村的影响度分析［J］．西南民族大学学报（人文社科版），2008（9）：191.

④ 林晓华，钟熠．大众传媒对少数民族农村的影响度分析［J］．西南民族大学学报（人文社科版），2008（9）：191-193.

另外，林晓华还继续跟进少数民族地区手机报的发展情况。他与焦若薇一起于2011—2012年采用问卷调查的方法（有效问卷230份），对内蒙古、新疆、西藏、宁夏、广西、云南、贵州、青海、甘肃、湖北等省、自治区少数民族地区的居民手机媒体使用情况及网络应用情况进行了调查。调查发现，电视仍是少数民族地区最强势的大众传播媒体。不过，手机已成长为上述少数民族地区农（牧）民的日常用品，而电脑的普及率依然较低。调查数据显示，90%的少数民族家庭拥有手机。不过尽管手机的拥有率很高，但是对于过半的少数民族手机用户而言，手机仅仅是作为一种通信工具，尚未被充分利用其媒体功能。有34.7%的手机用户很少接收新闻和其他实用信息，14.7%的手机用户基本没有接受过新闻和其他实用信息①。同时，与手机高普及率成反比状态的是少数民族手机媒体用户对手机短信的信任度最低，对手机短信的信任度仅为4.3%，而对传统大众传播媒体的信任度较高②。此文章对于了解和掌握少数民族地区新媒体传播情况，以及新媒体与社会发展情况具有一定的借鉴意义。

赵丽芳于2014年对西藏、新疆所属的14个地区的少数民族语言受众媒介使用、媒介需求和媒介认知等情况进行了调查。其中，新疆地区的深度访谈材料和调查问卷材料共计103份，西藏地区的有效问卷394份，有效访谈材料24份。赵丽芳调查发现，西藏受众接触、使用大众传播媒介的顺序是：电视—网络—广播—报纸。电视是西藏地区受众使用最多的媒介，其次是网络，然后是广播，最后是报纸。调查还发现，西藏、新疆少数民族受众在电视、广播媒介接触偏好中具有明显的本地化倾向和母语媒介接触倾向③。赵丽芳还发现，西藏、新疆媒体发展滞后，受众媒体选择性不高，媒体内容供给不足，媒体信息传播与信息服务内容所占比重较小，受众大多属于知足类型，媒介参与能力较弱④。这篇文章的研究主旨之一是对藏语、维吾尔语等少数民族语言媒体构建国家认同的功能与作用进行分析，并不直接研究西藏、新疆两个民族自治区大众传播媒体与社会发展之间的关系，但是赵丽芳对这两个地区少数民族语言受众

① 林晓华，邱艳萍．手机出版：突破少数民族农村信息传播瓶颈的最优选择［J］．出版发行研究，2013（1）：47-48.

② 林晓华，邱艳萍．手机出版：突破少数民族农村信息传播瓶颈的最优选择［J］．出版发行研究，2013（1）：48.

③ 赵丽芳．西藏、新疆少数民族受众对母语媒介的接触与使用研究［J］．中国广播电视学刊，2015（8）：58.

④ 赵丽芳．西藏、新疆少数民族受众对母语媒介的接触与使用研究［J］．中国广播电视学刊，2015（8）：57-59.

媒介使用、需求和认知情况的调查，对后续开展相关的发展传播研究，以及其他研究都具有一定的参考价值。这篇文章也是民族自治区媒体应用效果研究、实证研究的代表作之一。

李克在2015年对甘肃、青海、宁夏、新疆四地的11个市、22个县进行了调查研究。采用了问卷调查、访谈、文献研究等方法，有效问卷为411份。李克发现，西北少数民族地区报刊类型在向多样化发展，广播由频率单一化向语言多元化、频道专业化发展。其中，报刊发展存在着不平衡状况。广播电视外宣工作有所突破，开始进行集约化运营和市场化经营。调查还发现，从媒介接触频率、接触时间来看，电视与广播、报纸相比，排名均靠前，即电视是当地受众普遍使用的大众媒体。受众使用媒体的首要目标由以往的追求娱乐休闲开始向寻求信息转变。调查还显示，宁夏、青海、甘肃民族语言受众在媒介接触时是以汉语媒介为主，民族语言媒介为辅，但新疆少数民族受众听广播看电视是以民族语言“为主，汉语”为辅①。这一发现和上述赵丽芳的调查结论一致。另外，调查还显示，新疆少数民族受众年龄偏高者使用民族语言媒介的比例较高，汉语次之。李克的部分结论是：西北少数民族地区存在着媒体生态失衡、大众媒体单一的问题；电视的过度娱乐功能削弱了其他的传播功能；信息输入质量不高导致大众传媒的功能无法正常发挥②。文章深度描述了西北少数民族地区新闻事业发展的现状、存在的问题，提出了极有针对性的发展建议，是西北地区少数民族新闻传播量化、实证研究的典范之一。文章虽然没有直接从发展传播学的视角阐释和论述有关传播与发展的关系问题，但论文写作的出发点之一是“重视大众媒体在西部少数民族地区发展中的积极作用，重视大众媒体对于西部大开发、对于少数民族文化、文化融合、地区融合、和谐社会构建等的重要意义”③。因此，该文对于从发展传播学的角度推进对西北少数民族地区的新闻传播研究仍然具有一定的参考价值和借鉴意义。

王勇在2015年运用收看节目、电话调查、深入访谈等研究方法，对广西、内蒙古、新疆、西藏4个少数民族自治区和吉林延边朝鲜族自治州、湖北恩施

---

① 李克．西北少数民族地区新闻事业现状及对策［J］．青海师范大学民族师范学院学报，2016（5）：22.

② 李克．西北少数民族地区新闻事业现状及对策［J］．青海师范大学民族师范学院学报，2016（5）：22-23.

③ 李克．西北少数民族地区新闻事业现状及对策［J］．青海师范大学民族师范学院学报，2016（5）：22.

土家族苗族自治州、湖南湘西土族苗族自治州、四川凉山彝族自治州等 28 个少数民族自治州（我国共有 30 个少数民族自治州，其中 2 个回族自治州因通用汉语除外）的民族语言电视发展情况进行了调查研究①。调查发现，我国大多数少数民族语言地区都拥有少数民族语言电视，绝大多数少数民族群众已不存在“听不懂，难理解”这一看电视难题。整体而言，我国少数民族语言电视发展已取得了很大成就。同时，少数民族语言电视发展也存在着发展不均衡、节目内容单一、部分少数民族群众尚未拥有自己的少数民族语言电视等问题②。王勇据此提出了非常具有针对性的解决策略和发展建议。文章对 32 个少数民族自治地区的少数民族语言电视的量化、实证的调查研究，对于了解和掌握民族自治地区少数民族语言电视发展的全貌具有较高的参考价值。同时，王勇研究的立意之一是认为少数民族语言电视对推动我国少数民族地区的发展、对维护民族团结、社会和谐以及国家长治久安都具有非常重要的意义。从这个意义上讲，这篇文章对于研究民族自治区大众传播与社会发展等问题也同样具有一定的参考价值。

袁爱中、王阳、杨静采用定量和定性相结合的分析方法，结合发展新闻学理论，对 2014 年《西藏日报》一年的援藏报道进行了详尽的类目统计分析。将《西藏日报》一年的援藏报道置于民族发展、民族团结的社会文化背景下，研究援藏新闻报道呈现出来的特征、存在的问题，并提出具体的发展建议③。文章梳理了发展传播学与发展新闻学之间的关系，认为发展传播学是发展新闻学的理论来源，发展新闻学更高侧重新闻实践。文章从发展新闻学的角度探讨了《西藏日报》援藏报道问题，比较有新意。

商娜红、江宇、刘晓慧、王辉、吴达慧、王婧于 2016 年采用问卷调查和访谈相结合的方法（有效问卷 383 份），对广西壮族自治区三个民族地区少数民族媒介使用和媒介接触情况进行了调查。研究的基点在于，传播是社会变革和发展的重要机制，媒介持续不断的信息流已经成为经济和社会发展运行的血液和动力。信息传播作为重要的经济增长点能够整合和激发各种资源从而促进社会

① 王勇，龙玥璇．我国民语电视发展的问题与对策：基于 32 个少数民族自治地区的调查研究［J］．文化与传播，2015（5）：42.

② 王勇，龙玥璇．我国民语电视发展的问题与对策：基于 32 个少数民族自治地区的调查研究［J］．文化与传播，2015（5）：42.

③ 袁爱中，王阳，杨静．援助与发展：发展新闻学视域下《西藏日报》援藏 20 周年报道研究［J］．西藏民族学院学报（哲学社会科学版），2015（3）：105.

转型，向现代化迈进①。调查发现，少数民族村民们获取信息的主要渠道是电视和报纸。但是报纸的普及程度不高，电视是少数民族村民获取信息的最主要渠道。手机媒体正在少数民族农村中推广，而电脑互联网对部分少数民族农村村民而言更多是停留在概念层面上。就媒介接触和使用的级别和类别而言，大众媒体是少数民族村民普遍接触和使用的媒体，村民最关注的媒介内容是新闻信息。整体而言，村民们呈现出较现代的媒介观念，但媒介素养程度还需提高。调查还发现，大众媒介有助于村民生产生活，在村民闲暇文化生活中也占有重要地位。其中，新闻信息对他们的生活帮助最大。就大众媒介对村民的政治、经济、传统文化观念的影响来看，大众媒介对传统观念和文化习俗的改变有一定影响，但对政治和经济观念的影响不大。媒介素养程度与网络技能程度的提高能够促使村民改变传统观念与文化习俗。同时，媒介接触时间和接触动机影响村民现代媒介素养的养成与网络技能程度的提高。相对而言，该地区壮族的政治观念较高，文化习俗变化最大，他们的媒介素养程度和网络技能程度也最高。整体上，少数民族地区的政治、经济、传统文化观念呈现现代化趋向②。

商娜红等学者关于广西少数民族地区大众媒介使用和接触状况调查的论文，可以说是民族自治区少数民族新闻传播效果研究、实证研究的代表作之一，也是民族自治区发展传播研究的代表作之一。虽然商娜红等学者没有直接从发展传播的视域透视广西少数民族地区媒体使用和接触情况，但他们将“社会发展”设置为论文的关键词之一。论文研究目的之一是“为探讨大众媒介能否促进、在何种程度上以及何种条件下促进广西少数民族地区的社会发展提供依据”③。文章重点关注了大众传播媒体与少数民族地区政治、经济、传统文化观念现代化之间的关系，并得出相关的结论。从这个意义上讲，文章延续了国内 20 世纪 80 年代至 90 年代发展传播学量化、实证研究的传统和思路，对于推动国内发展传播学研究，尤其是少数民族地区发展传播学研究具有一定研究意义和价值。

南长森结合发展传播学知识，归纳了西北少数民族地区新闻传播与国家发展的关系，探讨了少数民族新闻传播促进国家形象传播与实现国家认同的创新

---

① 商娜红，江宇，刘晓慧，等．媒介化社会：当局与旁观——基于广西少数民族地区传播媒介使用与接触状况的调查［J］．文化与传播，2016（6）：1.

② 商娜红，江宇，刘晓慧，等．媒介化社会：当局与旁观——基于广西少数民族地区传播媒介使用与接触状况的调查［J］．文化与传播，2016（6）：5-15.

③ 商娜红，江宇，刘晓慧，等．媒介化社会：当局与旁观——基于广西少数民族地区传播媒介使用与接触状况的调查［J］．文化与传播，2016（6）：1.

路径。南长森认为，如何认识西北地区少数民族新闻传播对国家形象塑造和国家传播的作用，应是发展传播学认知的核心，也应是人文社会科学研究的前沿问题①。并提出，西部地区少数民族新闻传播不仅是少数民族生存的基本权利，也是检视社会经济发展和社会文明的参照系。该文的研究重点是西北少数民族地区新闻报道在促进民族和谐稳定发展的路径创新，但是南长森从发展传播学的角度考量少数民族新闻报道与国家发展的关系，对于推动少数民族地区发展传播研究也具有一定的参考意义。

汪罗认为，我国少数民族新闻传播研究已经构建起两种研究视野：一种是少数民族新闻史论研究，一种是与现代性诉求直接相关的实用性质的“发展传播学”研究范式，旨在研究媒介促进本地整体性发展，同时又将“人的现代化”等议题纳入其中。② 汪罗在阐述少数民族新闻传播研究中的“发展传播学”范式时提出，源于研究者对“现代性”缺乏完整的理解，大多数研究成果只是触及现代性的外围，从而导致学术成果碎片化的程度较高。③ 由此汪罗提出了少数民族新闻传播研究系统化理论建构的可能性，并暂时将其命名为“整体性研究范式”。汪罗认为，应从逻辑的整体性阐述少数民族新闻传播研究的本质，从整体性理论视角考量少数民族新闻传播研究，以学科构建为切入点创建少数民族新闻研究的整体性。在具体论述“以学科构建为切入点创建少数民族新闻研究的整体性”时，汪罗提出，少数民族新闻传播理论、传播史、新闻传播与社会发展等研究协同发展，是少数民族新闻传播研究整体性建构的应有之意。④

综上，民族自治区发展传播研究及参与式传播研究整体上呈现出碎片化的研究面貌。大众传播与社会发展、国家发展的主旨并未鲜明地贯穿在相关研究中，很多时候传播与发展关系命题仅仅是作为一个隐藏的研究主旨或者潜在的研究主题出现在一些研究中。不过，整体而言，从纵向发展、演进的角度来看，民族自治区发展传播研究及参与式传播研究处于缓慢发展且稳定进行的研究状态；从横向对比研究来看，民族自治区发展传播研究及参与式传播研究也处于多点开花的研究阶段，呈现出生机勃勃、多元化的研究态势。不过，民族自治区发展传播研究仍是民族自治区新闻传播研究中的薄弱环节，参与式传播研究

① 南长森．西北地区少数民族和谐稳定发展与新闻报道路径创新［J］．新闻论坛，2013（5）：21.

② 汪罗．少数民族新闻传播研究：学术传统与范式重构［J］．新闻论坛，2018（3）：68.

③ 汪罗．少数民族新闻传播研究：学术传统与范式重构［J］．新闻论坛，2018（3）：70.

④ 汪罗．少数民族新闻传播研究：学术传统与范式重构［J］．新闻论坛，2018（3）：71.

更是其中最薄弱的部分。虽然也有少部分学者在研究中涉及参与式传播研究内容，但大多数民族自治区的新闻传播研究中，都是把民族地区的媒体受众作为被动接受、被传播、被传递的群体，很少调查、研究及呈现民族自治区媒体受众参与式传播的意愿和一些相关的传播行为。从这个意义上说，民族自治区发展传播研究和参与式传播研究具有巨大的提升空间。

## 三、研究现状评析

发展传播研究与其他传播研究的不同之处在于，发展传播学更侧重于与现实的关联，对实际计划有更大的兴趣，其他一些传播学研究则对宏观而又笼统的理论命题更感兴趣。也就是说，发展传播研究致力于构建利用媒体推动社会发展的理论，并期待行动家们将他们的理论努力付诸实践，化为真正的社会行动。这与马克思的名言“哲学家只是用不同的方式解释世界，问题在于改造世界”是有异曲同工之效的。甚至有学者认为，回顾主导范式最初的目标时，可以惊讶地发现这个目标在涉及社会发展时与马克思的思想是何等接近，两者的承诺几乎是一样的①。本研究正是从这个意义上对民族自治区大众传播网络构建及参与式传播模式进行研究的。

### （一）国外研究现状评析

勒纳和施拉姆的发展传播研究都十分看重人的作用，而后续的研究者们倾向于认为传媒的发展更有赖于市场的客观运作。通常意义上而言，发展传播研究关注的都是本土化的问题。勒纳和施拉姆关于传播与社会的发展系列理论是在冷战的驱动下应运而生的，故被称为主导模式或者主导范式②。主导模式的发展传播的实践被认为没那么成功，没有帮助当地的人们摆脱贫困，被认为它没有关注到发展中国家根本的社会结构，或者是发展中国家和发达国家之间的关系。对主导范式理论的批评还集中在认为主导范式的构建机制很大程度上是把国家作为达到它目标的主要力量。这与西方国家主流传播研究倡导的由自由市场主导的传媒与社会发展模式是相背离的。因此，科林·斯巴克斯认为，主导范式是一个宣扬管控变革的模式。

---

① 斯巴克斯．全球化、社会发展与大众媒体［M］．刘舸，常怡如，译．北京：社会科学文献出版社，2009：23.

② 斯巴克斯．全球化、社会发展与大众媒体［M］．刘舸，常怡如，译．北京：社会科学文献出版社，2009：11-12.

对主导范式最初最猛烈的批判是，它在实践上没有取得成功①。一些学者研究后发现，实施了主导范式的那些国家和一些项目并没有取得预期的结果，因此批评主导范式存在问题。然而，主导范式未能取得如期结果的原因是多样的。以一果一因的方式批评主导模式的失败看起来是求全责备。不过，主导范式在20世纪70年代开始面临理论上的危机。在此后很长的一段时间内，该范式证明了自身强大的生命力，在众多的批评声中得以幸存，以延续性变体的形式在实践中继续得以运用。在理论层面上，它已经风光不再。但发展传播的理论和实践依然是很多学者研究的焦点，“参与”已经成为研究的重心所在②。

需要关注的是，国外一些研究者看到了一定时期内中国发展传播模式和发展传播方法的先进性和示范性，也分析了中国能在发展传播方面有所成就的原因。他们分析中国发展传播模式能获得成功的原因主要是中国的发展传播能够结合实际，因地制宜，注重基层管理人员和专业人员的培训，人际传播方面做得较为突出。但这些研究者们却忽视或没能发现根本层面的原因。显然，发展传播中的“中国模式”和“中国方法”取得成功的最根本原因是中国拥有独特的体制和独特的国家制度，即发展传播中的中国模式和中国方法能够获得成功是建立在中国体制的优越性和成功的国家制度基础之上的。中国特色社会主义国家制度发挥了基础性作用。这一制度具有强大的动员能力和组织能力，始终以人民为中心，真正把生存和发展问题视为百年大计，不断列为国家的发展规划之中。

从这个意义上讲，对国外发展传播研究应秉持以下两种学术态度。一种是秉持开放、借鉴、学习的态度。在全面考察国外发展传播研究产生、发展的社会背景、历史渊源、学者研究领域和学术方向的基础上，积极学习和借鉴国外发展传播研究中科学合理的学术观点、研究倾向和研究方法。这些科学合理的学术观点、研究倾向和研究方法主要体现为以下几个方面：其一，国外发展传播研究始终关注大众传播如何促进国家发展这一宏大主题。其二，它长期关注非西方国家发展中地区传播与发展问题，即它的研究对象和研究旨趣主要是发展中国家的发展传播问题。其三，它同时关注国际传播秩序建立和国家间传播

---

① 斯巴克斯．全球化、社会发展与大众媒体［M］．刘舸，常怡如，译．北京：社会科学文献出版社，2009：40.

② 斯巴克斯．全球化、社会发展与大众媒体［M］．刘舸，常怡如，译．北京：社会科学文献出版社，2009：61.

不均衡等问题，具有国际视野。其四，它主要采用理论联系实际、注重实践运用和效果实证分析等研究方法。学者们大多深入生活，喜欢采用量化研究和个案研究的方式深入探讨发展传播问题。其五，是注重理论提炼和提升。发展传播学从一诞生起就在构建和融合相关理论，并在学术批评声中不断回应和反思，其后续推出的参与式传播模式、全球化传播模式等都具有一定的时代性和适用性。以上这些都是值得国内研究发展传播问题的学者学习和借鉴的地方。

另一种要对国外发展传播研究秉持批判、建设、发展的学术态度。应该看到，国外发展传播研究兴起的社会大背景是冷战时期，它的主要研究者们始终坚持西方学者的传统思维模式。因此，国外发展传播研究在主张和推动非西方国家大众传播促进个人的现代化，乃至最终实现国家的现代化这一目标时，始终是把以美国为首的西方国家作为发展标杆和发展榜样的。其危害性正如一些拉美学者所说，如全盘接受美国等国家灌输的外来价值和规范，就相当于促进了一个整体性的资本主义意识形态的生活方式。显然，没有普适性的发展道路。每个发展中国家都应探索适合自身的发展道路。

国外发展传播研究看到了大众传播对促进人、社会、国家发展的重要性，还把经济发展视为促进人、社会、国家发展的主要考核目标，力主推动一种普适性的发展模式。然而，它一方面对大众传播持过于乐观的态度，较少看到大众传媒在促进社会发展中的局限；另一方面往往忽视了社会背景、社会结构、政治制度、文化特色等对发展的限制，即国外发展传播研究进一步发展的空间和研究方向是应看到大众传播在促进国家发展中的局限性，更要正视不同社会背景、社会结构、政治制度、文化特色等方面的差异，不以经济发展为唯一考量发展的目标，而是以促进人的全面发展、社会和国家的可持续发展作为考量发展的目标，注重国家和政治力量在推动和促进发展方面的作用，而不仅仅是把资本和市场视为推动和促进发展的唯一力量。

中国的发展传播研究对国外发展传播研究能起到更好的建设和发展作用，只要中国学者更多深入中国发展传播的实践中，更多探索研究中国特色的发展传播案例，更多提炼中国特色的发展传播理论，就能更好地丰富和完善国外发展传播研究的实践和理论，并最终形成中国特色的发展传播脉络和发展传播理论。

### （二）国内研究现状评析

我国发展传播研究已有 40 多年的发展历程。虽然滞后于国外发展传播研究

20多年，但中国发展传播研究却具有起步低、起点高、持续发展的研究底色。在40多年的发展历程中已经形成了两种不同的研究取向：一种是更关注发展传播研究的理论建构和发展脉络、发展前沿；一种是更关注发展传播实践。因此中国发展传播研究也具有多样化的研究方式和研究方法。整体而言，这两种研究取向的发展传播研究都颇具规模，并呈现出持续发展的态势，但也都存在着较大的提升空间。

1. 我国发展传播研究缺少系统理论研究和整体性案例研究

自20世纪80年代中期起，张学洪、裘正义、陈崇山、孙五三、闵大洪等学者开启了研究大众传媒与人的现代化关系的先河，后续张宇丹、方晓红、徐晖明、姚君喜、罗鸣、张立伟、东风、彭剑等学者也开始不断关注大众传播与社会发展问题，都著述颇丰。其他学者们如赛来西·阿不都拉、阿斯玛·尼亚孜、杜松平、林晓华、赵丽芳、李克、袁爱中、商娜红等对大众传媒实践与媒体受众的研究，都丰富和发展了我国发展传播研究案例，均为我国发展传播研究奠定了研究基础。不过，上述这些研究都属于区域发展传播研究。因为这些研究者们选取的研究地点和研究对象大致包括苏北地区、苏南地区、云南少数民族地区、甘肃地区、四川省甘孜藏区、重点选取的9个省市（上海、浙江、广东、黑龙江、河南、江西、甘肃、四川、云南）以及新疆、西藏、内蒙古、宁夏等自治区，因此还称不上全国发展传播研究。迄今，我国尚未出现全国性的、系统性的发展传播实践研究。另外，现有学者们区域发展传播研究有些还停留在对单一或多个大众传播媒体实践的研究层面，还缺乏网络化、立体化的研究视角。也就是说，我国发展传播研究还处于零散化的研究现状。

四川省社科院新闻传播研究所自2004年起把“建设中国发展新闻学”作为科研主攻方向，围绕“新闻传播促进国家发展”这个中心议题，出版了《传媒与民族地区发展——甘孜藏区新闻事业研究》。这是国内首部发展新闻学走向实践的重要个案研究成果，也是区域发展传播研究的代表作之一。同时，四川省社科院出版的《中国发展新闻学概论》一定程度上填补了国内发展传播系统性、宏观性研究缺失的空白，也体现出较大的研究意义和研究价值。但是“发展新闻学”这一提法的出现，以及如何界定“发展新闻学”的内涵与外延，如何厘清“发展新闻学”和“发展传播学”的理论脉络和发展历程，如何启示和延续后续发展传播学研究或者发展新闻学等这些争议问题的存在，还影响着将之视为中国发展传播学系统性研究的大作，或称之为中国发展新闻学研究大作。也就是说，我国发展传播研究呼唤着系统性、全国性理论研究和实践案例群研究，也呼唤着具有全局思维、系统理念的大众传播网络与国家发展关系的研究。

2. 我国发展传播研究还需要理论与实践的高度结合和紧密联系

我国发展传播研究在四十多年的发展历程中，逐渐形成了两种不同的研究旨趣和研究取向，一种是侧重研究发展传播学的理论脉络和理论观点，一种是更加关注发展传播学的实践运用和效果体现，由此形成了两种不同的研究方法，一种以文献研究、定性研究为主，一种以量化实证研究为主。这两种不同的研究倾向和研究方法各有优势，都推动和促进了我国发展传播研究的进一步发展。然而，泾渭分明的研究取向和研究方法的割裂使用也具有一定负面作用和消极影响。

（1）我国发展传播学不同的研究取向和研究方法的割裂使用，肢解了国外发展传播学理论联系实践的研究传统。勒纳、克拉珀、罗杰斯、施拉姆等学者开启的国外发展传播研究，其显著的特点之一是关注社会现实，尤其是关注发展较为落后地区农村人民的生存现状，致力于消灭贫穷、落后，追求人和地区、国家的现代化。国外发展传播研究从一开始就具有理论结合实践的唯物主义特征，注重理论发展与实践项目的实施同步。这是发展传播学研究区别于其他传播学研究的一个根本点，也是和马克思主义的理论主张相一致的地方。然而，国内发展传播研究自然生成的这两种不同的研究取向，事实上是直接肢解了国外发展传播理论结合实践的研究传统，从而使后续的发展传播研究在平行研究的道路上越走越远。

（2）我国发展传播学不同的研究取向和研究方法的割裂发展，难以提炼出具有中国特色的发展传播理论，也难以形成具有中国特色的发展传播实践案例群。我国一些关于发展传播理论脉络、发展历程、发展模式等的研究文献，多以概括性、介绍性和描述性为主，较少批判性和建设性，也较少关注和研究我国发展传播的现实和现状。很多研究发展传播学理论的文献主要停留在纯粹的理论介绍和概括层面，直接“对号入座”，较少结合中国国情和中国实践来关照和考察西方发展传播理论的适用性，也较少提及发展传播理论的本土化，这实际上是一种研究主体意识不强的体现。

正如胡翼青所言，中国学者的“对号入座”体现了学术研究中的功利主义，这种功利主义实际上消解了中国传播学研究者们的主体性①。研究者们主体性研

---

① 胡翼青，柴菊．发展传播学批判：传播学本土化的再思考［J］．当代传播，2013（1）：12.

究不强的后果是，既没有观照和考察中国蓬勃发展中的新闻传播实践，也没有对西方发展传播理论进行科学的、审慎的批判和更新发展，所以很难建构具有中国特色的发展传播理论体系，也很难推动国外发展传播研究的进一步发展。同时，只侧重单一或少数区域发展传播实践的研究取向也较容易落入就事论事、只见树木不见森林的研究窠臼，也难免出现以点带面、以偏概全的研究问题。

因此，两种泾渭分明的研究取向需要进行深度的融合发展。唯有国内研究发展传播学的研究者们秉持理论和实践紧密联系的发展传播学的研究传统，与马克思主义的唯物主义主张相结合，秉持中国共产党“从群众中来到群众中去”的群众路线，才能更好地建构中国特色的发展传播理论，才能向世界展示更多具有中国特色的发展传播实践案例群。

3. 我国发展传播研究的中国特色还不够鲜亮

我国发展传播研究在理论上建树不多，但实践中却涌现了大批的发展传播案例。实则中华人民共和国成长史本身就是一部中华民族、中国人民的发展史。因为中华人民共和国成立之初就把人民的生存和发展问题置于极其重要的地位，并通过五年规划的方式持续不断地加以推进。新中国成立七十多年的巨大发展成就表明，发展一直是新中国的主旋律。党的十九大报告指出，十八大以来，党和国家贯彻新发展理念，端正发展观念，转变发展方式，不断提高发展质量和效益。并罗列指出，经济保持了高速增长，数字经济等新兴产业在蓬勃发展，基础设施得以快速推进，农业现代化稳步推进，城镇化率每年都在提高，区域发展的协调性不断增强，创新驱动发展战略得到大力实施①。十九大报告中还提出新时代继续坚持新发展理念。认为，发展是解决我国一切问题的基础和关键②。从这个意义上讲，1949 年以后，中国大地处处都展现出发展的新面貌。

新中国的大众传播也一直伴随着新中国的成长而不断发展壮大。中华人民共和国的新闻传播事业史是一部中国大众传媒的发展史，也应是大众传播和国家发展相互促进的学术史。然而，中国新闻事业史更多地关注了中国新闻事业的发展与壮大，缺少专门从发展与传播相互促进的角度研究和分析新中国的新闻传播实践。实则中国的一些发展传播实践，如 20 世纪 60 年代至 70 年代的扫

① 习近平. 决胜全面建成小康社会 夺取新时代中国特色社会主义伟大胜利：在中国共产党第十九次全国代表大会上的报告［M］. 北京：人民出版社，2017：2-3.

② 习近平. 决胜全面建成小康社会 夺取新时代中国特色社会主义伟大胜利：在中国共产党第十九次全国代表大会上的报告［M］. 北京：人民出版社，2017：17.

盲运动、大众教育计划以及水利工程建设等都被施拉姆和罗杰斯当作成功的案例加以研究，罗杰斯甚至称之为“中国模式”。然而，我国新闻传播学学者关注和研究中国具有代表性和典型性的发展传播实践的却不多。毫不夸张地说，1949 年以后，中国大地具有代表性和典型性的发展传播实践比比皆是，层出不穷。然而，我国新闻传播学学者却对之重视不够，研究不足，致使我国发展传播研究始终缺乏明显的中国特色。

4. 我国部分发展传播研究缺乏国际视野

勒纳、罗杰斯、施拉姆等学者开启的国外发展传播研究从一开始就具有宏大的国际研究视野。勒纳的《传统社会的消逝：中东的现代化》是建立在对中东 7 个国家（希腊、土耳其、黎巴嫩、约旦、埃及、叙利亚、伊朗）的受众心理进行问卷调查基础之上的，并据此提出了具有“美国特色”的数据指标体系和发展传播理论。施拉姆的发展传播研究也是深具国际研究特色，他从考察非洲中西部两个家庭入手，通过对比分析中东、亚洲、非洲和拉丁美洲不同的发展传播案例，得出了发展传播的系列理论。值得注意的是，施拉姆看到了国与国之间存在的信息流动不平衡的现实。他发现新闻是从高度发达国家向欠发达国家流动，从欧洲和北美流向其他大陆；而很多国家新闻流出之少使人不安；对少数高度发达国家的报道很多，对许多欠发达国家的报道很少；在某些事例中，发达国家对欠发达国家的报道还存在着忽视重要事件并歪曲事实的情况①。这一发现与后续拉美学者认为西方新闻传播在世界范围内存在着意识形态输出，以及西方马克思主义学者提出的美国在一直输出文化霸权理论都不谋而合，具有高度的一致性。遗憾的是，我国一些发展传播研究的文献不论是介绍、引进国外发展传播理论，还是研究、分析中国发展传播实践，都很少具有这样主体性和批判性的研究意识，有些研究更是缺乏国际研究视野，较少关注和研究国与国之间的信息传播不平衡状态，也较少关注和研究西方国家的意识形态输出和文化霸权等问题。

国外发展传播研究的其他学者，如罗杰斯、贝尔特伦、瑟韦斯、斯巴克斯等，对发展传播研究也一直秉持国际研究视野。罗杰斯持续关注亚非拉国家的发展传播问题，他提出的“中国模式”是国际研究视野的充分体现。贝尔特伦开启了对主导范式的发展传播学的拉丁美洲式的批评，他倡导新型的横向传播

---

① 施拉姆. 大众传播媒介与社会发展［M］. 金燕宁，蒋千红，朱剑红，译. 北京：华夏出版社，1990：60-67.

模式。瑟韦斯提出的参与式传播模式，以及“没有普适性的发展道路，发展是一种整体的、多维度的和辩证的过程”等主张，也是建立在对国际形势和国与国之间信息传播秩序深刻认识基础上的。斯巴克斯也具有宏大的国际视野，他提出建构发展传播学的全球化范式，这一范式要兼顾国内结构和国际结构这两个层面。斯巴克斯构建发展传播学全球化范式的初衷是，他认为曾经的发展传播学范式忽视了全球化时代结构性不平等和民众参与对于促进发展中国家的发展的意义，也就是说忽视了“帝国主义范式”和“参与范式”所强调的国际、国内层面的结构性限制对后发展中国家的意义。斯巴克斯对国外发展传播研究的重大贡献自不必重提，他倡导从国际、国内双重视域透视和研究发展传播学的立场和态度值得我们借鉴和学习。

纵观国内发展传播研究，理论介绍、梳理、范式引进等方面有较大进展，对国内发展传播实践研究也比较丰富和多元，但是很多发展传播研究都缺乏国际研究视野。评介其他国家发展传播实践的案例不多，对国内外发展传播实践进行对比研究的也不多。较少见到对每一时期国内外尤其是对国际形势的认识和判断。对国内不同发展阶段、不同发展主题的认识有些也不够明确。从这个意义上讲，国内发展传播研究在提升国际研究视野方面还有着较大的研究空间。

5. 参与式传播研究成为我国发展传播研究的薄弱环节

国外发展传播研究经历了主导范式、帝国主义范式、参与范式、全球化范式等多样化范式的变迁与转换，其间也一直伴随着学术批评的声音。但它作为一种已经成熟的学科范式，一直存在的一个或隐或现的特点是始终重视普通民众的参与传播，尤其是后期罗杰斯、贝尔特伦、瑟韦斯和斯巴克斯等都鲜明地倡导和支持发展传播学的参与范式。国内参与式传播研究目前还处于起步阶段，它滞后于国外的参与式传播研究。国内参与式传播研究最初并没有伴随国内发展传播研究一起成长，21 世纪之前国内发展传播研究已经起步，但参与式传播研究的文献却极少见到，进入 21 世纪以后，出现了一些有关参与式传播的高质量的研究文献，但整体上的研究论述还是偏少。就此而言，参与式传播研究已成为中国发展传播研究中的薄弱环节。

中国已进入信息化社会，拥有着规模庞大、数量惊人的大众传播网络。数字技术也在日新月异地发展，保障和支撑着数以亿计的网民参与到信息传播的潮流中。在“坚持以人民为中心”的战略指导下，研究数以亿计的人们如何通过大众传播网络进行信息传播与传递，以及大众传播媒体通过什么样的方式吸引更多的人参与传播中，大众传播媒体如何促进人、社会和国家的发展，从而凝聚社会共识，形成社会合力应该成为中国参与式传播研究的应有之意。

6. 民族自治区的发展传播研究是我国发展传播研究的短板

民族自治区发展传播研究属于区域发展传播研究范畴，也属于民族发展传播研究范畴，同时也是中国发展传播研究的重要组成部分。中国发展传播研究要关注宏观上大众传播网络与国家发展之间的关系问题，也要关注中观和微观层面大众传播与国家、社会和人们之间的关系问题。其中，民族自治区发展传播研究是中观层面的发展传播研究，也是国家发展传播研究中的重点之一。

我国是多民族国家，少数民族人口 1.25 亿，占全国总人口的 8.89%。少数民族以单一民族或多民族联合的形式实现了民族区域自治，民族自治区的少数民族人口占我国少数民族总人口的 80%①。民族自治区因地处祖国边疆，或处于地理位置劣势，发展一度缓慢滞后。新中国成立后，国家把民族自治区的发展问题视为国家亟待解决的重要问题之一。因此，自 1949 年以来，国家持续不断地对民族自治区加大发展力度。同时，也持续不断地加大对民族自治区新闻传播事业发展的力度。

1998 年，党和国家启动了广播电视“村村通工程”。2000 年，又启动了“西新工程”。“西新工程”的覆盖范围包括西藏、新疆、内蒙古、宁夏 4 个自治区和青海、甘肃、四川、云南四省的藏区以及福建、浙江、广西、海南和吉林延边部分地区，目的是加强这些地区广播电视基础设施建设，增强广播电视的覆盖范围和覆盖能力。2006 年，国务院下发了《国务院办公厅关于进一步做好新时期广播电视村村通工作的通知》②，进一步完善实施村村通工程，把广播电视村村通工程从部门行为、工程建设项目提升为政府行为、公共服务体系建设，从而使包括民族自治区在内的我国广播电视村村通工程进入新阶段。2011 年，国务院又下发了《国务院办公厅关于兴边富民行动规划（2011—2015 年）的通

① 王建，金浩．坚持和发展中国特色社会主义民族理论，坚定中国特色解决民族问题的“三个自信”：学习习近平总书记关于民族方面重要论述系列论文之一［J］．黑龙江民族丛刊，2014（4）：2-7.

② 国务院办公厅关于进一步做好新时期广播电视村村通工作的通知［EB/OL］．中国政府网，2006-09-20.

知》①。它的实施范围包括内蒙古、辽宁、吉林、黑龙江、广西、云南、西藏、甘肃、新疆等9个省、自治区的136个陆地边境县、旗、市、市辖区，新疆生产建设兵团的58个边境团场。建设目标之一是进一步改善信息基础设施。同时要求“加快推进广播电视村村通、农村电影放映、少数民族广播影视节目译制和制作，加强广播电视传输覆盖和电影放映、村级文化活动室等基层公共文化设施建设”②。目前“一带一路”倡议的实施又将带动边境地区和民族自治区进入发展的新阶段。

以上这些国家工程、项目、发展规划都为促进和开展民族自治区发展传播实践提供了保障和支持，也应成为从事发展传播研究的社会背景。从中可以看到中国政府在发展传播实践中起到的核心主导作用，也能看到民族自治区处于不断发展的态势中。遗憾的是，我国民族自治区发展传播研究还处于发展阶段。研究人员少，研究主题分散，从发展传播视域研究民族自治区大众传媒与新闻事业发展的研究文献也寥寥无几，整体上呈现出碎片化、零散化的研究状态。民族自治区发展传播研究本应是我国发展传播研究的富矿，现在却成为国家发展传播研究的短板。实质上，我国民族自治区发展传播实践案例在世界范围内具有一定的代表性和典型性，更是国家稳定、民族团结、社会和谐发展、人民生活水平不断提高的有力佐证。从这个意义上说，结合我国民族自治区发展传播实践，深入研究民族自治区传播与发展关系命题就显得必要且重要。

## 第三节　研究内容和研究方法

### 一、研究内容

主要从历时性、结构性的角度，在发展传播学的研究框架下，结合马克思主义，在民族新闻传播研究的范畴内，研究近20年来民族自治区的社会发展变迁，大众传播网络发展演变的全貌，并在此基础上研判两者之间的相互促进和

① 国务院办公厅关于印发兴边富民行动规划（2011—2015年）的通知［EB/OL］. 中国政府网，2011-06-05.

② 国务院办公厅关于印发兴边富民行动规划（2011—2015年）的通知［EB/OL］. 中国政府网，2011-06-05.

共生的关系。梳理和勾勒了近20年来，民族自治区在经济发展、基础设施建设、生态环境改善、教育体系构筑以及大众传播网络构建等方面的发展全景，重点描绘和透视了民族自治区报刊发展全景，广播电视发展全景，以新闻网站和政府网站等为代表的新媒体发展全景，以及以政务微博号、政务头条号、媒体融合实践等为代表的新新媒体的发展全景。在剖析了民族自治区不同媒介形态的大众传播网络的演进历程，以及相互之间的力量对比和关系变化后，探讨了民族自治区大众传播网络在促进地区和国家社会发展方面的功能和作用；集中探讨了民族自治区大众传播网络在民族自治区社会发展变迁中得以形成的动力机制，以及民族自治区大众传播网络在发展中存在的主要问题和它未来的演进趋势。并始终将民族自治区大众传播网络的阶段性发展，同国家的阶段性发展主题置于同一框架内进行制度、政策以及技术发展等各方面的纵横研究。

针对民族自治区大众传播网络在70多年的发展历程中，形成的以自上而下的、垂直式、条块式的传播体系为主的发展格局，以及自下而上传播、媒体近用和横向传播不足，基于共有、对话和草根应用等特征的参与式传播不足等突出问题，探讨了参与式传播在民族自治区社会发展变迁中，在民族自治区城乡一体化发展的规划战略中，如乡村振兴战略、数字乡村建设规划和县级融媒体建设中，能够发挥作用和功效的空间和可行性。重点探讨了侧重共有、横向传播和强调近用、参与与对话等特征的参与式传播模式，如何在马克思主义的指导下，同中国共产党的“从群众中来到群众中去”的群众路线相结合，同中国主流媒体的党性和人民性相统一的原则相结合，同中国共产党实行的“全党办报”“群众办报”的通讯员制度相结合，更好地促进少数民族和少数民族地区的全面发展和可持续性发展。

## 二、研究方法

### （一）文献研究方法

运用文献研究方法从以下三个方面展开研究。第一，深入民族自治区各级图书馆、档案馆、史志办、文史研究中心以及特定的研究机构、政府部门、大学和各级各类新闻单位等进行文献搜集、整理，并利用中国知网、万方数据库等查询、搜集民族自治区大众传媒的相关资料和历史文献，力求全面、准确地了解和掌握民族自治区大众传媒的确切资料与相关信息。第二，对《中国新闻事业通史》《中国新闻事业编年史》《中国新闻传播通史》《中外新闻传播史》

《中国少数民族新闻传播通史》《中国少数民族广播电视发展史》以及民族自治区各地通史、通志等经典文献进行研读，清晰地掌握在不同历史时段内，民族自治区大众传播网络发展、演变与国家、地区发展主题之间的关联性，以及前者在后者中的作用和位置，并秉持国家—地方视角来考察地方空间内的大众传播网络构建。第三，为全面、准确地把握当前国内外相关理论研究的前沿，研读了大量的经典文献，为就具体问题采用相应的理论分析框架进行了充足的前期准备。

（二）比较研究方法

主要从以下两个方面运用了纵向比较和横向比较的研究方法。一方面，从中央至地方的研究视角，坚持将民族自治区报刊、广播、电视、新闻网站、微博、微信等媒体发展置于国家整体发展的框架和坐标中，通过不断对比分析同一时段内民族自治区大众传媒实践与国家发展目标之间的关联与互动，来清晰地标识民族自治区大众传播网络在国家以及地区发展中的作用体系，从而勾勒出民族自治区大众传播网络发展演进的轨迹和规律。本研究力求从特殊性和一般性的关系入手，在强调地方大众传播网络演进轨迹的同时，致力于一般性理论的建设和发展。另一方面，本研究坚持横向的比较研究方法，不断地对比和分析在国家的不同发展阶段中，民族自治区在经济发展、基础设施建设、生态环境保护、教育体系构建以及大众传播网络等方面的发展和变化情况，并与其他地区的发展做横向间比较研究。同时，不断地比较分析五个民族自治区内部、横向间的大众传播网络结构性要素之间的力量消长及位置、关系的变化情况，借此考察各个民族自治区大众传播网络构建、生成的全貌以及内部、横向间的差异和个性，即既考察整体的发展面貌，也考察个体的发展样态。

## 第四节　研究的创新点和不足之处

### 一、可能的创新之处

（一）本研究首次比较全面、系统地梳理和呈现了近 20 年来，民族自治区经济、基础设施建设、生态环境改善、教育格局构筑的发展全貌，民族自治区大众传播网络发展演变全貌，以及两者之间相互促进和共生的关系。这种专题式的研究能够为后续开展民族自治区大众传播与社会发展研究提供一定的前期资料基础。本研究中累计用于统计和分析的图表多达24个。

（二）本研究首次比较全面、系统地梳理和呈现了国内外发展传播研究的基本历程、发展脉络，重点描述了民族自治区发展传播的研究现状，这种专题式的研究为推动和促进国内外发展传播研究和民族自治区发展传播研究提供了一定的前期基础和资料积累。国外发展传播学已有60多年的发展历程，国内发展传播研究也已经有40多年的发展历程。在中国40多年突飞猛进的发展进程中，发展传播研究并没有成为国内新闻传播学研究的主流，这与新中国成立以来，中国一直在科学发展观、可持续发展、全面发展以及新发展观念指导下进行的发展实践不相符合，也与大众传播在不断推动和促进人们、社会和国家的发展方面不相符合。这些年来，国内发展传播研究一直在持续、缓慢地推进，但系统地、全面地研判国内发展传播现状，特别是民族自治区发展传播现状的著述比较稀少。本研究在全面地梳理了国外60多年来发展传播学的研究历程和基本脉络的基础上，在全面梳理了国内40多年来发展传播研究的发展全貌的同时，重点描绘和勾勒了民族自治区发展传播研究的全貌，这对于推动和促进国内外发展传播研究和民族自治区发展传播研究具有一定的现实意义和学术价值。

（三）本研究将民族自治区民众的“参与式传播”与民族自治区“大众传播网络”结合起来，与实现“全党办报”“群众办报”的重要路径之一的通讯员制度的发展创新结合起来，同时与当下中国乡村振兴战略实施以及县级融媒体建设相结合，尝试性地探索一种具有中国特色的、具有马克思主义理论色彩的参与式传播模式。并对“参与式传播”理论做了本土化的转化与阐释，并赋予了它新内涵。与国内外一些学者倡导的以资本、市场、非政府组织和内生性媒介主导的参与式传播模式构建的设想和规划不同的是，本研究倡导以政府行政力量为主导，以资本、市场、非政府组织和地方内生性媒介为辅助的参与式传播模式，强调地方的参与式传播的路径、渠道、方式方法应与地方的大众传播网络结合起来，即把自下而上的，横向间的，基于对话、沟通、近用和参与的传播网络，与自上而下的、垂直式的传播网络联通，从而有效实现通过参与式传播促进地方、国家发展的目标，也有效实现通过参与式传播促进个体全面发展的目标。据此，本研究提出，民族自治区参与式传播模式应该结合中国共产党“从群众中来到群众中去”的群众路线，应与秉持“全党办报”“群众办报”理念的通讯员制度结合，动员、组织、鼓励、支持和吸引更多的民众参与信息的制作、传播以及反馈和互动，参与群体对话、沟通和民主协商，参与有关发展的规划、执行和议题设置，从而实现自身以及社区、社会等的全面发展和可持续性发展。同时，民族自治区的参与式传播还应该与促进城乡一体化发展的乡村振兴战略、县级融媒体战略的实施等相结合，从而更好地实现理论与实践相结合，更好地促进城乡均衡化发展。本研究倡导的民族自治区的参与式传播模式，坚持马克思的政治经济学研究视角，突破了长期以来西方国家参与式传播模式固有的研究框架和既有的学术思维，强调中国特色和中国模式，对于形成中国本土化的发展传播理论和参与式传播模式，有一定的借鉴意义和参考价值。

（四）本研究借用汤普森关于“大众”的定义，将“大众传播”概念的内涵进行了拓展。从以报纸、杂志、广播、电视为主体的大众传播媒体，推广至包含传统大众媒体，又包含网络新媒体及其广泛应用的媒介种群，可以说是对“大众传播”概念的一种创新性应用。另外，本研究借用保罗·莱文森关于“旧媒介”“新媒介”“新新媒介”的定义，结合中国国情、中国语境和中国互联网应用实际，提出了“传统媒介”“新媒介”“新新媒介”“传统媒体”“新媒体”“新新媒体”等概念，并对这些概念逐一做了明确的区分和界定。虽是一家之言，尚能自圆其说。这也是对“新媒体”“新新媒体”概念的一种创新性应用。

（五）本研究首次分门别类地梳理和呈现了民族自治区新媒体、新新媒体、媒体融合以及县级融媒体建设等发展全貌，有助于读者和研究者对 2000 年以后的民族自治区新闻传播事业发展、大众传播网络发展全面了解和掌握，能够促进民族自治区新闻传播研究、少数民族新闻传播研究向纵深发展。民族自治区报刊、广播、电视等传统媒体的研究经过专家、学者们的共同努力，已经成型和系统化，但民族自治区新媒体、新新媒体、媒体融合发展、县级融媒体建设等方面的研究还有欠缺和不足，这不利于全面、系统地了解和掌握民族自治区新闻传播事业发展、大众传播网络发展的全貌。本研究系统、全面地梳理和呈现了民族自治区政府网站、新闻网站、上网人数、互联网普及率以及政务微博、政务头条号、媒体融合、县级融媒体建设等发展图景，并与民族自治区报刊、广播、电视等发展图景编织整合起来，共同构建了民族自治区大众传媒发展、大众传播网络演进发展的全貌。这对于推动和促进民族自治区 2000 年以后的新媒体研究、新新媒体研究、媒体融合发展研究、县级融媒体研究等都有一定的现实意义。

## 二、研究的不足之处

（一）本研究全面梳理和呈现了近20年间民族自治区经济发展、基础设施建设、生态环境改善、教育体系构筑以及大众传播网络演进等发展全貌，致力于全景勾勒和展现民族自治区发展传播研究的全貌。研究的内容丰富、庞杂，时间跨度长，因此在资料分布、细节捕捉、个体样貌描绘等方面难免存在着挂一漏万之处。虽然笔者已经竭尽全力地运用文献研究法查询、搜集一切相关的文献材料，并进行实地考察、田野访谈，对专家学者进行电话访谈、E-mail访谈等，尽力鲜活而具体地展现每个民族自治区社会发展变迁与大众传播网络的发展面貌，但力有不逮，研究更多地体现了民族自治区的共性。对具体每个自治区自身在社会、经济、文化发展等方面的特殊性，还是有所疏忽和遗漏，还需在对每个民族自治区的大众传播网络的深度研究方面下功夫。

（二）本研究全面地梳理和呈现了民族自治区2000年以后新媒体、新新媒体、媒体融合以及县级融媒体建设等发展现状，这对于推动和促进民族自治区新媒体研究、新新媒体研究、融合媒体发展研究以及县级融媒体建设研究等固然有一定的作用和意义，但是对正在发生的或者人们正在见证的、较为新鲜的大众传媒实践以及大众传播网络发展变迁做出全景式的勾勒和提炼，会因为急于捕捉最新变动的实践、最近发生的图景而导致出现只见树木不见森林的缺陷，也会导致出现流于现象的捕捉而不能探究其实质和规律的缺陷。对于新近发生的现象、问题如果能够采用更长时间段的考察、更远距离的透视，研究结论和研究结果可能会更加审慎和冷静。

（三）本研究主要采用马克思主义的立场和方法，重点在马克思政治经济学的研究框架下，对民族自治区发展与传播之间的关系命题进行研究，整体地呈现了民族自治区自上而下的、垂直式、条块状的大众传播网络全景，并尝试性地将自上而下的大众传播网络与自下而上的、基于横向间的对话、沟通，以及近用、参与和协商等的传播网络联通起来，试图打造以政府力量为主导的，以资本、市场、非政府组织和地方内生性媒介为辅助的参与式传播模式。然而囿于篇幅和个人能力等因素，本研究重点考察了民族自治区以行政力量为主导的大众传播网络的发展演进，以及与社会发展之间的关系，对民族自治区以资本、市场、非政府组织和地方内生性媒介等力量构建生成的传播网络的梳理和研究不足。事实上，民族自治区参与式传播模式的构建和发展固然需要以政府行政力量为主导，但资本、市场、非政府组织以及地方内生性媒介构建而生的传播网络，以及其中的组织和力量也能在其中发挥着重要的作用。因此，对以上这些传播网络研究的不足，将可能影响本研究提出的民族自治地区的参与式传播模式实施的限度和效度，也可能导致对民族自治区参与式传播的认识不够全面和精准。

# 第一章

# 民族自治区的社会发展变迁

习近平总书记于2014年9月28日在中央民族工作会议上指出：坚持和完善民族区域自治制度，要做到“两个结合”。一是坚持统一和自治相结合。团结统一是国家最高利益，是各族人民共同利益，是实行民族区域自治的前提和基础。没有国家团结统一，就谈不上民族区域自治。同时，要在确保国家法律和政令实施的基础上，依法保障自治地方行使自治权，给予自治地方特殊支持，解决好自治地方特殊问题。二是坚持民族因素和区域因素相结合。民族区域自治，既包含了民族因素，又包含了区域因素。民族区域自治不是某个民族独享的自治，民族自治地方更不是某个民族独有的地方。这一点必须搞清楚，否则就会走到错误的方向上去。① 显然，民族自治区的空间生产和空间实践与一般地区相比，有独特的研究意义和价值，更具有一般性的研究意义和研究价值。

## 第一节　核心概念界定

本研究中使用了“传播”“大众传播”“传播网络”“大众传播网络”“参与式传播”等专业术语，以及“民族自治区”等常用概念。这些专业术语和常用概念大多已经成为人们日常生活中的常用语。不过，有些专业术语的内涵和外延还存在争议，专家和学者们尚未对这些专业概念达成一致认识。因此有必要追根溯源，对上述专业术语和常用概念进行进一步的厘清和梳理。

① 习近平．习近平谈治国理政：第二卷［M］. 北京：外文出版社，2017：300.

## 一、核心概念界定

### （一）传播与大众传播

传播学在中国已有30多年的发展历程，但在实际应用中不同学者对传播的含义往往有完全不同的理解①，因此有必要对“传播”概念做一些梳理。同样，源自美国工业化、城市化、现代化背景的“大众传播”概念也存在很多歧义和模糊之处，也有必要加以特定说明。

1. 传播

传播学中“传播”一词是从 communication 转译而来。陈卫星认为，在希腊文中 communication 源于 cum 与 munus 这两个词根。cum 指与别人建立一种关系，munus 意味着产品、作品、功能、服务、利益等。communication 即为共享、共有之意。古罗马政论家西塞罗将 communication 定义为把握一种事情或者是与别人建立一种关系，这样拉丁语中 communication 的意思就是沟通、参与。后来，communication 意味着一个发送者、一个中介和一个接受者，用来界定人与人之间的传递关系和交换关系②。雷蒙・威廉斯认为，communication 的词源是拉丁文 communis，意指“普遍”，因此 communication 是指“普及于大众”“传授”的动作③。彼得斯梳理了 communication 的来源，认为 communicate 的拉丁语意义是告知、分享、使之共同④。李金铨认为，communication 在拉丁文中与 community 同字源，都是 communi，也就是建立共同性。他概述了 communication 的三层含义：沟通、交通与传播。沟通指面对面的交流；交通指物质的交通工具，即和运输并用的词汇；传播指心灵的交通工具⑤。潘忠党认为，传播一词至少包含了三重不同的含义：或被视为单向度的传递（transmit），或被视为双向的交流和信息共享（share），或被视为引起不同理解的传递⑥。詹姆斯・凯瑞用

---

① 刘海龙．中国语境下“传播”概念的演变及意义［J］．新闻与传播研究，2014（8）：113.

② 陈卫星．传播的观念［M］．北京：人民出版社，2008（6）：1.

③ 威廉斯．关键词：文化与社会的词汇［M］．刘建基，译．北京：生活・读书・新知三联书店，2005：73.

④ 彼得斯．交流的无奈：传播思想史［M］．何道宽，译．北京：华夏出版社，2003（7）：96.

⑤ 李金铨．传播研究的典范与认同［J］．书城，2014（2）：52-53.

⑥ 吴飞．社会传播网络分析：传播学研究的新进路［J］．中国人民大学学报，2007（4）：108.

"传递"和"仪式"来阐释两种不同的传播观。凯瑞认为，"传递"的传播观中，传播出于控制目的，其典型情形是劝服、态度变化、行为变化，因此不能局限于此。他提出的仪式观重点强调信息共享。凯瑞把传播看作是创造、修改和转变一个共享文化的过程的维系，认为传播并非指信息在空间中的扩散，而是指在时间上对一个社会的维系；不是指分享信息的行为，而是共享信息的表征①。就 communication 的汉语译法而言，出现了"传播""传通""交流""沟通"和"交通"等对应词义②，以及"通讯"等词义。香港、台湾地区曾译为"传"或"传通"。1982 年，中国社会科学院新闻研究所在中国第一次西方传播学研究座谈会后，初步统一了传播学关键概念的中文译名，communication 正式被译为"传播"③。关于将 communication 译为传播是否准确表达了英语中"双向互动"的原意，以及对传播概念本身的诠释，大陆学界一直存在争议，并没有形成统一的认识。

本研究采用宽泛意义上"传播"的定义，借鉴李金铨"沟通、交通、传播"的界定，结合陈卫星的阐释，将传播概念进行本土化转化，界定为"交往沟通""双向互动""交通运输"以及"建立传递关系和交换关系"。

2. 大众传播

国内外对"大众传播"概念的认知也如对传播的概念认知一样，经历了一个逐步加深的过程。在这个过程中，认识更加全面和更加多元化，但始终没有达成一致。澳大利亚学者约翰·哈特利（John Hartley）认为，大众传播是指依靠公司财政资助、工业化生产、管理制度、专业技术、私人消费商品的方式或手段，通过现代媒介如报纸、杂志、电影、电视、广播、广告、书籍和音乐等向未知的受众提供休闲娱乐和资讯的实践和生产④。这一定义只是界定了大众传播组织的商业性质，没有看到大众传播组织还包括政府机构或者政府组织，忽略了大众传播的政治属性。

美国学者斯坦利·J．巴伦（Stanley J. Baran）认为，大众传播是大众媒介

---

① 凯瑞．作为文化的传播［M］．丁未，译．北京：华夏出版社，2005：4-28.

② 莫利．传媒、现代性和科技："新"的地理学［M］．郭大为，等译．北京：中国传媒大学出版社，2010（1）：5.

③ 刘海龙．中国语境下"传播"概念的演变及意义［J］．新闻与传播研究，2014（8）：114.

④ HARTLEY J. Communication，Cultural and Media Studies：The Key Concepts［M］．London：Routledge，2002：138.

和受众之间制造含义共享的一个过程①。这是一种理想化的大众传播概念。显然，大众媒介与受众之间可能达成共识，也可能继续产生分歧。受众作为有意识的主体并不会全然接受和全然认同大众媒介传播的所有信息。丹尼斯·麦奎尔区分了大众传播与大众媒介的概念。他指出，早期学者关于大众传播的界定是将传播等同于传递，是从发出者的角度来加以界定而不是从接受者反馈、分享、互动的饱满意义上加以界定。麦奎尔将大众传播的过程概括为大规模的传播与接受；单向流动；不对等的关系；非人际的、匿名的；精打细算的或是市场性的关系；传播标准化的内容。② 麦奎尔还认为，大众传播的过程和大众媒介是不同义的。大众媒介不仅仅用于大众传播，也可以用于个人、私人或者组织的有目的活动。在传播技术融合的时代，大众的和个人的传播界限已经越来越模糊③。麦奎尔关于“大众”“大众媒介”的概念解析为更好地理解“大众传播”提供了借鉴。不过，他将大众的概念概括为“没有差异”“主要是负面形象”是不准确的。显然，大众具有同质性，也具有异质性。正如麦奎尔看到的，在社会主义传统中，大众具有正面的内涵。大众不仅代表着一般劳工为了集体的目标或是反抗压迫组织起来时所产生的力量与凝聚力，在中国，大众还代表着具有当家作主地位的人民，即大众可能具有负面的形象，也可能具有正面的形象，它应该是一种中立的存在。

史蒂芬·李特约翰（Stephen W. Littlejohn）将媒介视为大众传播研究的中心，这进一步推动了大众传播概念的完善。他认为，大众传播是指媒介组织生产信息并且将其传输给广大受众的过程，同时也是指受众寻求、利用、理解和影响这些信息的过程。媒介组织散布了那些能够影响和反映社会文化的信息，同时也向大批同质化的受众提供了这些信息，这使得媒介成为体制化势力的一部分。他还提出，媒介研究者应当承认大众传播具有两张面孔。一张面孔是从媒介的角度观察广义的社会与它的相关机制，应关注媒介如何嵌入社会，广义的社会结构和媒介之间是如何相互影响的，这是大众传播理论的宏观层面；另一张面孔是从媒介的角度观察人类，即群体和个人。这张面孔反映了媒介和受

① 巴伦．大众传播概论：媒介认知与文化［M］．3 版．刘鸿英，译．北京：中国人民大学出版社，2005：7.

② 麦奎尔．麦奎尔大众传播理论［M］．5 版．崔保国，李琨，译．北京：清华大学出版社，2010（7）：45-46.

③ 麦奎尔．麦奎尔大众传播理论［M］．5 版．崔保国，李琨，译．北京：清华大学出版社，2010（7）：46.

众之间的联系，应聚焦于媒介交流中的群体和个人的效应和结果，这是大众传播理论的微观层面①。史蒂芬·李特约翰关于大众传播概念的界定与以往研究者的不同之处在于，他没有将大众传媒组织、机构作为大众传播发起活动的主体，而是将媒介置于大众传播研究的主体位置，体现了鲜明的媒介中心论的主张。这与雷吉斯·德布雷在《普通媒介学教程》中提出的“媒介学”“媒介域”等概念有共同之处。也是将大众传播概念从发送者、接受者这样简单的、二分法的研究模式中分离出来，让人们看到媒介的能动性和塑造性。

沃纳·J. 赛佛林（Werner J. Severin）和詹姆士·W. 坦卡德（James W. Tankard，Jr）则对大众传播的特征进行了概括和提炼。他们认为，在传统媒体时代，大众传播可以用以下三项特征来确定：大众传播针对较大数量的、异质的和匿名的受众；消息是公开传播的，通常可以同时到达大多数受众，在特征上是稍纵即逝的；传播者一般是复合组织，或者是在复杂组织之下运作②。同时，沃纳·J. 赛佛林和詹姆士·W. 坦卡德还提出，在新媒介环境下，大众传播的定义和特征就不那么具有确定性了。显然，这两位学者对大众传播“稍纵即逝”的特征描述过于狭隘。广播、电视、电影等视听媒体的大众传播确实具有稍纵即逝的线性传播特征，但是报纸、杂志等纸质媒体的大众传播却具有可保存性和可储藏的特征。

综上所述，一般意义上的大众传播是指专业性的媒介组织、机构或者团体、产业集团等借助大众传播媒介，面向特定的大多数人进行的大规模的信息生产与信息传播活动。“大众”主要是指受众的规模和数量，指的是范围、容量和程度。但汤普森（Thompson J. B.）认为，不应以狭义的数量词来解释和理解“大众”概念，即大众传播的重点不是指若干数量或范围的人接收到产品，而是指这些产品在原则上是可以被许多人接收到的③。从这个意义上讲，传媒业发展的早期，如早期的报纸、杂志、广播、电视以及早期的互联网，它们的受众都相对较少，并且属于特殊群体，从规模和数量上看属于小众，从原则上看则是面向大众的，只是由于技术和物质上的限制而没法传递给大多数群体，因此仍可

---

① 李特约翰．人类传播理论［M］．7版．史安斌，译．北京：清华大学出版社，2004（9）：352-353.

② 赛佛林，坦卡德．传播理论：起源、方法与应用［M］．5版．郭镇之，徐培喜，译．北京：中国传媒大学出版社，2006（1）：4.

③ 汤普森．意识形态与现代文化［M］．高铦，文涓，高戈，等译．南京：译林出版社，2012（12）：239.

将早期的报纸、广播、电视、互联网的受众称为“大众”。

国内学者李彬认为，大众传播的英文 mass communication 中的 mass 有三层含义：规模庞大的传播机构；大批可复制的传播内容；人数众多的传播对象。因此，大众传播是现代媒介通过大批复制信息并迅速传播信息从而影响庞杂受众的过程①。李彬关于大众传播的概念的独特之处在于，他拓展了“大众”的内涵。他界定的“大众”不仅指人数众多的传播对象，数量众多的可复制传播的信息，还包含规模庞大的传播机构。从新媒体环境来看，“大众”除了指规模庞大的传播机构，还包括数量、规模庞大的自媒体生产群体。目前，中国的自媒体生产群体数量众多，人口庞杂，也具有“大众”的特征。

本研究综合采用国内外相关学者有关“大众传播”的界定，重点借用汤普森对“大众”的新阐释，将 1979 年之前民族自治区的传媒尤其是报纸和电视实际上受众数量和规模都较小的实践活动，以及 2003 年之前民族自治区新媒体的新闻传播实践，都统称为“大众传播”。时至今日，新媒体环境下，报纸、杂志、广播、门户网站、博客、微博、微信等媒介应用也已经出现小众化、分众化的态势，但原则上它们仍可被很多人接收到，故本研究仍将它们统称为“大众传播”。也就是说，本研究将“大众传播”概念的内涵进行了拓展。

### （二）传播网络与大众传播网络

“传播网络”和“大众传播网络”的界定一直伴随着“传播”“大众传播”概念的界定而发展演化。芒戈（Peter R. Monge）认为，关系是网络分析的中心。关系定义了个人、群体和组织间的传播联系的本质。当一种或更多的传播关系被运用于个人、群体或组织时，网络连接就产生了。传播网络作为一种联系模式，由传播者之间穿越时间和空间的消息流组成。从广义的角度理解，消息这个概念可以被理解成数据、信息、知识、图像以及任何符号形式，它们都可以从网络一端传输到另一端，或者被网络成员共同创造。传播网络是指由传播者之间穿越时间和空间的信息流组成的一种联系模式②。罗杰斯认为，传播网络是由一些内部相互关联的个体组成，这些个体之间有着一定的信息流动模式。网络具有一定的结构和一定的稳定性。正因为网络具有一定的模式，网络内个

① 李彬．传播学引论［M］．3 版．北京：高等教育出版社，2018（1）：137-138.

② 芒戈，康特拉克特．传播网络理论［M］．陈禹，刘颖，等译．北京：中国人民大学出版社，2009（8）：1.

体的行为才具有可预测性①。罗杰斯还指出，对网络的研究有助于人们了解传播结构，也就是说有助于了解系统内模式化信息流入过程中多种不同的构成元素②。吴飞认为，人类学家格尔兹（Clifford Geertz）所说的“意义之网”，符号学家恩斯特·卡西尔（Ernst Cassirer）所指的“符号之网”，正是传播网络的一个静态的呈现形式。他认为，传播网络是人类利用符号手段所编织的交换讯息和思想的一种动态交换结构③。

本研究吸收、借鉴芒戈、罗杰斯、吴飞等人对传播网络的界定，采用宽泛意义上的传播网络的概念，认同关系是传播网络研究的核心。本研究使用的“传播网络”是指传播者之间通过信息流来建立关系的一种连接模式。“大众传播网络”是通过大众媒介进行信息流的传播从而在传播者之间建立一种关系的连接网络。

（三）传统媒介、新媒介、新媒介，传统媒体、新媒体、新新媒体

保罗·莱文森（Paul Levinson ）认为，互联网诞生前的所有媒介均是旧媒介，它们是空间和时间定位不变的媒介，如书籍、报刊、广播、电视、电话、电影等。这些旧媒介明显的特征是自上而下的控制，是由专业人士生产、制作内容。新媒介是指互联网上的第一代媒介。新媒介的界定性特征是，一旦上传至互联网，人们就可以按照自己方便的时间去使用、浏览，而不用根据媒介确定的时间表去应用。新新媒介是指互联网上的第二代媒介，它的界定性特征和原理很多，主要概括为：新新媒介的消费者均是生产者，而生产者大多是非专业人士；个人根据自我意愿选择新新媒介进行表达和从事出版；新新媒介之间的关系既相互竞争，又相互促进；它没有自上而下的控制，人人都能成为出版人、制作人和促销人④。按照莱文森的媒介三分法，结合我国国情和互联网应用的实际，本研究对旧媒介、传统媒介、新媒介、新新媒介以及旧媒体、传统媒体、新媒体、新新媒体重新进行了界定。

1. 将“旧媒介”统称为“传统媒介”。新旧媒介的划分原本都是相对而言的。本研究界定的传统媒介主要是指报纸、杂志、广播、电视、电影等具有

---

① 罗杰斯．创新的扩散［M］．辛欣，译．北京：中央编译出版社，2002：291.

② 罗杰斯．创新的扩散［M］．辛欣，译．北京：中央编译出版社，2002：291.

③ 吴飞．社会传播网络分析：传播学研究的新进路［J］．中国人民大学学报，2007（4）：109.

④ 莱文森．新新媒介［M］．何道宽，译．上海：复旦大学出版社，2016（5）：3.

“点对面”传播特征的大众媒介。

2. 将门户网站、新闻网站、社区、论坛等媒介应用统称为“新媒介”。这些媒介与传统媒介一样也属于“点对面”的传播模式，也是为具有不同信息需求的网络用户提供统一的信息。这些媒介的互动性比传统媒介更强一些，但用户仍属于被动接受和传播的状态。所以说，也是一种单向传播。

3. 将博客、微博、微信等统称为“新新媒介”。新新媒介的主要特征是人人都能通过新新媒介的应用成为记者、记录者，人人都拥有麦克风，都是主持人，都是参与者。新新媒介是点对点的传播形态。每一个用户都是一个传播中心，信息沿着用户的关系网络流动。新新媒介的传播是多层级的，互动性极强，社交属性明显。

4. 对“媒体”“媒介”“传媒”概念的界定和说明。本研究主要使用“传统媒体”“新媒体”“新新媒体”的概念。一般来说，媒体是指大众传播的机构、组织，如报社、电台、电视台、网站等。媒介是指信息传播的介质、载体、渠道和手段，如纸张、声波、电波、网络等。传媒除了包含上述含义外，更强调的是一种行业，如传媒行业。媒体、媒介和传媒词汇在实际使用过程中使用不规范之处颇多，有混同、错位和简称失当等很多表现。一般而言，传媒的内涵、外延最大，可以涵盖媒体和媒介。媒体的内涵、外延较大。媒介的内涵、外延最小。本研究无意对这三个词汇做具体、精确的区分。在文中使用“媒介”一词时，特意强调它的介质、载体、渠道、手段的本意。在使用“媒体”一词时，既认同它具有媒介的内涵，更强调它的“组织”“机构”层面的含义。使用“传媒”一词是强调行业性和组织性的内涵。在英文中，媒介和媒体对应的翻译词汇都是media。但就宽泛意义而言，中译本中中国学者使用更多的是“媒介”一词，强调其媒介、载体、渠道等含义。一般民众更多使用的是“媒体”一词，倾向于机构、组织的含义。本研究主要使用国内通用的“媒体”一词，强调其“媒介”属性，也强调其“组织”“机构”之义。特殊语境下本研究专门使用“媒介”一词。

本研究综合比较分析后，借鉴莱文森的媒介三分法，同时结合中国约定俗成的词汇说法，将媒体划分为“传统媒体”“新媒体”和“新新媒体”。“传统媒体”主要是指报纸、杂志、广播、电视、电影等；“新媒体”主要是指互联网初期的一些网络应用，如网站、论坛、聊天室等。为了研究需要，本研究压缩了“民族自治区新媒体”的范围，主要研究以传播公共性的新闻信息为主的专业性新闻网站和手机报等媒体实践。同时，将“民族自治区新新媒体”的范围也给予压缩，重点研究媒体微博、媒体微信、政务微博、政务微信、政务头条号、媒体融合等新闻传播实践。与之相对应的是，本研究同时使用“传统媒体传播网络”“新媒体传播网络”“新新媒体传播网络”等概念。

（四）参与式传播

参与式传播是发展传播学研究的一个热点，也开始成为传播学研究的热点之一。作为发展传播学多元范式的一种，参与式传播的基本原则、操作方法和发展走向一直是20世纪80年代以后发展传播实践和学术研究的一个重要命题①。参与式传播起初是作为一种基本方法，如今已经形成系统理论，已有三十多年的发展历程。它是在发展传播学不断修正和自我否定的过程中逐渐形成的。它产生的社会背景是继20世纪50年代至60年代西方国家主导的发展传播学的现代化范式不断遭受批评和质疑后，20世纪70年代的拉美学者提出了不同于现代化范式的参与式传播范式的理论。贝尔特伦在论文《告别亚里士多德》中提出一种基于近用、对话和参与的横向传播模式，呼吁关注草根、自力更生、解放、本土对话的重要性②。后续的学者们不断在深度和广度上拓展了参与式传播理论，不断强调传播模式中的平等、民主和参与。

参与式发展传播将发展视为一个整体、多维、辩证的过程，核心观点是强调发展的参与性和可持续性。瑟韦斯认为，在参与式传播中，专家和项目工作人员是做出反应而不是发号施令，重点是信息交换而不是劝服③。因此，参与式传播被定义为一个在人们、集体、机构之间的动态、互动和变化的对话过程，使人们认识到他们的全部潜力，从而为自身的幸福生活努力④。在参与式传播中，传播成为一种在所有利益相关者中开启对话以分析和解决问题策略的工具，终极目标是把传播作为一种赋权工具，让所有利益相关者在决策过程中发挥积

① 韩鸿．参与式传播：发展传播学的范式转换及其中国价值：一种基于媒介传播偏向的研究［J］．新闻与传播研究，2010（1）：40.

② 韩鸿．参与式传播：发展传播学的范式转换及其中国价值：一种基于媒介传播偏向的研究［J］．新闻与传播研究，2010（1）：41.

③ 韩鸿．参与式传播：发展传播学的范式转换及其中国价值：一种基于媒介传播偏向的研究［J］．新闻与传播研究，2010（1）：41.

④ 韩鸿．参与式传播：发展传播学的范式转换及其中国价值：一种基于媒介传播偏向的研究［J］．新闻与传播研究，2010（1）：41.

极作用①。斯巴克斯认为，参与范式理论的吸引力在于“参与”这个名词本身包含着各种不同的含义。参与范式导致的结果是开放式的，可以有多种解释②。斯巴克斯提出，参与范式有别于主导范式，它是要主动发现民众的需求。它的显著特征是强调大众的决定作用，认为大众才是决定社会变革性质和方向的主流要素。参与范式不再强调工业化和城市化，代之以更加广义的科学技术和社会结构。在参与范式中，传播的目标是允许地方社团交流他们的观点、信仰和意见，促成彼此在目标和方法上达成一致。这种新的传播方式建立在对话原则上，传媒成为社会群体交流的手段，而不是将群体看作目标对象③。瑟韦斯、玛丽考等学者认为，参与模式融合了多元理论框架下的多个概念。它强调当地社区文化身份的重要性，以及各个层次（国际的、国家的、本地的和个人的）的民主化和参与④。实现参与传播有两个途径：一是对话教育，二是媒体使用的接近、参与和自我管理⑤。

综上，参与式传播具有以下特征。1. 它倡导参与者之间的横向传播。强调用横向传播来替代纵向传播。2. 它倡导对话、参与和民主。强调用对话式传播方式来替代唱独角戏式的传播方式，倡导更民主的实施方式，追求利益相关者共同参与设计、进行决策和发布信息。3. 它倡导多元化的发展框架和发展模式。认为发展是一个不完全统一的社会过程，可以因不同社会而异。4. 它关注人民的需求，相信人民的创造力。强调草根民众基于对话原则和自身需求进行参与式横向传播，平等分享人群中的观点和经验，促进群体间、社团组织间、社区内的交流。参与研究基于这样的假设，即人类有创造知识的内在能力，它拒绝知识的产生是专业人员独有这样的观念。⑥ 5. 参与式传播强调过程导向、内生性驱动，同时反映当地价值和环境。内生性驱动指的是参与式发展传播所推动的发展不是建立在普遍模式上，还应适应当地社会文化环境。传播也不仅仅是把信息传递给特定受众，而应成为一个过程。在

---

① 韩鸿．参与式传播：发展传播学的范式转换及其中国价值：一种基于媒介传播偏向的研究［J］．新闻与传播研究，2010（1）：41.

② 斯巴克斯．全球化、社会发展与大众媒体［M］．刘舸，常怡如，译．北京：社会科学文献出版社，2009：78.

③ 斯巴克斯．全球化、社会发展与大众媒体［M］．刘舸，常怡如，译．北京：社会科学文献出版社，2009：62.

④ 瑟韦斯，玛丽考．发展传播学［M］．张凌，译．武汉：武汉大学出版社，2014：11.

⑤ 瑟韦斯，玛丽考．发展传播学［M］．张凌，译．武汉：武汉大学出版社，2014：135.

⑥ 瑟韦斯，玛丽考．发展传播学［M］．张凌，译．武汉：武汉大学出版社，2014：154.

这个过程中，人们公开对话，通过相互交流知识和经验来共同学习，从而在促进变革的决策过程中发挥积极作用①。6. 参与式传播的另一个关键词是赋权。赋权通常体现在个人、人际和社区三个层面。个人层面涉及个人自尊和自信的增长；人际层面上体现为大胆说出自己的观点，获得批判思考的能力；社区层面是指在社区决策过程中发挥积极的作用②。在个人层面和人际层面实现赋权需要一定的传播媒介和积极的媒介参与，而在社区层面不同群体和社会角色中要想获得发展自己和发展社区的权力，则需要建立在社区民主的体制上和社区群体参与的机制上。赋权是一个社会学、心理学、政治学概念，也是一个传播学热词，赋权的主体、范畴和层次也有多种说法。在《社会工作词典》中，赋权是指帮助个人、家庭、团体或者社区提高其个人的、人际的、经济的或政治上的能力，从而达到改善他们现状的目的的过程③。在实践中，赋权理论的重点是帮扶弱势群体，提升他们的生存和发展能力，解决他们的实际困难，改善他们的社会处境。赋权研究的重点在于社会经济权力，很少将政治权力与弱者联系起来④。

本研究使用的参与式传播的概念，是在批判地吸收西方参与式传播理论的基础上，结合马克思的社会发展理论，基于中国特色社会主义道路和制度，在科学发展观的提出和可持续发展的背景下，注重与中国共产党的“从群众中来到群众中去”的群众路线相结合，重点强调参与者之间的横向传播、过程导向和内生性驱动，鼓励和支持人民大众参与国家和区域的发展活动和发展传播，分担不同的责任，强调基于对话原则分析和解决问题，并朝着一致的发展目标努力，追求可持续性发展，以促进早日实现中国式现代化。

① 韩鸿．参与式传播：发展传播学的范式转换及其中国价值：一种基于媒介传播偏向的研究［J］．新闻与传播研究，2010（1）：42.

② 韩鸿．参与式传播：发展传播学的范式转换及其中国价值：一种基于媒介传播偏向的研究［J］．新闻与传播研究，2010（1）：45.

③ 黄月琴．“弱者”与新媒介赋权研究：基于关系维度的述评［J］．新闻记者，2015（7）：28.

④ 黄月琴．“弱者”与新媒介赋权研究：基于关系维度的述评［J］．新闻记者，2015（7）：29.

## 二、民族自治区

民族自治区①的行政划分和边界确定是空间生产的结果，也是空间生产的途径，是国家基于民族分布“大杂居、小聚居”的地理特点进行的一种空间匹配、调整及适应。这是中华人民共和国成立之初，国家协调多民族国家空间统一的布局，是中国共产党独创的具有社会转换能力和包容能力又具有独特性的空间生成。民族自治区空间生产的特殊性在于，它是根据中央与地方之间的权力分配、职责划分、行为准则、民族关系处理等确立的一种空间建构，其空间实践即民族地区自治有独特的意义。民族自治区空间生产的一般性在于：民族自治区域并非实行整体民族或单一民族自治。它是保障少数民族在地方行政管理中的主导地位，但同时保障各民族参与地方政治生活的平等权利。民族自治区的自治权力是国家赋予地方政府的权力而非某一民族的权力。自治内容主要指向地方公共事务管理而不是对民族内部事务的管理。自治地区的政治生活和政治行为都以遵守国家基本的政治制度和法律法规为前提②。

中国五个民族自治区的建立和划分情况各不相同，分为以下四种情况：1. 时间跨度不同。从时间跨度上看，内蒙古自治区是从旧中国跨越到新中国，即1947年成立的内蒙古自治政府到1949年后，经行政区划调整后确立了内蒙古自治区。其他民族自治区的成立时间则在1949年之后。2. 原行政区划不变，由省制改为自治区制。新疆和平解放后继续维持省制，后在民族区域自治政策指导下，省内的哈萨克族、蒙古族、锡伯族、回族、柯尔克孜族、塔吉克族等分别成立了民族自治地方。在此基础上，1955年9月新疆被撤销省制后成立了新疆维吾尔自治区，原行政区域不变。广西壮族自治区也是在撤销省制的基础上，于1958年3月成立了自治区，仍以原广西省的行政区域为自治区域。3. 在原民族自治地方的基础上，经行政区划调整、合并后，自治区得以成立。宁夏回族

---

① 本书中“民族自治区”是指以下5个民族自治区：新疆维吾尔自治区（1955年10月1日成立）、西藏自治区（1965年9月9日成立）、内蒙古自治区（1947年5月1日成立）、广西壮族自治区（1958年3月15日成立）、宁夏回族自治区（1958年10月25日成立）。本书中“民族自治区”与“民族自治地区”这两个概念有严格清晰的区分。“民族自治地区”是指5个民族自治区、30个民族自治州和120个民族自治区县（旗）的全部民族自治地区。其内涵和外延均大于“民族自治区”。本文的研究对象特指5个民族自治区。

② 张学霞．宁夏大众传播网络构建研究：1926—2018［D］．西安：陕西师范大学，2019：65.

自治区是在原甘肃省银川专区、吴忠回族自治州、固原回族自治州和泾源回族自治县、隆德县的基础上，于1958年10月成立。4. 地方政权由并立到统一后，自治区得以成立，如西藏自治区。西藏和平解放后，原西藏地方政府、班禅堪布会议厅委员会和昌都地区人民解放委员会三权并立，经民主改革，撤销了原西藏地方政府，解散了昌都地区人民解放委员会，由西藏自治区筹备委员会行使地方政府职权。之后，班禅堪布会议厅委员会因完成历史任务而结束。1965年9月，西藏自治区成立①。

也就是说，内蒙古、新疆、西藏、广西、宁夏这五个地区建立自治区的政权基础、社会基础和民族关系是各不相同的②。这是中国在国家主权统一的基础上，基于民族分布“大杂居、小聚居”的地理特点进行的一种地方空间的匹配、调整和适应，是中国处理民族关系的一种空间逻辑的凸显。国家实行民族区域自治实现了民族聚居地域的统一，也完成了地方空间范围的生产和再生产，并巩固和强化了国家这一母体空间③。

民族自治区空间生产的一般性在于以下五个方面：1. 民族地方自治是依据少数民族分布情况……建立的自治地方单位，不是实行整体民族自治，更非实行单一民族自治。2. 民族地方自治保障的是少数民族在地方管理中的主导地位……但同时也要保证各民族公民有参与地方政治生活的平等权利。3. 自治权力是国家赋予地方政府的权力而不是赋予某一民族的权力，因此自治地方政府与上级政府之间的权力关系体现为隶属关系而非对等关系。4. 对自治内容的规定普遍主要是对地方公共事务的管理而不是对民族内部事务的管理。5. 民族地方自治的权力主要体现为地方政府具有一定的行政自主权而不是政治自决权，因此自治地方内部的政治生活及自治地方政府的政治行为，都要遵守国家的基本政治制度和法律规范④。

民族地区自治方式中涵盖以下几对社会关系或社会矛盾：地方自治与民族自治，民族自治与民族共治，地方政府的自治权和民族的自治权，公共事务的

---

① 宋月红．当代中国民族区域自治的建设和发展［J］．前线，2017（8）：42.

② 宋月红．当代中国民族区域自治的建设和发展［J］．前线，2017（8）：42.

③ 张学霞．宁夏大众传播网络构建研究：1926—2018［D］．西安：陕西师范大学，2019：76.

④ 朱伦．关于民族自治的历史考察与理论思考：为促进现代国家和公民社会条件下的民族政治理性化而作［C］//中国世界民族学会．第九届中国世界民族学会会员代表大会暨学术讨论会论文集上册．2010（9）：14-15，

管理和民族内部事务的管理，自治地方政府的权力与中央政府的权力，地方政府的行政自主权与政治自决权。与民族区域自治方式相关的法律、法规、制度安排、措施等都是围绕以上几对社会关系或社会矛盾展开的。目前，对其中一种或几种关系或矛盾的认识并未达成完全的一致，一直存在着一定的争议。但只要认真研究《中华人民共和国民族区域自治法》第十六条、第十七条、第十八条、第四十八条、第五十条、第五十一条、第五十二条和第五十三条的规定，应该可以得出答案：民族区域自治地方的管理原则保证各民族公民团结共治。也就是说，各民族公民都是民族区域自治地方的主人，或者说他们共同组成了地方自治的主体①。

## 第二节 民族自治区社会发展的巨大成就

民族地区是我国的资源富集区、水系源头区、生态屏障区、文化特色区，也是边疆地区、贫困地区，这是民族地区的独特优势和特色，也是我国民族工作的“家底”，充分说明了加快民族地区发展的复杂性和艰巨性②。民族地区当然包含民族自治区，也就是说，民族自治区的发展一样具有复杂性和艰巨性。尽管民族自治区的发展任务十分复杂和艰巨，但是新中国成立以来，五个民族自治区却取得了巨大的发展成就。新中国成立之初至改革开放之前，我国实行的是均衡发展战略。改革开放以后，我国实行让一部分地区先富，然后先富地区带动后富地区实现共同发展的非均衡发展策略。此后20年间，东西部经济发展差距越来越大，但西部地区③也处于不断发展的过程中。2000年1月，国务院发布了《关于实施西部大开发若干政策措施的通知》，此后西部大开发正式拉开帷幕。实施西部大开发政策后，西部地区经济快速发展，城乡居民人均收入不断提高，固定资产投资增长迅猛，对外开放程度逐步提高，基础设施和生态

① 朱伦．关于民族自治的历史考察与理论思考：为促进现代国家和公民社会条件下的民族政治理性化而作［C］//中国世界民族学会．第九届中国世界民族学会会员代表大会暨学术讨论会论文集上册．2010（9）：18.

② 加快民族地区奔向全面小康的步伐：三论学习贯彻习近平中央民族工作会议重要讲话精神［N］．人民日报，2014-10-11（1）．

③ 本文中的“西部地区”指内蒙古、广西、重庆、四川、贵州、云南、西藏、陕西、甘肃、青海、宁夏和新疆12个省区市，显然“西部地区”包含5个“民族自治区”。它们两者之间是包含与被包含的关系。

环境明显改善，特色产业优势明显①。按照国家统计局和各省公开的数据，1999年西部GDP总量约为1.5万亿元，2019年增长至20万亿，GDP全国占比从18.7%上升至20.7%②。同时，西部地区的文化、教育、干部培训、大众传媒等各方面都开始了飞速发展。2019年5月17日，国务院发布了《中共中央国务院关于新时代推进西部大开发形成新格局的指导意见》，此指导意见的出台进一步加快了西部地区的大发展。

## 一、民族自治区经济获得快速发展

2000年以来，西部地区的GDP、人均GDP、财政收入、城乡居民收入等都有明显增长。2011年，西部地区生产总值9.67万亿元，2000年至2011年西部地区GDP年平均增长率为16.82%，远高于全国平均发展速度③。2012年，西部地区生产总值达到11.39万亿元。2005年开始，西部地区的GDP开始超过东部，东西部地区发展差距明显缩小。2017年，民族自治地区生产总值达到73936亿元，人均地区生产总值达到40680元。

### （一）民族自治区生产总值不断增长

民族自治区生产总值自2000年开始不断增长。2019年，新疆地区生产总值达到13597.11亿元，西藏地区生产总值达到1697.82亿元，内蒙古地区生产总值达到17212.53亿元，广西地区生产总值达到21237.14亿元，宁夏地区生产总值达到3748.48亿元。和2000年相比，20年间，新疆地区生产总值增加了12233.55亿元，年均增速达到8.97%；西藏地区生产总值增加了1580.02亿元，年均增速达到10.87%；内蒙古地区生产总值增加了15673.41亿元，年均增速达到10.18%；广西地区生产总值增加了19157.1亿元，年均增速达到9.21%；宁夏地区生产总值增加了3453.46亿元，年均增速达到11.71%。也就是说，2000—2019年，五个民族自治区生产总值年增速均达到了8%以上，地区生产总值翻倍10倍以上。其中，内蒙古地区在2000年至2010年连续9年经济增速位居全国第一。（详见表1-1）

---

① 李万明，吴奇峰，王能．西部开发政策效率评价与反思［J］．开发研究，2014（2）：1-2.

② 黄金萍．新一轮“西部淘金”：从大开发到大开放［N］．南方周末，2020-05-28（1）.

③ 李万明，吴奇峰，王能．西部开发政策效率评价与反思［J］．开发研究，2014（2）：1.

表 1-1 1999—2019 年民族自治区生产总值

| 年份 | 地区生产总值（亿元） | | | | |
|---|---|---|---|---|---|
| | 新疆地区生产总值 | 西藏地区生产总值 | 内蒙古地区生产总值 | 广西地区生产总值 | 宁夏地区生产总值 |
| 1999 | 1163. 17 | 105. 98 | 1379. 31 | 1971. 41 | 264. 58 |
| 2000 | 1363. 56 | 117. 80 | 1539. 12 | 2080. 04 | 295. 02 |
| 2001 | 1491. 60 | 139. 16 | 1713. 81 | 2279. 34 | 337. 44 |
| 2002 | 1612. 65 | 162. 04 | 1940. 94 | 2523. 73 | 377. 16 |
| 2003 | 1886. 35 | 185. 09 | 2388. 38 | 2821. 11 | 445. 36 |
| 2004 | 2209. 09 | 220. 34 | 3041. 07 | 3433. 50 | 537. 11 |
| 2005 | 2604. 19 | 248. 8 | 3905. 03 | 3984. 10 | 612. 61 |
| 2006 | 3045. 26 | 290. 76 | 4944. 25 | 4746. 16 | 725. 90 |
| 2007 | 3523. 16 | 341. 43 | 6423. 18 | 5823. 41 | 919. 11 |
| 2008 | 4283. 21 | 394. 85 | 8496. 20 | 7021. 04 | 1203. 92 |
| 2009 | 4277. 05 | 441. 36 | 9740. 25 | 7759. 16 | 1353. 31 |
| 2010 | 5437. 47 | 507. 46 | 11672. 00 | 9569. 85 | 1689. 65 |
| 2011 | 6610. 05 | 605. 83 | 14359. 88 | 11720. 87 | 2102. 21 |
| 2012 | 7505. 31 | 701. 03 | 15880. 58 | 13035. 10 | 2341. 29 |
| 2013 | 8443. 84 | 815. 67 | 16916. 50 | 14449. 90 | 2577. 57 |
| 2014 | 9273. 46 | 920. 83 | 17770. 19 | 15672. 89 | 2752. 10 |
| 2015 | 9324. 80 | 1026. 39 | 17831. 51 | 16803. 12 | 2911. 77 |
| 2016 | 9649. 70 | 1151. 41 | 18128. 10 | 18317. 64 | 3168. 59 |
| 2017 | 10881. 96 | 1310. 92 | 16096. 21 | 18523. 26 | 3443. 56 |
| 2018 | 12809. 39 | 1548. 39 | 16140. 76 | 19627. 81 | 3510. 21 |
| 2019 | 13597. 11 | 1697. 82 | 17212. 53 | 21237. 14 | 3748. 48 |

数据来源：国家统计局网站。

### （二）民族自治区人均地区生产总值呈逐年上升趋势

2000 年以后，民族自治区人均生产总值呈逐年上升趋势。2000 年之前，自治区人均生产总值差别并不明显。2000 年之后，自治区人均生产总值差距开始显现出来。2000 年，新疆、西藏、内蒙古、广西、宁夏人均生产总值分别是

7372元、4572元、6502元、4652元、5376元；2019年，新疆、西藏、内蒙古、广西、宁夏人均生产总值已增至54280元、48902元、67852元、42964元、54217元；年均增速分别达到6.36%、9.70%、9.44%、8.24%、9.08%。另外，通过综合对比分析2000年至2011年我国东西部国内生产总值、人均GDP总量和发展速度后发现，我国东西部地区GDP增长率基本持平。2000年至2004年间，东部地区年增长率为15.36%，西部地区年增长率为12.20%。这一时段，东部地区年增长率略高于西部地区的年增长率。但2005年至2011年间，东部地区年增长率开始明显低于西部地区的年增长率①。（详见表1-2）

**表1-2　2000—2019年民族自治区人均生产总值**

| 年份 | 人均地区生产总值（元/人） | | | | |
|---|---|---|---|---|---|
| | 新疆人均生产总值 | 西藏人均生产总值 | 内蒙古人均生产总值 | 广西人均生产总值 | 宁夏人均生产总值 |
| 2000 | 7372 | 4572 | 6502 | 4652 | 5376 |
| 2001 | 7945 | 5324 | 7216 | 5058 | 6039 |
| 2002 | 8457 | 6117 | 8162 | 5558 | 6647 |
| 2003 | 9828 | 6893 | 10039 | 6169 | 7734 |
| 2004 | 11337 | 8103 | 12767 | 7461 | 9199 |
| 2005 | 13108 | 9114 | 16331 | 8788 | 10239 |
| 2006 | 14871 | 10396 | 20047 | 10240 | 11784 |
| 2007 | 16999 | 12083 | 26521 | 12277 | 15142 |
| 2008 | 19797 | 13588 | 34869 | 14652 | 19609 |
| 2009 | 19942 | 15008 | 39735 | 16045 | 21771 |
| 2010 | 25034 | 17027 | 43347 | 20219 | 26860 |
| 2011 | 30087 | 20077 | 57974 | 25326 | 33043 |
| 2012 | 33796 | 22936 | 63886 | 27952 | 36394 |
| 2013 | 37553 | 26326 | 67836 | 30741 | 39613 |
| 2014 | 40648 | 29252 | 71046 | 33090 | 41805 |
| 2015 | 40036 | 31999 | 71101 | 25190 | 43805 |

① 李万明，吴奇峰，王能．西部开发政策效率评价与反思［J］．开发研究，2014（2）：2.

续表

| 年份 | 人均地区生产总值（元/人） | | | | |
|---|---|---|---|---|---|
| | 新疆人均生产总值 | 西藏人均生产总值 | 内蒙古人均生产总值 | 广西人均生产总值 | 宁夏人均生产总值 |
| 2016 | 40564 | 35184 | 72064 | 38027 | 47196 |
| 2017 | 44941 | 39267 | 63764 | 38102 | 50765 |
| 2018 | 51950 | 45476 | 63772 | 40012 | 51248 |
| 2019 | 54280 | 48902 | 67852 | 42964 | 54217 |

数据来源：国家统计局网站。

### （三）民族自治区人民生活水平普遍大幅提高

2000 年以来，西部地区人民生活水平普遍大幅提高，城镇居民可支配收入由 2000 年的 5558 元增加到 2011 年的 18159 元，增幅达到 226. 7%，年均增长率为 11. 36%。农村人均纯收入由 2000 年的 1635 元增加至 2011 年的 5246 元，增幅为 220. 9%，年均增长率为 11. 11%①。民族自治区人民生活水平也大幅提高，城镇居民人均可支配收入逐年增长。2014 年，新疆地区城镇居民人均可支配收入同比增长 10. 1%，西藏地区城镇居民人均可支配收入同比增长 7. 9%，内蒙古地区城镇居民人均可支配收入同比增长 9. 01%，广西地区城镇居民人均可支配收入同比增长 8. 7%，宁夏地区城镇居民人均可支配收入同比增长 8. 4%。（详见表 1-3）

**表 1-3　2013—2019 年民族自治区城镇居民人均可支配收入**

| 年份 | 城镇居民人均可支配收入（元） | | | | |
|---|---|---|---|---|---|
| | 新疆地区 | 西藏地区 | 内蒙古地区 | 广西地区 | 宁夏地区 |
| 2013 | 21091. 48 | 20394. 46 | 26003. 62 | 22689. 38 | 21475. 73 |
| 2014 | 23214. 03 | 22015. 81 | 28349. 64 | 24669. 00 | 23284. 56 |
| 2015 | 26274. 66 | 25456. 63 | 30594. 10 | 26415. 87 | 25186. 01 |
| 2016 | 28463. 43 | 27802. 39 | 32974. 95 | 28324. 43 | 27153. 01 |
| 2017 | 30774. 80 | 30671. 13 | 35670. 02 | 30502. 07 | 29472. 28 |

①　李万明，吴奇峰，王能．西部开发政策效率评价与反思［J］．开发研究，2014（2）：1.

续表

| 年份 | 城镇居民人均可支配收入（元） | | | | |
|---|---|---|---|---|---|
| | 新疆地区 | 西藏地区 | 内蒙古地区 | 广西地区 | 宁夏地区 |
| 2018 | 32763.55 | 33797.38 | 38304.68 | 32436.07 | 31895.22 |
| 2019 | 34663.73 | 37409.97 | 40782.46 | 34744.87 | 34328.45 |

数据来源：国家统计局网站。从 2013 年起，国家统计局开展了城乡一体化住户收支与生活状况调查。这个调查与 2013 年前的分城镇和农村住户调查的调查范围、调查方法、指标口径有所不同。

同时，民族自治区农村居民人均可支配收入也在大幅提高。2014 年，新疆地区农村居民人均可支配收入同比增长 11.2%，西藏地区农村居民人均可支配收入同比增长 12.3%，内蒙古地区农村居民人均可支配收入同比增长 11%，广西地区农村居民人均可支配收入同比增长 11.4%，宁夏地区农村居民人均可支配收入同比增长 10.7%。与同年城镇居民人均可支配收入同比增长率相比，民族自治区农村居民人均可支配收入同比增长高于城镇居民人均可支配收入同比增长率。数据表明，民族自治区农村居民的生活水平显著提高。（详见表 1-4）

**表 1-4　2013—2019 年民族自治区农村居民人均可支配收入**

| 年份 | 农村居民人均可支配收入（元） | | | | |
|---|---|---|---|---|---|
| | 新疆地区 | 西藏地区 | 内蒙古地区 | 广西地区 | 宁夏地区 |
| 2013 | 7846.59 | 6553.38 | 8984.92 | 7793.08 | 7598.67 |
| 2014 | 8723.83 | 7359.20 | 9976.30 | 8683.18 | 8410.02 |
| 2015 | 9425.08 | 8243.68 | 10775.89 | 9466.58 | 9118.69 |
| 2016 | 10183.18 | 9093.85 | 11609.00 | 10359.47 | 9851.63 |
| 2017 | 11045.30 | 10330.21 | 12584.29 | 11325.46 | 10737.89 |
| 2018 | 11974.50 | 11449.82 | 13802.56 | 12434.77 | 11707.64 |
| 2019 | 13121.66 | 12950.99 | 15282.82 | 13675.73 | 12858.39 |

数据来源：国家统计局网站。

还可以从居民人均可支配收入来考察民族自治区经济发展情况。2014 年，新疆地区居民人均可支配收入同比增长 10.4%，西藏地区居民人均可支配收入同比增长 10.2%，内蒙古地区居民人均可支配收入同比增长 10%，广西地区居民人均可支配收入同比增长 10.5%，宁夏地区居民人均可支配收入同比增长

9.2%。2019 年，新疆地区居民人均可支配收入 23103.88 元，西藏地区居民人均可支配收入 19501.30 元，内蒙古地区居民人均可支配收入 30555.03 元，广西地区居民人均可支配收入 23328.21 元，宁夏地区居民人均可支配收入 24411.89 元。综合民族自治区城镇居民人均可支配收入、农村居民人均可支配收入和居民人均可支配收入这三个数据，可以发现，民族自治区居民人均可支配收入在逐年增长，人民生活水平普遍大幅提高已成为不争的事实。（详见表 1-5）

**表 1-5 2013—2019 年民族自治区居民人均可支配收入**

| 年份 | 居民人均可支配收入（元） | | | | |
|---|---|---|---|---|---|
| | 新疆地区 | 西藏地区 | 内蒙古地区 | 广西地区 | 宁夏地区 |
| 2013 | 13669.62 | 9740.43 | 18692.30 | 14082.30 | 14565.78 |
| 2014 | 15096.62 | 10730.22 | 20559.34 | 15557.08 | 15906.78 |
| 2015 | 16859.11 | 12254.30 | 22310.09 | 16873.42 | 17329.09 |
| 2016 | 18354.65 | 13639.24 | 24126.64 | 18305.08 | 18832.28 |
| 2017 | 19975.10 | 15457.30 | 26212.23 | 19904.76 | 20561.66 |
| 2018 | 21500.24 | 17286.06 | 28375.65 | 21485.03 | 22400.42 |
| 2019 | 23103.88 | 19501.30 | 30555.03 | 23328.21 | 24411.89 |

数据来源：国家统计局网站。

2018 年，全国居民人均可支配收入平均数为 28228 元。其中东部地区居民人均可支配收入平均数为 36298.2 元，西部地区平均数为 21935.8 元，民族自治区平均数为 24180.06 元。从横向上看，民族自治区居民人均可支配收入平均数低于东部地区，也低于全国平均值；从纵向上看，民族自治区居民人均可支配收入一直在较快地增长。并且在 2013 年至 2018 年间，东西部居民人均收入差距也在不断缩小。2013 年，东西部收入差距是 1.7 倍，2018 年缩小至 1.65 倍①。

邓小平在新中国成立初期曾指出："实行民族区域自治，不把经济搞好，那个自治就是空的。"② 习近平总书记在 2014 年参加全国政协十二届二次会议少数民族委员联组讨论时提出，要"千方百计加快少数民族和民族地区经济社会发

① 黄金萍．新一轮"西部淘金"：从大开发到大开放［N］．南方周末，2020-05-28（1）．

② 邓小平．邓小平文选：第 1 卷［M］．北京：人民出版社，1993：167.

展，促进各民族共同繁荣发展"①。"十二五"期间，西藏自治区经济总量突破1000亿元，人均地区生产总值超过30000元；内蒙古自治区人均地区生产总值突破1万美元。2009年至2014年，新疆维吾尔自治区的GDP和人均GDP分别实现了年均11.1%和9.8%的高速增长，2014年人均GDP达到了40607元②。宁夏回族自治区到"十二五"末，地区生产总值达到2911.8亿元，年均增长9.9%，人均地区生产总值达到43805元③。2019年，广西壮族自治区生产总值达到21237.14亿元，比2000年增长19157.1亿元，比2010年增长了11667.29亿元。城镇居民人均可支配收入也超过30000元，农村居民人均可支配收入达到13675.73元，居民人均可支配收入达到23328.21元。仅2014年，广西城镇居民人均可支配收入同比增长8.7%，农村居民人均可支配收入同比增长11.4%，居民人均可支配收入同比增长10.5%。

以上数据表明，尽管民族自治区的发展具有复杂性和艰巨性，但新中国成立以来，在中国共产党的领导下，在民族区域自治制度的保障下，在全国人民支援民族自治区建设和发展的情况下，经过民族自治区人们的不懈努力，民族自治区取得了巨大的发展成就，人们的生活水平得到了巨大的改善。

## 二、民族自治区基础设施和生态环境得到明显改善

基础设施建设和生态环境建设是西部大开发的重点。西部大开发最大的成就之一，就是西部地区基础设施得到大幅改善。2000年以来，西部地区交通、水利、能源、通信等重大基础设施条件明显改善。其中，交通基础设施被视为经济增长的引擎，通信的发展对于提高国民经济信息化程度，促进国家经济增长和实现增长方式的根本转变有着十分重要的作用。本文基于研究需要，重点呈现了五个民族自治区自西部大开发以来交通基础设施的发展成就和通信发展变化。

### （一）民族自治区交通基础设施获得巨大发展

交通基础设施是一种生产性的基础设施，是影响国家和地方经济增长的关

---

① 十八大以来习近平关于少数民族和民族地区的讲话［EB/OL］. 中国新闻网，2014-09-30.

② 宋月红. 当代中国民族区域自治的建设和发展［J］. 前线，2017（8）：43-44.

③ 自治区政府关于印发宁夏回族自治区国民经济和社会发展第十三个五年规划纲要（修订本）的通知［EB/OL］. 宁夏政府网，2018-09-07.

键要素。交通基础设施对全要素生产率有着较大的影响。首先，交通基础设施能够通过影响交通基础设施投资、扩大区域市场规模以及加强区域经贸合作等途径影响技术进步；其次，交通基础设施通过促进要素流动能够加强区域经贸合作，改变区域生产要素结构合理化水平，强化区域间知识溢出强度，并最终影响技术效率；再次，交通基础设施能够通过减少要素流动障碍、促进要素合理配置、加强区域经济合作、促进区域产业分工等途径，改变区域生产要素规模和区域产业集中度，从而最终影响规模效率①。总体而言，更好的经济效益总是与较好的交通基础设施显著相关②。交通基础设施作为连接地区的桥梁，因克服空间距离的阻隔而更具有现实意义。

截至2019年，我国铁路营业里程达到13.1万公里以上，高铁总里程占世界2/3，“八纵八横”高铁网建设全面展开。同时，西部地区和民族自治区的铁路营业里程和公路里程也在不断增加。西部地区铁路运输总里程从2000年的21347公里增加到2011年的36307公里，公路总里程从2000年的532650公里增加到2010年的1622784公里，增幅达到204.7%③。2012年，西部地区铁路营业里程达到3.7万公里，比2011年增加1060公里，增长2.9%。其中，新疆地区铁路营业里程从2000年的2300公里增加到2018年的6000公里。西藏地区铁路营业里程从2006年的600公里增加到2018年的800公里。内蒙古地区铁路营业里程从2000年的5000公里增加到2018年的12800公里。广西地区铁路营业里程从2000年的2000公里增加到2018年的5200公里。宁夏地区铁路营业里程从2000年的700公里增加到2018年的1400公里。（详见表1-6）

**表1-6 2000—2018年民族自治区铁路营业里程**

| 年份 | 地区铁路营业里程（公里） | | | | |
|---|---|---|---|---|---|
| | 新疆铁路营业里程 | 西藏铁路营业里程 | 内蒙古铁路营业里程 | 广西铁路营业里程 | 宁夏铁路营业里程 |
| 2000 | 2300 | — | 5000 | 2000 | 700 |
| 2001 | 2800 | — | 6000 | 2700 | 800 |

① 王睿哲．交通基础设施对全要素生产率的影响机制研究［D］．北京：北京交通大学，2019：2.

② KRUGMAN P. Increasing Returns and Economic Geography［J］. Journal of Political Economy，1991，99（3）：483-499.

③ 李万明，吴奇峰，王能．西部开发政策效率评价与反思［J］．开发研究，2014（2）：2.

续表

| 年份 | 地区铁路营业里程（公里） | | | | |
|---|---|---|---|---|---|
| | 新疆铁路营业里程 | 西藏铁路营业里程 | 内蒙古铁路营业里程 | 广西铁路营业里程 | 宁夏铁路营业里程 |
| 2002 | 2800 | — | 6200 | 2700 | 800 |
| 2003 | 2800 | — | 6200 | 2700 | 800 |
| 2004 | 2800 | — | 6300 | 2700 | 800 |
| 2005 | 2800 | — | 6200 | 2700 | 800 |
| 2006 | 2800 | 600 | 6400 | 2700 | 800 |
| 2007 | 2800 | 600 | 6700 | 2700 | 800 |
| 2008 | 2800 | 500 | 6800 | 2700 | 800 |
| 2009 | 3700 | 500 | 8100 | 3100 | 900 |
| 2010 | 4200 | 500 | 8900 | 3200 | 1200 |
| 2011 | 4300 | 500 | 9200 | 3200 | 1300 |
| 2012 | 4700 | 500 | 9500 | 3200 | 1300 |
| 2013 | 4700 | 500 | 10200 | 4000 | 1300 |
| 2014 | 5500 | 800 | 10200 | 4700 | 1300 |
| 2015 | 5900 | 800 | 12100 | 5100 | 1300 |
| 2016 | 5900 | 800 | 12300 | 5200 | 1300 |
| 2017 | 5900 | 800 | 12700 | 5200 | 1400 |
| 2018 | 6000 | 800 | 12800 | 5200 | 1400 |

数据来源：国家统计局网站。国家统计局统计数据中，没有西藏地区 2006 年之前的铁路营业里程数据，故表中 2000 年至 2005 年西藏地区铁路营业里程数据未填写。

2000 年至 2018 年间，民族自治公路里程数也在大幅增加。新疆地区公路里程从 2000 年的 34600 公里增加到 2018 年的 189000 公里。西藏地区公路里程从 2000 年的 22500 公里增加到 2018 年的 97800 公里。内蒙古地区公路里程从 2000 年的 67300 公里增加到 2018 年的 202600 公里。广西地区公路里程从 2000 年的 52900 公里增加到 2018 年的 125400 公里。宁夏地区公路里程从 2000 年的 10200 公里增加到 2018 年的 35400 公里。（详见表 1-7）

**表 1-7　2000—2018 年民族自治区公路里程**

| 年份/地区 | 地区公路里程（公里） | | | | |
|---|---|---|---|---|---|
| | 新疆 | 西藏 | 内蒙古 | 广西 | 宁夏 |
| 2000 | 34600 | 22500 | 67300 | 52900 | 10200 |
| 2001 | 80900 | 35500 | 70400 | 54800 | 10900 |
| 2002 | 82900 | 39800 | 72700 | 56300 | 11200 |
| 2003 | 83600 | 41300 | 74100 | 58500 | 11900 |
| 2004 | 86800 | 42200 | 76000 | 59700 | 12500 |
| 2005 | 89500 | 43700 | 79000 | 62000 | 13100 |
| 2006 | 143700 | 44800 | 128800 | 90300 | 19900 |
| 2007 | 145200 | 48600 | 138600 | 94200 | 20600 |
| 2008 | 146700 | 51300 | 147300 | 99300 | 21000 |
| 2009 | 150700 | 53800 | 150800 | 100500 | 21800 |
| 2010 | 152800 | 60800 | 158000 | 101800 | 22500 |
| 2011 | 155200 | 63100 | 161000 | 104900 | 24500 |
| 2012 | 165900 | 65200 | 163800 | 107900 | 26500 |
| 2013 | 170200 | 70600 | 167500 | 111400 | 28600 |
| 2014 | 175500 | 75500 | 172200 | 114900 | 31300 |
| 2015 | 178300 | 78300 | 175400 | 118000 | 33200 |
| 2016 | 182100 | 82100 | 196100 | 120500 | 33900 |
| 2017 | 185300 | 89300 | 199400 | 123300 | 34600 |
| 2018 | 189000 | 97800 | 202600 | 125400 | 35400 |

数据来源：国家统计局网站。

交通运输作为国民经济中基础性、先导性、战略性产业，对于国民经济发展有着广泛、多层次的直接和间接影响①。民族自治区土地辽阔，资源丰富。但因受地理位置、资源条件、历史环境、人口发展等多方面因素制约，历史上民族自治区的交通短缺问题十分突出，在多个方面都限制了地区的多维度发展。新中国成立 70 多年来，党和国家高度重视民族自治区的交通基础设施建设，大

① 王睿哲．交通基础设施对全要素生产率的影响机制研究［D］．北京：北京交通大学，2019：1.

力发展铁路运输、公路运输等改善民族自治区封闭、落后的面貌。上述数据已表明，民族自治区交通基础设施一直在飞快发展，并已经得到巨大改善。2006年至2017年，民族地区道路建设取得进展，等级道路占比逐步提升，总体上与全国东部和中部地区的差距逐步缩小。其中，宁夏和内蒙古两地等级道路占比高达99.7%和96%①。学者们的研究已经证明，交通基础对民族地区的经济发展有着显著的正面影响。同时，交通基础设施的经济效应具有鲜明的地域差异性，只有从特定区域的资源禀赋特征与发展现状出发才能深刻把握二者的关系，并据此提出切实可行的发展策略②。从这个意义上讲，研究民族自治区交通基础设施的发展，以及传播、传递、传输与发展的关系命题，具有独特的学术价值和学术意义。

### （二）民族自治区生态环境得到明显改善

自然生态环境是人类赖以生存和发展的根本，也是人类社会经济发展的根基。民族自治区是我国主要的生态屏障，但长期以来它的生态环境一直较为脆弱。以往的统计数据显示，我国土壤侵蚀面积共有492万平方公里，其中有近410万平方公里分布在西部少数民族地区。西部少数民族地区土壤侵蚀面积在全国的占比是83.3%。全国荒漠化土地面积为262万平方公里。其中占比排名前三位的分别是：新疆、内蒙古、西藏。它们各自的荒漠化土地面积为104.4万平方公里、65.9万平方公里、43.6万平方公里，合计达到213.9万平方公里。同时，我国西部少数民族地区的森林覆盖率明显低于全国的平均水平，排在后三位的分别是青海、新疆和宁夏。它们的森林覆盖率分别只有0.35%、0.79%和1.54%。西部少数民族地区的草原退化率除新疆、青海、四川等地外，均高于全国平均水平。排在前三位的分别是宁夏、甘肃和西藏。它们的草原退化率分别是97.37%、45.17%和30.36%③。

随着地区经济不断发展、繁荣，民族自治区的自然生态环境也遭到一定程度的破坏。因此在少数民族地区发展经济的同时也要保护环境，既要强调发展权也不能忽视环境权逐渐成了共识。1978年，《中华人民共和国宪法》（以下简

① 孙娜，张梅青，陶克涛．交通基础设施对民族地区经济增长的影响：兼论民族地区高铁建设［J］．中央民族大学学报（哲学社会科学版），2019（1）：103.

② 孙娜，张梅青，陶克涛．交通基础设施对民族地区经济增长的影响：兼论民族地区高铁建设［J］．中央民族大学学报（哲学社会科学版），2019（1）：103.

③ 李彦．我国西部少数民族地区退耕还林（草）实践及对策研究［D］．北京：中央民族大学，2005：2.

称《宪法》）首次出现了环境保护的规定内容。1982 年，《宪法》又对之前的规定进行了修改，第二十六条第 1 款规定："国家保护和改善生活环境和生态环境，防止污染和其他公害。"第九条第 2 款规定："国家保护自然资源的合理利用，保护珍贵的动物和植物。禁止任何组织和个人利用任何手段侵占或者破坏自然资源。"①《中华人民共和国民族区域自治法》根据《宪法》规定，进一步对民族自治区的环境保护做出了规定。该法第二十七条规定："民族自治地方的自治机关保护、建设草原和森林，组织和鼓励植树种草。禁止任何组织或者个人利用任何手段破坏草原和森林。"第二十八条规定："民族自治地方的自治机关依照法律规定，管理和保护本地方的自然资源。"② 2017 年年初，国务院印发的《"十三五"促进民族地区和人口较少民族发展规划的通知》指出，"十三五"时期少数民族和民族地区发展的主要目标之一是生态环境明显改善。民族地区要坚持绿色发展，保护生态，正确处理经济发展与生态环境保护的关系，深入推进生态文明建设，大力发展绿色经济。③

我国 1999 年开展了退耕还林、退耕还草试点工作，后逐步在全国推广。民族自治区作为我国重要的生态屏障，它的生态环境改造对于改善全国的生态环境都有着重大的意义。西部大开发的重点之一也是生态环境建设。生态环境建设包括退耕还林、退牧还草等诸多项目。本研究仅以造林面积数据和森林覆盖率来说明民族自治区改革开放以来在生态环境方面的进展。2011 年，西部各省区的造林面积达到 324.6 万公顷④。其中，新疆地区退耕还林工程造林面积达到 33.066 千公顷。西藏地区退耕还林工程造林面积达到 8.67 千公顷。内蒙古地区退耕还林工程造林面积达到 87.317 千公顷。广西地区退耕还林工程造林面积达到 18.246 千公顷。宁夏地区退耕还林工程造林面积达到 17.947 千公顷⑤。2014 年以来，内蒙古继续推进退牧还草和京津风沙源治理二期工程建设。截至 2015 年，内蒙古草原植被平均覆盖度已达到 45%，比 2010 年增加了近 7.5 个百分

---

① 陈海霞．论我国少数民族环境权保护［J］．青海民族研究，2008（4）：168.

② 陈海霞．论我国少数民族环境权保护［J］．青海民族研究，2008（4）：169.

③ 国务院关于印发"十三五"促进民族地区和人口较少民族发展规划的通知［EB/OL］．中国政府网，2017-01-24.

④ 李万明，吴奇峰，王能．西部开发政策效率评价与反思［J］．开发研究，2014（2）：2.

⑤ 数据来源国家统计局网站 2020 年的数据。国家统计局的统计数据中，有关民族自治区 2011 年之后的退耕还林面积数据较少，故本章只选取了 2011 年民族自治区的退耕还林面积数据。

点，草场生态已接近20世纪80年代中期最好水平①。

截至2018年，新疆地区森林覆盖率已经由2004年的2.9%上升到2018年的4.9%。西藏地区森林覆盖率由2004年的11.3%上升到2018年的12.1%。内蒙古地区森林覆盖率由2004年的17.7%上升到2018年的22.1%。广西地区森林覆盖率由2004年的41.4%上升到2018年的60.2%。宁夏地区森林覆盖率由2004年的6.1%上升到2018年的12.6%。

2018年，新疆地区造林总面积达到243.79千公顷，西藏地区造林总面积达到75.04千公顷，内蒙古地区造林总面积达到599.98千公顷，广西地区造林总面积达到247.80千公顷，宁夏地区造林总面积达到100.06千公顷。2019年，广西森林面积达到1483.92万公顷，森林覆盖率为62.45%，森林蓄积量8.07亿立方米，人工林面积904万公顷。人工林面积居全国第一，石漠化土地面积减少率位居全国第一，植被生态质量和植被生态改善程度均居全国前列②。（详见表1-8）

**表1-8　2004—2018年民族自治区造林面积**

| 年份 | 造林总面积（千公顷） | | | | |
|---|---|---|---|---|---|
| | 新疆造林总面积 | 西藏造林总面积 | 内蒙古造林总面积 | 广西造林总面积 | 宁夏造林总面积 |
| 2004 | 206.00 | 24.80 | 630.92 | 170.70 | 162.59 |
| 2005 | 163.10 | 13.50 | 383.80 | 124.00 | 112.90 |
| 2006 | 113.81 | 21.90 | 256.52 | 119.28 | 55.44 |
| 2007 | 171.30 | 31.00 | 590.10 | 135.20 | 73.60 |
| 2008 | 270.70 | 31.30 | 718.60 | 129.10 | 103.40 |
| 2009 | 343.60 | 70.30 | 861.90 | 139.40 | 89.50 |
| 2010 | 251.60 | 62.30 | 655.18 | 143.25 | 94.93 |
| 2011 | 216.91 | 46.71 | 731.84 | 147.81 | 90.48 |
| 2012 | 210.24 | 72.43 | 781.62 | 148.88 | 94.81 |
| 2013 | 164.45 | 69.63 | 805.16 | 149.88 | 101.15 |

① 马桂英.奋力打造北疆生态文明风景线［N］.内蒙古日报（汉），2017-04-10（9）.

② 广西壮族自治区生态环境厅.2019年广西壮族自治区生态环境状况公报［N］.广西日报，2020-06-03（6）.

续表

| 年份 | 造林总面积（千公顷） | | | | |
|---|---|---|---|---|---|
| | 新疆造林总面积 | 西藏造林总面积 | 内蒙古造林总面积 | 广西造林总面积 | 宁夏造林总面积 |
| 2014 | 151. 34 | 82. 67 | 559. 25 | 143. 65 | 84. 19 |
| 2015 | 279. 62 | 82. 79 | 704. 05 | 197. 58 | 81. 31 |
| 2016 | 263. 90 | 55. 28 | 618. 48 | 193. 34 | 91. 53 |
| 2017 | 282. 38 | 82. 67 | 680. 45 | 176. 08 | 78. 24 |
| 2018 | 243. 79 | 75. 04 | 599. 98 | 247. 80 | 100. 06 |

数据来源：国家统计局网站。国家统计局统计数据中，没有民族自治区 2004 年之前的造林面积数据，故本文只统计对比了 2004 年至 2018 年的数据。

党的十八大以来，我国的经济社会环境发生了新的变化。国家推出了《生态文明体制改革总体方案》和《环境保护督察方案（试行）》，修订并出台了“大气十条”、《新环境保护法》和《中华人民共和国环境保护税法》等一系列生态文明建设法律法规。党的十九大把美丽中国、生态文明、绿色发展理念写进党章。2018 年，宪法修正案将美丽中国、生态文明写入宪法，上述举措都显示出我国将用严密的法治来建设生态文明①。习近平总书记提出的“绿水青山就是金山银山”②“生态兴则文明兴，生态衰则文明衰”③ 以及“山水林田湖是一个生命共同体”④ 等理论进一步推动了我国环境保护和生态文明建设的步伐。这些都表明我国已经把生态文明建设摆在国家发展的突出位置。在国家生态文明制度保障的基础上，在习近平绿色发展理论的指引下，民族自治区在实现经济可持续发展和推进生态文明建设的进程中还将取得新的发展成就。

### 三、民族自治区教育得到巨大改善

百年大计，教育为本。教育是国家振兴的基石，是国家发展进步的关键，

① 董成．习近平生态文明思想十大特征［J］．湖南社会科学，2020（3）：30.

② 中共中央宣传部．习近平总书记系列重要讲话读本［M］．北京：学习出版社，人民出版社，2016：30.

③ 习近平．生态兴则文明兴：推进生态建设 打造“绿色浙江”［J］．求是，2003（13）：1.

④ 习近平．关于《中共中央关于全面深化改革若干重大问题的决定》的说明［N］．人民日报，2013-11-16（1）.

也是提升人们文化素质的重要途径。在1949年之前，由于历史、环境、经济发展以及当时的政策等原因，民族自治区的教育现状十分落后，学校数量极少，学生人数不多，儿童入学率低，文盲率高。以新疆为例，“杨增新治新时期(1911—1927)，新疆全省教育经费每年仅为10万余元，全省只有迪化、伊犁有中学，各县仅有一两所公立小学，学生人数很少，更谈不上民族教育。到新中国成立前夕，新疆也仅有一所规模很小的高等学校和11所中等专业技术学校，全疆中学仅有9所”①，“绝大多数青少年得不到入学机会，学龄儿童入学率只有19.8%，目不识丁者达90%以上。”② 西藏的教育状况也十分落后。1951年之前，西藏的教育事业极度落后，没有一所现代意义上的学校，大部分人都没有上过学，95%以上的居民都是文盲，当时一百个适龄儿童中仅有两人入学接受教育③。

1949年之后，党和政府高度重视民族自治区的教育发展，采取特殊照顾和扶持的民族教育发展政策，投入大量经费，不断改善民族自治区教育基础设施，积极培养民族自治区的师资队伍，使民族自治区的教育发展取得了巨大的成就。本研究通过对民族自治区地方财政教育支出及增长率，民族自治区教育经费投入结构，以及民族自治区高等院校数量、初高中学校数量等数据来说明民族自治区教育发展的成就。

### （一）地方财政教育支出金额和比例逐年增加

由于历史发展等各种因素制约，民族自治区大多经济基础薄弱，教育投入相对受限。但在改革开放以后，随着民族自治区经济的飞速发展，各民族自治区都不同程度上加大了地方财政教育支出金额和比例，以2012年至2016年为例。2012年至2016年，新疆地方财政教育支出年增长率为8.82%，西藏地方财政教育支出年增长率为15.76%，内蒙古地方财政教育支出年增长率为5.98%，广西地方财政教育支出年增长率为9.74%，宁夏地方财政教育支出年增长率为9.42%。不过，虽然西藏地区财政教育支出年增长率最高，但教育支出总额与新疆、内蒙古、广西相比差距还比较明显，还有较大的提升空间。宁夏地区财政教育支出年增长率虽然也不低，但教育支出总额处于五个民族自治区中的末端，也有着较大的提升空间。(详见表1-9)

---

① 朱培民．新疆与祖国关系史论［M］．乌鲁木齐：新疆人民出版社，2008：380.

② 朱培民．新疆与祖国关系史论［M］．乌鲁木齐：新疆人民出版社，2008：380.

③ 王靖．推进西藏自治区基础教育服务均等化问题研究［D］．长春：吉林大学，2017：52.

**表 1-9　2013—2016 年民族自治区地方财政教育支出及年均增长率①**

单位：亿万

| 地区 | 年份 | | | | | |
|---|---|---|---|---|---|---|
| | 2012 | 2013 | 2014 | 2015 | 2016 | 年均增长率（%） |
| 新疆 | 473.86 | 532.67 | 567.2 | 647.93 | 664.52 | 8.82 |
| 西藏 | 94.48 | 107.18 | 142.08 | 167.27 | 169.64 | 15.76 |
| 内蒙古 | 439.97 | 456.87 | 477.77 | 536.53 | 554.97 | 5.98 |
| 广西 | 589.24 | 609.93 | 660.53 | 789.69 | 854.55 | 9.74 |
| 宁夏 | 106.45 | 112.95 | 122.68 | 142.51 | 152.57 | 9.42 |

### （二）教育经费来源日趋多元化，初步形成多元化办学格局

教育经费投入有助于在民族自治区构建科学合理的教育体系和教育规模，能够充分改善民族自治区的教学条件，进一步提升教学质量。从实际发展情况来看，民族自治区教育经费来源和其他地区的教育经费来源一样，也较为多元。除国家财政性教育经费外，民族自治区的教育经费还包括民办学校办学经费、社会团体和公民个人办学经费、社会捐赠经费、学费和杂费、其他教育经费等。显然，国家财政性教育经费占主导，即民族自治区教育经费的支柱性来源是国家财政拨款。以西藏为例，1959 年至 2010 年，中央财政累计为西藏地区提供了 2751 亿元的资金用于发展教育，年均增幅达到 15%以上②。不过，西藏地区教育经费对国家财政拨款的依赖性较为突出，民办学校办学经费和社会捐赠经费占比较小。再来看新疆财政教育投入情况，2017 年，新疆财政教育投入达 724 亿元，财政性教育经费支出比例继续高于 4%的国家目标③。

① 黄清哲，黄菊英．西藏教育扶贫的困境与对策分析［J］．产业与科技论坛，2019（6）：20.

② 王靖．推进西藏自治区基础教育服务均等化问题研究［D］．长春：吉林大学，2017：53.

③ 文化繁荣发展 教育百舸争流［EB/OL］．新疆维吾尔自治区统计局，2020-06-10.

**表 1-10　2015 年民族自治区教育经费投入结构表①**　　单位：万元

| 地区 | 经费名称 | | | | | | |
|---|---|---|---|---|---|---|---|
| | 教育经费 | 国家财政性教育经费 | 民办学校办学经费 | 教育经费社会捐赠经费 | 教育经费事业收入 | 教育经费学杂费 | 其他教育经费 |
| 新疆 | 7132774 | 6508191 | 2937 | 25895 | 328608 | 237934 | 267143 |
| 西藏 | 1919434 | 1892997 | 200 | 806 | 19124 | 15125 | 6307 |
| 内蒙古 | 7072130 | 6324669 | 17170 | 4248 | 593250 | 467870 | 132793 |
| 广西 | 10111559 | 8467679 | 28810 | 11744 | 1459681 | 1153126 | 143645 |
| 宁夏 | 1963258 | 1696500 | 16023 | 5518 | 189754 | 154193 | 55463 |

### （三）已经形成现代化、规模化、普遍化的教育体系

教育是科技进步的根基，也是促进国家和地区发展的中坚力量。民族地区教育体系的建立和完善既是中国实施文化兴国战略和人才强国战略、推进科技进步的重要组成部分，也是中国实现教育公平、保障少数民族发展权利的重要途径。1949 年之前，民族自治区的教育体系特别单薄、脆弱，规模小，很难成体系。1949 年之后，国家加大了对民族自治区教育体系建设的投入力度。五个民族自治区均已形成现代化、规模化、普遍化的教育体系。这一综合教育体系包括学前教育、义务教育、高中阶段教育、高等教育、特殊教育和继续教育等。

民族自治区现代化、规模化、普遍化的教育体系还具有多层次、多模式、网络化的鲜明特征。以西藏为例，“近几年来，西藏地区的教育系统越发完善，已经形成了比较完整的教育体系，涵盖了基础教育、中等教育、职业教育、高等教育、成人教育和特殊教育等。形成了以西藏办学为主，西藏与内地办学相结合，从幼儿教育到高等教育、从民族文化教育到现代科技教育的较为完整的现代民族教育体系。”② 2018 年西藏自治区政府工作报告指出：“西藏地区基础教育普及水平不断提高，以公办为主的普惠性学前双语教育网络基本建成，全区 51 个县通过义务教育均衡发展国家评估认定，小学、初中入学率分别达到

---

① 黄清哲，黄菊英．西藏教育扶贫的困境与对策分析［J］．产业与科技论坛，2019（6）：20.

② 王靖．推进西藏自治区基础教育服务均等化问题研究［D］．长春：吉林大学，2017：52.

99.5%、99.3%。已构建起以中职为重点、高职为龙头，学历教育和职业技能培训相结合的现代职业教育体系。”宁夏的学校种类和学校数量也在不断增加。截至2019年，宁夏有普通高等学校19所，成人高等学校1所，中等职业教育学校29所，普通中学31所，普通小学1731所，幼儿园1329所，特殊教育学校14所。全区各级各类学校3439所（含小学教学点543所）。全区学前教育毛入园率86.35%，小学学龄人口入学率100.2%，初中阶段毛入学率115.5%，高中阶段毛入学率91.5%，高等教育毛入学率52.57%，小学六年巩固率为100.3%，初中三年巩固率为99.8%①。也就是说，宁夏也形成了包括基础教育、特殊教育、职业教育和高等教育在内的现代化教育体系。

高等教育承担着保护和传承中华优秀传统文化的职责，肩负着维护、传播、探索知识和真理的使命。作为社会系统中的重要组成部分，高等教育还承担着为社会提供智力支持和价值引领的重要作用，因此民族自治区的高等教育是形成人才优势和提升地区发展竞争力的关键。民族自治区高等教育的供给数量和质量不仅对于地区人才的培养有着重要的作用，还对经济增长发挥着重要的作用。就我国现阶段而言，高等教育对中西部经济增长的作用要大于东部②。截至2018年，新疆已经从2000年的16所高等学校发展到2018年的50所，西藏从2000年的4所高等学校发展到2018年的17所，内蒙古从2000年的18所高等学校发展到2018年的53所，广西从2000年的30所高等学校发展到2018年的175所，宁夏从2000年的6所高等学校发展到2018年的19所③。民族自治区高等学校的健全和发展，为培养和输送高级专门人才，发展科学技术，提升本地区人才竞争优势，以及促进经济增长等都发挥着重要作用。

基础教育是国家整体教育的基础，是提升国民素质的奠基工程，也是实施文化兴国战略和人才强国战略的内涵和保证。基础教育关系到国家的兴衰和民族的未来。民族地区的基础教育不仅关涉上述教育的重要内涵，也关涉地区间教育机会均等、教育公平和教育权利等诸多方面。1949年以后，国家加大了对民族自治区基础教育投入和建设的力度。五个民族自治区的基础教育均获得了长足的发展。以西藏为例，“几十年来，西藏地区基础教育的办学条件、教学资

① 宁夏回族自治区2019年国民经济和社会发展公报［EB/OL］. 宁夏回族自治区统计局，2020-04-30.

② 黄燕萍，刘榆，吴一群，等. 中国地区经济增长差异：基于分级教育的效应［J］. 经济研究，2013（4）：10.

③ 数据来源于国家统计局网站。

源与师资队伍日益完善，教学水平、生源质量也不断提升”①。“十一五”期间，西藏地区基础教育事业取得了空前发展，74 个县已基本完成了普及九年义务教育的目标。国家教育“两基”任务也初步完成，青壮年文盲率下降到 2.4%，人均学习年限达到 6.3 年②。

截至 2018 年，新疆建有高中学校 343 所，初中学校 935 所，小学学校 3368 所。西藏建有高中学校 34 所，初中学校 99 所，小学学校 809 所。内蒙古建有高中学校 299 所，初中学校 691 所，小学学校 1655 所。广西建有高中学校 468 所，初中学校 1743 所，小学学校 8054 所。宁夏建有高中学校 65 所，初中学校 244 所，小学学校 1250 所。2018 年，五个民族自治区学龄儿童净入学率均达到 100%。（详见表 1-11）

**表 1-11　2018 年民族自治区不同系列学校数量**　　单位：所

| 地区 | 学校类别 | | | | |
|---|---|---|---|---|---|
| | 高等院校 | 高中学校 | 初中学校 | 小学学校 | 学龄儿童净入学率（%） |
| 新疆 | 50 | 343 | 935 | 3368 | 100 |
| 西藏 | 17 | 34 | 99 | 809 | 100 |
| 内蒙古 | 53 | 299 | 691 | 1655 | 100 |
| 广西 | 75 | 468 | 1743 | 8054 | 100 |
| 宁夏 | 19 | 65 | 244 | 1250 | 100 |

数据来源：国家统计局网站。

① 王靖．推进西藏自治区基础教育服务均等化问题研究［D］．长春：吉林大学，2017：53.

② 王靖．推进西藏自治区基础教育服务均等化问题研究［D］．长春：吉林大学，2017：53.

# 第二章

# 民族自治区大众传播网络的发展演变

1949年之前，新疆、西藏、内蒙古、广西、宁夏等地区的大众传播网络结构都十分单薄和脆弱。它们的主要组成成员是报纸、期刊和广播。这一时期，新疆、西藏、内蒙古、广西、宁夏等地区的大众传播网络主要是由印刷媒介和电子媒介组成，是二元网络结构。1949年以后，特别是改革开放以后，新疆、西藏、内蒙古、广西、宁夏这五个民族自治区大众传播网络均获得了长足发展。目前这五个民族自治区已经形成了前所未有的、多层次、多类别、多媒介形态的全景式大众传播网络。每个民族自治区大众传播网络都包含报纸传播网络、期刊传播网络、广播传播网络、电视传播网络、新媒体传播网络、新新媒体传播网络。民族自治区大众传播网络的构建与生成对于提升中华民族凝聚力、增强国家认同，促进民族团结、社会发展、国家稳定具有独特而重要的意义。

## 第一节　民族自治区报刊发展渐至成熟

1949年之前，民族自治区大多形成了由报刊、广播构建而成的二元大众传播网络。如1926年至1949年间，宁夏先后存在过3家报社、8份报纸、8种左右期刊、3家通讯社和1座广播电台。3家报社是指宁夏民国日报社，宁夏扫荡简报社和额济纳旗简报社。《大公报》也一度在宁夏开过分馆；8份报纸是指《中山日报》《宁夏醒报》《宁夏民国日报》《扫荡简报》《贺兰报》《额济纳旗简报》《固原日报》《三边报》；3家通讯社是指西夏通讯社、贺兰通讯社、中央社宁夏分社；1座广播电台是指宁夏广播电台①。西藏在1907年至1951年间，

① 张学霞．宁夏大众传播网络构建研究：1926—2018［D］．西安：陕西师范大学，2019：50-51.

拥有1份1907年创刊的《西藏白话报》。1934年，国民政府创办了西藏广播电台。1948年开始，英国人福特在西藏建立了拉萨、昌都、那曲、阿里、亚东5座电台①。这一时期，西藏形成了由报纸、广播构建而成的二元大众传播网络。1897年至1949年，广西存在着数量较多的报纸。除了1897年5月广西最早创办的近代报纸《广仁报》② 外，还出现了《南报》《南风报》《南宁三民报》《南宁民国日报》《右江日报》《红旗日报》《新华日报》《救亡日报》《广西日报》《力报》《大公报》《大公晚报》《桂林晚报》《自由晚报》等多份报纸③。

整体而言，这一时期民族自治区二元大众传播网络结构具有明显的脆弱性。新疆、西藏、内蒙古、宁夏地区的报纸、期刊、广播电台数量不多，传播范围有限，受众范围极小，并且也不具有稳定性，处于不断消亡、消失的过程中。这一时期，广西地区报纸数量远高于其他民族地区。但广西的报纸也存在着存续时间短，不稳定性强等特点，也在不断消亡、消失的过程中。如《自由晚报》于1940年8月1日创刊，1944年9月10日停刊，存续仅4年时间。《大公晚报》于1942年4月1日创刊，1944年6月27日停刊，存续仅2年时间。中国共产党创办的《救亡日报》仅在桂林存续了2年零58天，即1939年1月10日创办，1941年2月28日停刊④。

### 一、民族自治区的报纸发展：文种多，种类齐全

1949年至1978年，民族自治区大多迅速涌现了几份新型报纸，这些报纸对宣传党和国家的政治、经济活动以及民族政策等方面都发挥了积极的、不可替代的作用。同时，民族自治区的报纸在新闻信息较为短缺、稀有的情况下，在印刷媒介属性尚未得到充分挖掘和应用的背景下，较好地发挥了信息传播和传递的作用。更重要的是，这一时期的报纸对于增强各少数民族和民族地区对国家的认同具有重要的作用。但这一时期，民族自治区报纸类型和数量还比较有限，虽稳定性增强，但并没有在民族自治区大多数群体中普及传播，报纸占有率相对低下。

1978年后，民族自治区报纸出版种数剧增，类型更多元，传播范围不断扩

---

① 周德仓．西藏新闻传播史［M］．北京：中央民族大学出版社，2005：7-8.

② 仅存续一年多时间，1898年9月停刊。参见植凤寅．当代广西壮族自治区报业的发展［D］．北京：中央民族大学，2005：8.

③ 植凤寅．当代广西壮族自治区报业的发展［D］．北京：中央民族大学，2005：8-11.

④ 植凤寅．当代广西壮族自治区报业的发展［D］．北京：中央民族大学，2005：8-11.

大，受众覆盖群体不断增多，印刷媒介信息传播能力更加凸显。20 世纪 80 年代初，全国有少数民族 9100 万人，创办报纸 200 家，其中少数民族报纸 84 家，共 17 种文字出版①。“文种之多，种类之全，读者之众是空前的。”②

2000 年，西藏公开发行的报纸有 18 种。2003 年，宁夏面向大多数群体、公开发行、以传播公共信息为主的报纸有 10 种，形成了以党报为主、以都市报和专业性报纸为补充的报纸传播网络③。新疆地区少数民族语言文字报纸有 41 份。2003 年，广西报纸出版种数为 64 种，平均期印数为 304.42 万份，总印数为 69118 万份。64 种报纸中，综合性报纸 39 种，包括 23 种地市级综合性报纸和 5 种中央及省、自治区、直辖市综合性报纸；专业性报纸 25 种，包括 11 种省、市级专业性报纸和 14 种中央及省、自治区、直辖市专业性报纸④。综上，20 世纪 90 年代以来，民族自治区形成了以党报为核心的多层次、多地域、多种类、多文字的报纸传播网络。这一传播网络在机遇与挑战中并存，并不断地得到完善和发展。

截至 2022 年，新疆出版报纸种数达到 80 种，报纸出版总印数达到 4.1 亿份；西藏出版报纸种数 24 种，报纸出版总印数 0.9 亿份；内蒙古出版报纸种数 52 种，报纸出版总印数 2.2 亿份；广西出版报纸种数 42 种，报纸出版总印数 4.5 亿份；宁夏出版报纸种数 13 种，报纸出版总印数 0.9 亿份⑤。从纵向上看，2006 年至 2018 年间，民族自治区报纸数量整体上呈现出增长态势。特别是西藏地区报纸出版种数一直在持续增长中。2018 年，西藏实际发行报纸 27 种，其中包括省级党报 1 种、地市级党报 7 种、都市报 1 种、晚报 1 种、行业报 4 种和藏文报纸 12 种⑥。（详见表 2-1）这都体现了经济发展、技术进步和国家政策帮扶对大众传媒业发展的正面作用。不过，与西藏地区不同的是，其他四个民族自治区的报纸数量开始出现小幅萎缩和下降。简而言之，民族自治区报纸出版种数在经历之前的快速发展后，现在开始出现增幅放缓的发展趋势。这就表明，

---

① 白润生．中国少数民族新闻传播史［M］．北京：民族出版社，2008：32.

② 白润生．中国少数民族新闻传播史［M］．北京：民族出版社，2008：242.

③ 包括《宁夏日报》《银川晚报》《石嘴山日报》《吴忠日报》《固原日报》《华兴时报》《新消息报》《现代生活报》《广播电视报》《法制新报》。参见张学霞．宁夏大众传播网络构建研究：1926—2018［D］．西安：陕西师范大学，2019：102.

④ 植凤寅．当代广西壮族自治区报业的发展［D］．北京：中央民族大学，2005：13.

⑤ 注：数据来源于国家统计局网站．

⑥ 周德仓，吴江霞，王清华．改革开放 40 年西藏新闻事业的发展和重塑［J］．西藏民族大学学报（哲学社会科学版），2019（1）：40.

民族自治区大众传播网络结构发生了新的变化。这也体现了媒介自身发展的一种趋势和一种规律。

表 2-1　2006—2022 年民族自治区报纸出版种数

| 年份 | 各地区报纸出版种数（种） | | | | |
|---|---|---|---|---|---|
| | 新疆 | 西藏 | 内蒙古 | 广西 | 宁夏 |
| 2006 | 108 | 23 | 61 | 55 | 15 |
| 2007 | 100 | 23 | 61 | 55 | 15 |
| 2008 | 99 | 23 | 61 | 55 | 15 |
| 2009 | 99 | 23 | 61 | 55 | 15 |
| 2010 | 99 | 23 | 61 | 55 | 15 |
| 2011 | 96 | 23 | 61 | 51 | 15 |
| 2012 | 97 | 23 | 61 | 54 | 14 |
| 2013 | 102 | 23 | 60 | 54 | 14 |
| 2014 | 102 | 25 | 58 | 54 | 14 |
| 2015 | 104 | 25 | 58 | 54 | 14 |
| 2016 | 104 | 25 | 58 | 53 | 14 |
| 2017 | 102 | 27 | 58 | 53 | 14 |
| 2018 | 102 | 27 | 58 | 49 | 14 |
| 2019 | 102 | 27 | 57 | 48 | 14 |
| 2020 | 101 | 26 | 55 | 46 | 13 |
| 2021 | 101 | 26 | 53 | 42 | 13 |
| 2022 | 80 | 24 | 52 | 42 | 13 |

数据来源：国家统计局网站。

## 二、民族自治区的期刊发展：多类别，多语言，多层次

和报纸一样，期刊出版不仅仅是一个地区经济、文化发展的主要表征，同时也是我国出版事业的重要组成部分。一个地区期刊数量的多少、水平的高低都能反映出该地区经济、文化乃至科技的发展水平。一个地区期刊发展水平越高，一定程度上反映出该地区经济、文化乃至科技水平越高。1949 年之前，民族自治区期刊的数量稀少，发行规模和发行数量有限，受众范围十分狭窄，影

响力十分有限，并且大多数期刊存续时间较短。以宁夏为例，1926 至 1949 年间，宁夏存续的公开性综合性大众刊物大约有 8 种，分别是《贺兰》《宁夏画报》《建国周报》《抗日周刊》《塞上党声》《舆论》《每月新闻电讯》《新宁夏》。这些期刊共同的特点是存续时间较短，如《贺兰》（半月刊）创刊于 1935 年，于 1937 年停刊；《宁夏画报》《建国周报》于 1938 年至 1939 年前后创刊，因抗战时期纸张短缺，故创刊不久后停刊；《塞上党声》（季刊）于 1942 年 7 月创刊，于 1945 年停刊，存续仅 3 年时间①。

1949 年以后，民族自治区的期刊获得了长足的发展。2000 年，西藏公开发行期刊已有 34 种，包括《西藏教育》（汉文版）（藏文版）、《西藏科技》、《西藏研究》（汉文版）（藏文版）等。2003 年，新疆地区少数民族期刊已有 108 种②。科技期刊有 61 种，其中少数民族文种科技期刊 27 种，在新疆公开出版发行的科技期刊中占比是 44.26%。其中，维吾尔文科技期刊 18 种，哈萨克文科技期刊 8 种，蒙古文科技期刊 1 种。新疆绝大部分科技期刊都是在改革开放之后创刊。整体创刊时间较晚，但是发展速度十分迅猛，规模不断增大。新疆科技期刊为新疆地区经济、科技以及文化发展都做出了巨大的贡献③。另外，地方学术期刊作为地方科研和文化软实力的重要组成部分，在繁荣学术研究，推动文化创新，促进经济社会发展和科学技术进步等方面都具有无可替代的作用。截至 2015 年，新疆学术期刊有 62 种（不包括少数民族语言期刊），其中核心期刊有 18 种④。以上数据表明，新疆地区已经形成多种类、多语言、多级别、多地域的现代化期刊传播网络。西藏学术期刊的发展情况良好。截至 2017 年，西藏共有 18 种学术期刊。其中，10 种期刊刊发社会科学领域研究内容，8 种期刊刊发自然科学领域内容。15 种期刊创刊于 20 世纪 70 年代至 90 年代，3 种期刊创刊于 21 世纪初⑤。西藏学术期刊立足区域特色和学科特色，为促进西藏经济社会发展和学术交流与创新都发挥了重要的作用。

---

① 张学霞．宁夏大众传播网络构建研究：1926—2018［D］．西安：陕西师范大学，2019：55.

② 植凤寅．当代广西壮族自治区报业的发展［D］．北京：中央民族大学，2005：6.

③ 张巧莲，杨晨晨，常军民．新疆少数民族文种科技期刊现状及发展策略初探［J］．传播与版权，2018（2）：18.

④ 周芳，王艳．新媒体时代下编辑学术水平与期刊学术质量的关系探究：以新疆 17 种期刊为例［J］．新媒体研究，2016（23）：188.

⑤ 蔡秀清．新时期西藏学术期刊编辑素质提升的途径分析［J］．中国藏学，2018（4）：170.

截至2022年，新疆期刊出版种数达到218种，西藏期刊出版种数达到40种；内蒙古期刊出版种数达到150种，广西期刊出版种数达到177种，宁夏期刊出版种数达到37种。（详见表2-2）显然民族自治区已经形成了多类别、多语言、多层次的现代化期刊传播网络。与上述民族自治区报纸传播网络发展减缓态势不同的是，自2000年以后，民族自治区期刊传播网络还处于不断发展的良好态势中，期刊数量整体上不断增长，并在一定时期内保持了稳定。也就是说，同样都在面临新媒介、新新媒介的强烈挑战和冲击，但是民族自治区期刊传播网络的发展依然稳定且强劲，尤其是西藏地区期刊的数量还在不断增长中。2009年，《新西藏》创刊，2016年5月，《西藏农村科技（藏文）》创刊。

**表2-2　2006—2022年民族自治区期刊出版种数**

| 年份 | 各地区期刊出版种数（种） | | | | |
|---|---|---|---|---|---|
| | 新疆 | 西藏 | 内蒙古 | 广西 | 宁夏 |
| 2006 | 206 | 34 | 148 | 184 | 34 |
| 2007 | 206 | 34 | 148 | 184 | 34 |
| 2008 | 208 | 35 | 151 | 184 | 35 |
| 2009 | 209 | 36 | 149 | 185 | 36 |
| 2010 | 209 | 36 | 149 | 185 | 36 |
| 2011 | 207 | 35 | 149 | 184 | 35 |
| 2012 | 210 | 35 | 148 | 186 | 37 |
| 2013 | 214 | 35 | 148 | 182 | 37 |
| 2014 | 214 | 35 | 147 | 185 | 37 |
| 2015 | 213 | 35 | 147 | 184 | 37 |
| 2016 | 216 | 37 | 147 | 184 | 37 |
| 2017 | 216 | 39 | 152 | 184 | 37 |
| 2018 | 216 | 39 | 152 | 181 | 37 |
| 2019 | 216 | 39 | 152 | 181 | 37 |
| 2020 | 216 | 40 | 151 | 179 | 37 |
| 2021 | 216 | 40 | 151 | 179 | 37 |
| 2022 | 218 | 40 | 150 | 177 | 37 |

数据来源：国家统计局网站。

## 三、民族自治区平均每百人每年订报刊数

印刷媒介在人类发展史上、人类文明史上都发挥着重要而不可替代的作用，印刷术和印刷文化创造了同一性和连续性①。也就是说，印刷术和印刷文化能够创造和形成同质而普遍的文化。中国历史上因秦朝推行的“书同文，车同轨”而推动和加快了中华民族大一统的进程，奠定了维持中国统一的文化基础。印刷术和印刷文化不仅仅能够创造和形成统一的文化，还在促进民族融合、区域融合、形成共同的国家心理和国家情感方面发挥着重要作用。由于印刷术在中国的推广、普及和源远流长，才形成了中国高度的文化同质性。“如果仅仅把印刷术看作一种信息储存或者快速检索知识的一种新型媒介，那么它的作用就是结束狭隘的地域观念和部落观念，在心灵和社会、空间和时间上结束地方观念和部落观念。”② 也就是说，印刷术在形成统一的国家文明、国家文化以及国家情感方面，在终结地方观念、部落观念、地方心理等方面都具有重要的作用。除此之外，印刷术还具有更直接、宏大而又实际的作用。“从社会角度看，印刷术这种人的延伸产生了民族主义、工业主义、庞大的市场、识字和教育的普及。”③

就我国民族自治区报刊发展的实际来看，民族自治区报刊发展的数量、规模、质量均在不断提升。同时，报刊发展与人口受教育程度和经济社会发展也息息相关。2010 年至 2018 年，民族自治区平均每百人每年订报刊数量基本上保持增长的趋势。新疆地区 2010 年平均每百人每年订报刊数是 14.06 份，至 2013 年攀升至 15.71 份，至 2021 年回落至 12.62 份。西藏地区 2010 年起平均每百人每年订报刊数总体上保持着增长态势。2010 年，西藏地区平均每百人每年订报刊数是 13.95 份，至 2018 年已增至 34.13 份，增长幅度较快，2021 年有所回落。内蒙古地区 2010 年平均每百人每年订报刊数为 7.71 份，至 2015 年一直处于增长态势，增至 15.33 份，后出现回落。至 2021 年，内蒙古地区平均每百人每年订报刊数为 7.61 份。广西地区 2010 年平均每百人每年订报刊数为 7.83 份，后每年既有不同程度的小幅增长，也有小幅的回落，至 2021 年平均每百人每年订报刊数为 5.74 份。宁夏地区 2010 年平均每百人每年订报刊数为 4.09 份，后开始不断增长，至 2014 年增至 9.49 份；后开始小幅降落，至 2021 年平均每百人

① 麦克卢汉．理解媒介：论人的延伸［M］．何道宽，译．南京：译林出版社，2011：25.
② 麦克卢汉．理解媒介：论人的延伸［M］．何道宽，译．南京：译林出版社，2011：197.
③ 麦克卢汉．理解媒介：论人的延伸［M］．何道宽，译．南京：译林出版社，2011：199.

每年订报刊数为 6. 91 份。(详见表 2-3)

**表 2-3　2010—2021 年民族自治区平均每百人每年订报刊数**

| 年份 | 各地区平均每百人每年订报刊数（份） | | | | |
|---|---|---|---|---|---|
| | 新疆 | 西藏 | 内蒙古 | 广西 | 宁夏 |
| 2010 | 14. 06 | 13. 95 | 7. 71 | 7. 83 | 4. 09 |
| 2011 | 13. 42 | 15. 51 | 11. 47 | 8. 39 | 7. 89 |
| 2012 | 13. 89 | 17. 61 | 9. 22 | 8. 27 | 9. 10 |
| 2013 | 15. 71 | 16. 34 | 9. 97 | 8. 10 | 9. 18 |
| 2014 | 15. 56 | 15. 22 | 10. 45 | 7. 84 | 9. 49 |
| 2015 | 14. 92 | 16. 25 | 15. 33 | 8. 34 | 5. 52 |
| 2016 | 14. 38 | 19. 59 | 7. 15 | 6. 92 | 6. 58 |
| 2017 | 13. 12 | 19. 63 | 6. 95 | 6. 65 | 6. 55 |
| 2018 | 12. 62 | 34. 13 | 8. 06 | 8. 48 | 6. 95 |
| 2019 | 12. 88 | 20. 81 | 8. 16 | 5. 22 | 6. 98 |
| 2020 | 12. 10 | 21. 74 | 7. 59 | 5. 52 | 7. 01 |
| 2021 | 12. 22 | 24. 18 | 7. 61 | 5. 74 | 6. 91 |

数据来源：国家统计局网站。

民族自治区报刊平均每百人每年均订报刊数量在十几年间不断增长，并伴随着政治、经济、媒介技术等发展变化而有所起伏，和全国每百人每年均订报刊数量基本持平。如 2014 年至 2018 年，全国平均每百人每年均订报刊数分别为：10. 92 份、11. 27 份、9. 93 份、9. 04 份、8. 93 份。不过相对而言，民族自治区百人年均订报刊数量还有较大提升空间。2010 年至 2018 年，北京地区平均每百人每年均订报刊数分别为 37. 05 份、35. 92 份、35. 22 份、28. 81 份、26. 25 份、23. 90 份、21. 89 份、21. 20 份、22. 19 份。

民族自治区每百人年均订报刊数量偏低的原因有很多。其中的一个原因是印刷读物需要具备一定的读写能力，也需要具备一定的媒介素养和媒介使用、消费习惯。教育的普及程度、青壮年文盲率的高低、是否具备一定的读写能力等都会在一定程度上制约报纸、期刊的普及程度和广泛传播的范围。另外，报纸、期刊的发展同地区的城镇化进程和工业发展之间是一种正向同构关系。地区的城镇化进程和工业发展水平能促进当地报纸、期刊的发展，反之，也会起到制约作用。尽管民族自治区在经济、交通运输、教育等方面均取得了巨大的成就，但一些地区在城镇化进程和工业发展方面还有一定的发展空间，这在一定程度上也影响了当地报纸的订阅量和普及范围。最后，民族自治区已经形成多元化大众传播网络。广播、电视、新媒体、新新媒体的出现都在不同程度上满足了普通民众的信息需要，其他大众传播媒介的优势也在一定程度上削弱了印刷媒介的吸引力和影响力。

## 第二节 民族自治区广播、电视发展已趋完备

“广播是历史上第一个能够直达分散而众多听众的传媒。报刊和电影都不算是漫射媒介。有了广播以后，直播代替了录音广播，即时取代了转播，同日报的纸张及电影的放映厅这些物质性的制约相比，广播电波的非物质性显示了强大的实力。”① 毫无疑问，广播开启了人类社会即时远距离传播的一个新时代。

### 一、民族自治区的广播发展：规模大，层次多，覆盖面广

广播是依靠电波传递信息的电子媒介。与报纸、期刊相比，广播是一种新型、新兴媒介。它依靠声音传递信息，诉诸人们的耳朵。广播首先带来的是口头语言的兴起，其次带来的是瞬息万里的新的信息流通模式，以及转瞬即逝、难以存储的信息存储模式。广播突破了印刷媒介要求具备的文化水平的限制和读书识字能力的强制性要求，能够实现更大范围的传播，能惠及更多的受众群体。同时，新型、新兴的广播媒介制作、播出成本低，收听门槛更低，又能实现即时远距离跨空间传播，因此它一诞生就凸显出强大的媒介优势和媒介竞争力。不过，1949 年以前，民族自治区广播发展滞后、缓慢，并没有发挥多大的传播作用。1949 年以后，在国家行政力量的主导下，民族自治区广播获得了充分的、长足的发展。

#### （一）新疆地区的广播发展

新疆第一家无线广播电台于 1949 年 5 月 2 日创办。创办之初，该电台交错播出汉语和维吾尔语节目，全天播音仅 3 个小时，发射功率很小，收听范围仅

---

① 巴勒．传媒［M］．张迎旋，译．北京：中国传媒大学出版社，2007：27-28.

在乌鲁木齐市附近。如今新疆人民广播电台使用汉语、维吾尔语、哈萨克语、蒙古语、柯尔克孜语等五种语言通过20多个频率进行广播，每天播音达80多个小时，办有新闻、专题、交通、文艺等各类节目。2014年，新疆拥有6座广播电台，66座中短波发射台及转播台，699座调频发射台及转播台，采用5种语言播出，开办公共广播节目164套。2017年，新疆拥有6座广播电台、8座电视台和91座广播电视台①。2022年，新疆地区公共广播节目由2008年的121套发展到2022年的169套，广播节目综合人口覆盖率由2000年的89.8%上升到2022年的97.8%。

### （二）西藏地区的广播发展

1949年，在英国无线电报务员的指挥下，西藏建立了5座电台。总台是拉萨广播电台，昌都、那曲、阿里、亚东是其分台，都是小型电台。当时西藏广播电台主要是用作政治和军事功能，而不是用作大众信息传播，仅有西藏地区主要政府要员能收听，且最初创办的广播功率极小。这一时期，西藏广播的影响力极为有限，政治色彩十分强烈。1953年10月1日，西藏第一座有线广播站——拉萨有线广播站正式播音。后来日喀则、江孜、昌都等地也建立了有线广播站，这时的拉萨有线广播站具有统一战线的性质。1958年12月28日，拉萨有线广播站无线电试播成功。1959年元旦，拉萨有线广播站以“拉萨人民广播电台”的呼号每天用藏汉语播音8小时②。到2000年，西藏有电台2座，广播发射台（转播）46座，广播覆盖率达到77.7%。西藏7个地市、75个县乡都能听到广播。不过广大农牧区特别是边境地区地广人稀，居住高度分散，自然环境恶劣，交通不便，还有30%左右的地方收听不到广播③。2017年，西藏人民广播电台已办有藏语广播、汉语广播、藏语康巴话广播、都市生活广播、藏语科教广播共5套广播节目④。2022年，西藏公共广播节目发展到30套，广播节目综合人口覆盖率由2000年的77.7%上升到2022年的98.1%。

### （三）内蒙古地区的广播发展

1950年1月1日，乌兰浩特人民广播电台开始使用汉语、蒙古语两种语言

---

① 文化繁荣发展 教育百舸争流［EB/OL］. 新疆维吾尔自治区统计局，2020-06-10.

② 周德仓. 西藏新闻传播史［M］. 北京：中央民族大学出版社，2005：153-154.

③ 周德仓. 西藏新闻传播史［M］. 北京：中央民族大学出版社，2005：12-16.

④ 周德仓，吴江霞，王清华. 改革开放40年西藏新闻事业的发展和重塑［J］. 西藏民族大学学报（哲学社会科学版），2019（1）：41.

进行播音。1954年3月，绥远人民广播电台更名为内蒙古人民广播电台。这一时期内蒙古人民广播电台先使用汉语播音，后于1954年5月1日开始使用蒙古语进行播音。内蒙古人民广播电台开播之初，功率较小，边远地区根本无法收听。1963年，内蒙古地区610发射台建成。此时内蒙古人民广播电台拥有7.5千瓦短波发射机4部，20千瓦中波发射机2部，150千瓦中波发射机2部。至此，广播覆盖范围进一步扩大，广播覆盖率大幅提高。同时，农村广播网也有了较大发展，收音机在农村牧区大幅普及①。截至2022年，内蒙古地区公共广播节目由2008年的119套发展到125套，广播节目综合人口覆盖率由2000年的85.6%上升到2022年的99.75%。

### （四）广西地区的广播发展

广西广播无线传输事业经历了从无到有、从小到大、从初级到高级的递进式发展过程。它经历了从单一短波广播传输发展到调频广播传输、微波传输和卫星传输的过程。同时，它的无线覆盖也从单一的小面积中波覆盖，发展到中短波广播覆盖、调频广播覆盖、无线广播电视覆盖和广播电视卫星覆盖②。1950年，广西无线广播仅拥有1座500瓦中波发射台。至1989年，已发展到拥有27座中短波发射台、转播台，发射总功率达到959.5千瓦。1950年，广西广播人口覆盖率仅为1.5%。1958年，广播人口覆盖率发展到9.2%。1989年，广播人口覆盖率已达到63.2%。广西从20世纪50年代初开始建立城市工矿广播站。1956年，开始建立全省农村有线广播网。1989年，广西已建有90个县、市、郊区广播站，1135个乡（镇）广播站，广播喇叭达到68.06万只，广播专线40555公里③。截至2022年，广西地区公共广播节目由2008年的61套发展到2022年的77套，广播节目综合人口覆盖率由2000年的85.9%上升到2022年的98.75%。

### （五）宁夏地区的广播发展

1948年初，国民党宁夏省政府成立“宁夏广播电台”，安装300瓦中波发射机1部，转播接收机1部，美制2.5千瓦汽油发电机1部，架设36米高的T型

---

① 数字传媒研究编辑部.70年披荆斩棘 70年风雨兼程：新中国成立70周年以来内蒙古自治区广播电视事业简述［J］.数字传媒研究，2019（10）：2.

② 陆庆机.广西广播电视无线传输覆盖事业五十年发展成就［J］.视听，2008（12）：22.

③ 郑成贵.科学地揭示广西广播电视事业的发展规律：谈谈修改广西《广播电视志》篇目的一点认识［J］.中国广播电视学刊，1992（10）：85.

广播发射天线1副，铺设简易地网①。1948年5月开始试播。每天晚上播音2小时，除转播国民党中央台新闻外，还放一些唱片。那时候的广播电台没有自办节目。后因国民党军队败退，试播仅几个月后停播。这是宁夏历史上第一座广播电台的媒体实践。距离国民党政府1928年在南京创办中央广播电台已过去二十年。1938年左右，国民党政府在各省府所在城市相继办起了几十座广播电台②。

1951年7月1日，宁夏人民广播电台正式播音。作为新型、新兴媒介的广播在宁夏的普及率和覆盖范围远超报刊。宁夏的广播在短时间内就形成了收音站—有线广播站—无线广播电台组成的广播覆盖网，使当地听众群体的覆盖面达到了前所未有的广阔程度。广播的线路从市、县、乡、镇一路逐渐延伸到村，县市广播站还自办节目，本地听众能从有线广播喇叭收听到更多的本地新闻。伴随着收音机和广播喇叭这些硬件设施的逐步普及，收听广播一度成为人们获取信息或娱乐的首选③。1949年至1979年，宁夏共有省级广播电台1座，市级广播站4座，县级广播站15座④。1979年至2003年，宁夏广播传播网络方面，形成了省、市、县三级覆盖的本土广播传播网络体系，连同中央级广播网络一起，共同形成了四级混合覆盖的、强大的广播传播网络。2013年，宁夏广播电视总台的广告收入超过了宁夏日报报业集团。截至2022年，宁夏公共广播节目套数已达到23套，广播节目综合人口覆盖率由2000年的85.2%上升到2022年的99.93%。（详见表2-4）

**表2-4　2008年—2022年民族自治区公共广播节目套数**

| 年份 | 各地区公共广播节目套数（套） | | | | |
|---|---|---|---|---|---|
| | 新疆 | 西藏 | 内蒙古 | 广西 | 宁夏 |
| 2008 | 121 | 7 | 119 | 61 | 24 |
| 2009 | 154 | 7 | 126 | 59 | 24 |
| 2010 | 155 | 7 | 126 | 62 | 24 |

① 张学霞．宁夏大众传播网络构建研究：1926—2018［D］．西安：陕西师范大学，2019：57.

② 张昆．中外新闻传播史［M］．北京：高等教育出版社，2017：183.

③ 张学霞．宁夏大众传播网络构建研究：1926—2018［D］．西安：陕西师范大学，2019：76.

④ 根据《宁夏通志》相关资料统计而成。

续表

| 年份 | 各地区公共广播节目套数（套） | | | | |
|---|---|---|---|---|---|
| | 新疆 | 西藏 | 内蒙古 | 广西 | 宁夏 |
| 2011 | 159 | 8 | 121 | 63 | 24 |
| 2012 | 159 | 8 | 124 | 63 | 24 |
| 2013 | 161 | 8 | 125 | 65 | 24 |
| 2014 | 164 | 9 | 125 | 70 | 24 |
| 2015 | 172 | 10 | 126 | 72 | 25 |
| 2016 | 173 | 11 | 126 | 74 | 25 |
| 2017 | 169 | 28 | 126 | 75 | 26 |
| 2018 | 169 | 30 | 125 | 75 | 28 |
| 2019 | 163 | 30 | 123 | 74 | 27 |
| 2020 | 162 | 30 | 126 | 78 | 24 |
| 2021 | 161 | 30 | 126 | 78 | 24 |
| 2022 | 160 | 30 | 125 | 77 | 23 |

数据来源：国家统计局网站。

### （六）民族自治区广播节目综合人口覆盖率不断攀升

民族自治区除了公共广播节目套数不断增长外，广播节目综合人口覆盖率也逐年攀升。2000 年，新疆地区广播节目综合人口覆盖率为 89.8%，后逐年攀升。2001 年，新疆地区广播节目综合人口覆盖率达到 91.3%，2002 年达到 91.6%，2003 年达到 92.8%，2004 年达到 92.9%，2005 年达到 93.1%，2010 年、2011 年达到 94.9%，2012 年达到 95.3%，2014 年达到 96.5%，2015 年达到 96.6%，2016 年达到 96.8%，2017 年达到 97.3%，2018 年达到 97.8%，2019 年达到 98.3%，2020 年达到 98.7%，2021 年达到 99.2%，2022 年达到 99.2%。

2000 年，西藏地区广播节目综合人口覆盖率为 77.7%。2000 年后，西藏地区广播节目综合人口覆盖率也逐年攀升。2001 年，西藏地区广播节目综合人口覆盖率为 81.7%，2002 年达到 82.6%，2003 年、2004 年达到 83.1%，2005 年达到 84.9%，2010 年达到 90.3%，2011 年达到 91.7%，2012 年达到 93.4%，2013 年达到 94.4%，2014 年、2015 年达到 94.8%，2016 年达到 95.2%，2017 年达到 96.2%，2018 年达到 97.1%，2019 年达到 98.1%，2020 年达到 99.1%，2021 年

达到 99.2%，2022 年达到 99.41%。

2000 年，内蒙古地区广播节目综合人口覆盖率为 85.6%。2000 年后，内蒙古地区广播节目综合人口覆盖率同样逐年攀升。2001 年，内蒙古地区广播节目综合人口覆盖率达到 88.1%，2002 年达到 89.2%，2003 年达到 90.0%，2004 年达到 90.4%，2005 年达到 92.6%，2010 年达到 96.6%，2011 年达到 97.4%，2012 年达到 97.9%，2013 年达到 98.2%，2014 年达到 98.4%，2015 年达到 99.0%，2016 年达到 99.1%，2017 年、2018 年达到 99.2%，2019 年达到 99.2%，2020 年达到 99.7%，2021 年达到 99.7%，2022 年达到 99.75%。

2000 年，广西地区广播节目综合人口覆盖率为 85.0%。2001 年，广西地区广播节目综合人口覆盖率达到 86.3%，2002 年、2003 年、2004 年达到 86.7%，2005 年达到 88.7%，2010 年达到 94.5%，2011 年达到 95.2%，2012 年达到 96.1%，2013 年达到 96.2%，2014 年达到 96.6%，2015 年达到 96.7%，2016 年达到 96.9%，2017 年达到 97.2%，2018 年达到 97.6%，2019 年达到 97.8%，2020 年达到 98.2%，2021 年达到 98.6%，2022 年达到 98.8%。2000 年后广西地区广播节目综合人口覆盖率逐年攀升的趋势明显。

2000 年，宁夏地区广播节目综合人口覆盖率为 85.2%。2001 年、2002 年，宁夏地区广播节目综合人口覆盖率达到 85.6%。2003 年达到 91.2%，2004 年达到 86.7%，2005 年达到 88.7%，2010 年达到 92.9%，2011 年达到 93.5%，2012 年达到 95.2%，2013 年、2014 年达到 96.1%，2015 年达到 96.6%，2016 年达到 96.7%，2017 年达到 97.6%，2018 年达到 99.0%，2019 年达到 99.6%，2020 年达到 99.8%，2021 年达到 99.9%，2022 年达到 99.93%。①。（详见表 2-5）

**表 2-5　2010—2022 年民族自治区广播节目综合人口覆盖率**

| 年份 | 各地区广播节目综合人口覆盖率（%） | | | | |
|---|---|---|---|---|---|
| | 新疆 | 西藏 | 内蒙古 | 广西 | 宁夏 |
| 2010 | 94.9 | 90.3 | 96.6 | 94.5 | 92.9 |
| 2011 | 94.9 | 91.7 | 97.4 | 95.2 | 93.5 |
| 2012 | 95.3 | 93.4 | 97.9 | 96.1 | 95.2 |
| 2013 | 95.7 | 94.4 | 98.2 | 96.2 | 96.1 |

① 以上五个民族自治区的数据均来源于国家统计局数据。因为统计局网站没有提供 2006 年至 2009 年的数据，故文中也没有这一时段的相关数据。

续表

| 年份 | 各地区广播节目综合人口覆盖率（%） | | | | |
|---|---|---|---|---|---|
| | 新疆 | 西藏 | 内蒙古 | 广西 | 宁夏 |
| 2014 | 96.5 | 94.8 | 98.4 | 96.6 | 96.1 |
| 2015 | 96.6 | 94.8 | 99.0 | 96.7 | 96.6 |
| 2016 | 96.8 | 95.2 | 99.1 | 96.9 | 96.7 |
| 2017 | 97.3 | 96.2 | 99.2 | 97.2 | 97.6 |
| 2018 | 97.8 | 97.1 | 99.2 | 97.6 | 99.0 |
| 2019 | 98.3 | 98.1 | 99.2 | 97.8 | 99.6 |
| 2020 | 98.7 | 99.1 | 99.7 | 98.2 | 99.8 |
| 2021 | 99.2 | 99.2 | 99.7 | 98.6 | 99.9 |
| 2022 | 99.2 | 99.41 | 99.75 | 98.8 | 99.93 |

数据来源：国家统计局网站。

综上，民族自治区广播传播网络已经整体性形成。它所具有的特点是规模大，层次多，覆盖范围广，收听人群广泛。广播传播网络曾经一度占据民族自治区大众传播网络的核心位置。广播传播网络的听众规模、覆盖范围曾经远远超过同时期由省级党报、市级党报以及县报等构建而成的报纸传播网络，也远远超过刚刚起步、力量十分弱小的电视传播网络。2000 年以后，民族自治区广播传播网络整体发展放缓。尽管公共广播的套数和人口覆盖率还在不断增长，广播的影响力也在不断扩散，但与电视传播网络相比，它的整体发展态势还是受到了一定的冲击。2010 年以后，随着新媒体、新新媒体的发展，民族自治区广播传播网络的发展空间开始萎缩。“电台给人提供了第一次大规模的电子内爆的经验。”① 对于那些只有短时期或肤浅的书面文化经验的社会来说，广播这一媒介完全是爆炸性的。相对于我国其他地区而言，民族自治区在 1949 年之前确实属于具有短时期或肤浅的书面文化经验的社会。因此，广播这一直接诉诸人们听觉，几乎不需要收听门槛的大众传播媒介迅速在民族自治区普及开来。民族自治区广播事业的发展几乎和全国其他地区广播事业的发展同步，同样形成了规模庞大、成体系的广播传播网络。民族自治区广播传播网络在增强各民族以及民族地区对国家的认同，形成统一的价值观念，传播新闻信息，满足人们

① 麦克卢汉．理解媒介：论人的延伸［M］．何道宽，译．南京：译林出版社，2011：342.

的信息需求，以及促进民族地区的发展等方面都发挥了重要而不可替代的作用。它还在客观上促进了国家通用语言的推广，对于保护和维护中华民族多元一体的文化格局发挥了重要的作用。

### 二、民族自治区的电视发展：语种多，普及率高，覆盖面大

电视凭借着媒介技术的发展以视听同步接收信息的形式开启了人类社会信息传播的新时代。电视强烈的画面冲击力和丰富的节目形态使它比报纸和广播更有吸引力。与印刷术和印刷文化创造了同一性和连续性不同的是，电视是一种冷性的、观众参与的媒介。而广播是热媒介，广播吸引听者的参与程度，不如电视机要求收视者的参与程度①。正是由于电视具有不同于报刊、广播的独特的媒介属性，因此它在诞生以后，就在短时间内吸引了众多的观众。20 世纪 70 年代以后，民族自治区电视传播网络也获得了充足的、长足的发展。

新疆电视事业发展迅猛，多语种频道多。新疆电视台于 1970 年开始实验播出，1972 年 1 月 1 日正式播出。1986 年 7 月 1 日，新疆电视台汉语、维吾尔语节目正式上星播出。1993 年 8 月 1 日，新疆电视台哈萨克语节目上星播出，实现了汉语、维吾尔语、哈萨克语三种语言每天上星播出。1997 年 8 月 28 日，实现了汉语、维吾尔语、哈萨克语节目分频道上星播出，覆盖人口达到 7.5 亿。2004 年 10 月，柯尔克孜语电视节目开播。多语种频道不仅面向新疆本地观众，还向国内主要城市、港澳台地区以及哈萨克斯坦、吉尔吉斯斯坦、乌兹别克斯坦等周边国家传送②。“西新工程”的战略实施又为新疆广播电视事业发展提供了充足的保障。截至 2014 年，新疆拥有 8 座电视台，地市级广播电视台 8 座，县级广播电视台 80 座，电视发射台及转播台 560 座，共采用 6 种语言播出节目，开办公共电视节目 216 套。新疆地区仅维吾尔语电视频道就有 11 个。维吾尔语电视频道主要包括：新疆电视台的新疆二套（新闻综合频道）、新疆五套（综艺频道）、新疆九套（经济生活频道）、乌鲁木齐电视台的维吾尔语综合频道、喀什电视台的喀什二套（有线维吾尔语新闻综合频道）、喀什四套（有线维吾尔语电视剧频道）、喀什六套（有线维吾尔语电影、电视剧、民族歌舞频道）以及阿

---

① 麦克卢汉．理解媒介：论人的延伸［M］．何道宽，译．南京：译林出版社，2011：356.

② 吾提库尔·阿扎提．新疆维吾尔语电视业的发展现状及对策［J］．青年记者，2016（10）：88.

克苏三套、阿克苏四套、和田二套（维吾尔语综合频道）、和田维吾尔语影视剧频道①。2022 年，新疆公共电视节目套数已从 2008 年的 193 套发展到 205 套。

广西地区电视覆盖面广。1970 年 10 月 1 日，广西电视台成立。成立之初，广西电视台的覆盖半径仅为 10 至 15 公里，覆盖人口仅占总人口的 2.3%。此后广西电视台开始不断发展。1973 年 7 月 1 日，建成大明山转播台，7.5 瓦黑白电视发射设备开播。1978 年 11 月 21 日，桂林猫儿山转播台开播。至 1978 年年底，广西电视人口覆盖率达到 20%。1983 年，广西相继在崇左、百色、钦州、柳州、防城港等市建成大功率转播台，至此，基本上形成了广西无线电视覆盖网②。1997 年 1 月 1 日，广西人民广播电台、广西电视台上星播出。至此，广西广播电视节目信号已覆盖至全国和周边 30 个国家和地区。2006 年，全国 2232 个城市有线电视网接收广西卫视节目传输入户。其中，直辖市、省会城市落地率达到 100%，覆盖人口达到 4.3 亿③。2008 年，广西公共电视节目套数为 114 套。2022 年，广西公共电视节目套数达到 117 套。

截至 2022 年，西藏公共电视节目套数已经从 2008 年的 10 套发展到 2022 年的 82 套，电视节目综合人口覆盖率由 2010 年的 91.4%上升到 2022 年的 99.2%。

内蒙古公共电视节目达到 119 套。宁夏公共电视节目套数达到 29 套。（详见表 2-6）

**表 2-6　2008—2022 年民族自治区公共电视节目套数**

| 年份 | 各地区公共电视节目套数（套） | | | | |
|---|---|---|---|---|---|
| | 新疆 | 西藏 | 内蒙古 | 广西 | 宁夏 |
| 2008 | 193 | 10 | 119 | 114 | 28 |
| 2009 | 188 | 10 | 125 | 114 | 28 |
| 2010 | 196 | 10 | 125 | 116 | 28 |
| 2011 | 198 | 10 | 119 | 115 | 28 |
| 2012 | 198 | 10 | 120 | 116 | 28 |

① 吾提库尔·阿扎提．新疆维吾尔语电视业的发展现状及对策［J］．青年记者，2016（10）：88.

② 陆庆机．广西广播电视无线传输覆盖事业五十年发展成就［J］．视听，2008（12）：22-24.

③ 陆庆机．广西广播电视无线传输覆盖事业五十年发展成就［J］．视听，2008（12）：22-23.

续表

| 年份 | 各地区公共电视节目套数（套） | | | | |
|---|---|---|---|---|---|
| | 新疆 | 西藏 | 内蒙古 | 广西 | 宁夏 |
| 2013 | 192 | 12 | 120 | 116 | 28 |
| 2014 | 216 | 12 | 121 | 117 | 28 |
| 2015 | 220 | 14 | 120 | 117 | 28 |
| 2016 | 221 | 14 | 119 | 116 | 28 |
| 2017 | 220 | 44 | 118 | 116 | 29 |
| 2018 | 219 | 82 | 119 | 116 | 30 |
| 2019 | 216 | 82 | 118 | 117 | 29 |
| 2020 | 219 | 82 | 120 | 118 | 28 |
| 2021 | 207 | 82 | 120 | 119 | 30 |
| 2022 | 205 | 82 | 119 | 117 | 29 |

数据来源：国家统计局网站。

传统的电视媒介是把视听语言作为主要的信息传播的载体。在新媒体环境下，电视媒介不仅是视听语言的传播平台，也集数字技术、数字化网络于一体。因此，民族自治区电视节目综合人口覆盖率也在不断攀升，电视节目综合人口覆盖率保障了民族自治区大众信息的自由顺畅传播。

2022 年，新疆常住人口数是 2587 万人。其中，有线广播电视用户数为 292. 24 万户，数字电视用户数为 389. 07 万户。电视节目综合人口覆盖率达到 99. 3%。西藏常住人口数为 364 万人。其中，有线广播电视用户数为 24. 63 万户，数字电视用户数为 23. 89 万户。电视节目综合人口覆盖率达到 99. 56%。内蒙古常住人口数为 2401 万人。其中，有线广播电视用户数为 269. 57 万户，数字电视用户数为 267. 08 万户。电视节目综合人口覆盖率达到 99. 75%。广西常住人口数为 5047 万人。其中，有线广播电视用户数为 782. 45 万户，数字电视用户数为 782. 45 万户。电视节目综合人口覆盖率达到 99. 45%。宁夏常住人口数为 728 万人。其中，有线广播电视用户数为 122. 91 万户，数字电视用户数为 122. 06 万户。电视节目综合人口覆盖率达到 99. 98%。（详见表 2-7）

表 2-7 2010 年—2022 年民族自治区电视节目综合人口覆盖率

| 年份 | 各地区电视节目综合人口覆盖率（%） | | | | |
|---|---|---|---|---|---|
| | 新疆 | 西藏 | 内蒙古 | 广西 | 宁夏 |
| 2010 | 95.3 | 91.4 | 95.4 | 96.5 | 98.2 |
| 2011 | 95.3 | 92.8 | 96.2 | 97.0 | 98.6 |
| 2012 | 95.6 | 94.5 | 96.8 | 97.7 | 98.9 |
| 2013 | 96.0 | 95.5 | 97.6 | 98.0 | 99.1 |
| 2014 | 96.9 | 95.9 | 98.6 | 98.2 | 99.1 |
| 2015 | 97.0 | 96.0 | 99.1 | 98.3 | 99.2 |
| 2016 | 97.3 | 96.3 | 99.2 | 98.4 | 99.3 |
| 2017 | 97.5 | 97.3 | 99.2 | 98.6 | 99.4 |
| 2018 | 98.1 | 98.2 | 99.2 | 98.8 | 99.8 |
| 2019 | 98.5 | 98.6 | 99.2 | 98.9 | 99.9 |
| 2020 | 98.9 | 99.2 | 99.7 | 99.1 | 99.9 |
| 2021 | 99.1 | 99.4 | 99.7 | 99.3 | 100 |
| 2022 | 99.3 | 99.56 | 99.75 | 99.45 | 99.98 |

数据来源：国家统计局网站。

横向对比来看，2021 年，五个民族自治区平均每百人每年的报刊数量分别是：新疆 12.22 份，西藏 24.18 份，内蒙古 7.61 份，广西 5.74 份，宁夏 6.91 份；五个民族自治区广播节目综合人口覆盖率分别为：新疆 99.2%，西藏 99.2%，内蒙古 99.7%，广西 98.6%，宁夏 99.9%。同时，这五个民族自治区电视节目综合人口覆盖率分别为：新疆 99.1%，西藏 99.4%，内蒙古 99.7%，广西 99.3%，宁夏 100%。横向对比的结论是，民族自治区的传统媒体中，电视普及率最高，广播次之，报刊覆盖率和人口拥有率最低。也就是说，民族自治区由报刊、广播、电视组成的大众传播网络中，电视传播网络居于主导位置，广播传播网络和报刊传播网络是其重要的组成部分。1949 年以来，每一种传播网络都在民族自治区获得了充分发展，都独立地发挥了不可替代的作用，满足了不同层面民众的信息需求。尤其是广播、电视等电子媒介的普及应用，消除了信息传播的时间差异和空间差异，使序列性让位于同步性，使民族自治区的人们和全国其他地区的人们一样都能及时获取各种信息。同时，不同的大众传播媒介和大众传播网络都在逐渐改变着民族自治区原有的媒介环境，在促进民族自治区和少数民族形成国家认同、增强凝聚力方面，在促进经济发展、传承和保护少数民族文化等方面都发挥着重要作用。

## 第三节　民族自治区新媒体发展迅猛且全面

近二十年来，随着数字技术、信息技术的飞速发展，以互联网为代表的新媒体从诞生到逐步发展壮大，深刻地改变了旧有的新闻信息传播方式，系统地重塑了新的媒介生态和传播格局①。在全球加速向网络化社会、数字化生存转型的过程中，我国网络发展日新月异，与世界和时代发展同步。截至2023年6月，我国网民数量达到10.79亿，互联网普及率达到76.4%。手机网民数量为10.76亿。其中，农村网民规模为3.01.55亿，城镇网民规模为7.77亿②。庞大的网络用户数量表明，我国互联网发展从无到有，从弱到强，已嵌入到大多数人的日常工作和生活中。伴随着国家整体性网络发展，民族自治区的网络发展也是突飞猛进，新媒体、新新媒体应用日渐普及以及越来越多元化。本研究主要考察民族自治区“新媒体”“新新媒体”的发展脉络。文中将“新媒体”发展考察指标限定为互联网普及率、互联网人数、网站数量、政府网站数量和新闻网站发展数量，将“新新媒体”发展考察指标限定为政务微博、政务头条号、媒体融合发展方面。

### 一、民族自治区互联网普及率和上网人数不断激增

每一种大众传播网络的发展都离不开公众的支持和支撑。不过，在传统媒体时代，因为“大众”日常化的普遍存在，以及它们在较长历史周期内形成的固化特征，使得“大众”这一形象模糊而被动。似乎已经形成了这样一种刻板的认知：只要存在大众传播网络，大众作为受众群体，就会被覆盖、被吸引、被涵化、被培育，从而自觉形成较一致的认识，会自觉采取一致的行动。“受众”这个词语本身就体现了公众被动接受信息的地位和被动接收信息的状态。随着新媒体的诞生和普及发展，人们才发现“大众”已悄然转变为“用户”。

---

① 彭兰．网络传播概论［M］．北京：中国人民大学出版社，2001：序言．

② 中国互联网络信息中心发布第52次《中国互联网络发展状况统计报告》［J］．国家图书馆学刊，2023（10）：13.

用户群体的规模和数量在不断扩大，但用户不再像传统媒体中的大众一样具有固定化和被动化的特征。新的媒介环境背景下，用户群体的自主性大为增强，迁徙性和流动性也大为增强，并在媒介使用上体现出神秘莫测、忽左忽右、喜新厌旧等特征。从受众转变为用户这对大众传播网络而言产生了双重性的影响：对既有的大众传播网络是一种挑战和沉重性的打击，对新兴的传播网络则起到了强有力的支撑作用①。

与印刷媒介在漫长的进化发展中才拥有一定规模的读者群体不同的是，互联网在三十多年的时间内就拥有了数量庞大、规模惊人的用户群体。和传统媒体发展在区域间存在着不平衡性一样，起初民族自治区新媒体的发展也一度滞后，与其他地区的互联网发展相比，还存在着一定的差距。但国际基础设施的投入和互联网的飞速发展一定程度上弥补了不同区域之间网络发展的鸿沟。民族自治区互联网的普及率逐年攀升。2010 年的时候，新疆互联网普及率仅为 37.9%，西藏互联网普及率仅为 27.9%，内蒙古互联网普及率仅为 30.8%，广西互联网普及率仅为 25.2%，宁夏互联网普及率仅为 28%。2016 年，新疆互联网普及率达到 54.9%，西藏互联网普及率达到 46.1%，内蒙古互联网普及率达到 52.2%，广西互联网普及率达到 46.1%，宁夏互联网普及率达到 50.7%。这一时期，民族自治区互联网普及率大多超过或接近 50%。从全国数据来看，截至 2020 年 3 月，我国互联网普及达到 64.5%②。也就是说，尽管民族自治区互联网普及率低于全国平均水平，但也一直处于不断上升趋势。(详见表 2-8)

**表 2-8 2010—2016 年民族自治区互联网普及率** 单位 %

| 地区 | 年份 | | | | | | |
|---|---|---|---|---|---|---|---|
| | 2010 | 2011 | 2012 | 2013 | 2014 | 2015 | 2016 |
| 新疆 | 37.9 | 40.4 | 43.6 | 49.0 | 50.3 | 54.9 | 54.9 |
| 西藏 | 27.9 | 29.9 | 33.3 | 37.4 | 39.4 | 44.6 | 46.1 |
| 内蒙古 | 30.8 | 34.6 | 38.9 | 43.9 | 45.7 | 50.3 | 52.2 |
| 广西 | 25.2 | 29.4 | 34.2 | 37.9 | 39.4 | 42.8 | 46.1 |
| 宁夏 | 28.0 | 32.8 | 40.3 | 43.7 | 45.1 | 49.3 | 50.7 |

数据来源：国家统计局网站。

① 张学霞．宁夏大众传播网络构建研究：1926—2018［D］．西安：陕西师范大学，2019：192.

② 第 45 次中国互联网络发展统计报告［EB/OL］．中国互联网络信息中心，2020-04-28.

民族自治区互联网上网人数也在以惊人的速度逐年增长。2002 年，新疆地区互联网上网人数仅为 46 万人，西藏地区互联网上网人数仅为 3 万人，内蒙古地区互联网上网人数仅为 34 万人，广西地区互联网上网人数仅为 109 万人，宁夏地区互联网上网人数仅为 18 万人。这一时期，民族自治区互联网上网人数很少。互联网对大多数人们而言还是新鲜、稀缺的新事物。至 2016 年，新疆地区互联网上网人数已增至 1296 万人，西藏地区互联网上网人数已增至 149 万人，内蒙古地区互联网上网人数已增至 1311 万人，广西地区互联网上网人数已增至 2213 万人，宁夏地区互联网上网人数已增至 339 万人。第 39 次中国互联网络发展状况统计，2016 年在五个民族自治区中，广西地区互联网上网人数最多，居全国第 23 位，网民规模增速为 8.8%。(详见表 2-9)

**表 2-9　2002—2016 年民族自治区互联网上网人数**　　单位：万人

| 年份 | 地区 | | | | |
|---|---|---|---|---|---|
| | 新疆 | 西藏 | 内蒙古 | 广西 | 宁夏 |
| 2002 | 46 | 3 | 34 | 109 | 18 |
| 2003 | 118 | 9 | 75 | 229 | 33 |
| 2004 | 119 | 7 | 93 | 285 | 31 |
| 2005 | 126 | 9 | 116 | 330 | 32 |
| 2006 | 155 | 16 | 160 | 374 | 42 |
| 2007 | 363 | 36 | 322 | 560 | 61 |
| 2008 | 625 | 47 | 385 | 734 | 102 |
| 2009 | 634 | 53 | 575 | 1030 | 141 |
| 2010 | 819 | 81 | 747 | 1226 | 175 |
| 2011 | 882 | 90 | 854 | 1354 | 207 |
| 2012 | 962 | 101 | 965 | 1586 | 258 |
| 2013 | 1094 | 115 | 1093 | 1774 | 283 |
| 2014 | 1139 | 123 | 1142 | 1848 | 295 |
| 2015 | 1262 | 142 | 1259 | 2033 | 326 |
| 2016 | 1296 | 149 | 1311 | 2213 | 339 |

数据来源：国家统计局网站。

## 二、民族自治区网站数量、政府网站数量不断增长

网站数量是衡量互联网发展的重要指标之一。截至2019年12月，我国网站数量为497万个。数量庞大的网站数量为我国用户提供了较为便利的信息查收条件，也较好地满足了人们的日常网络生活。十年间，民族自治区的网站数量不断增长，虽然个别地区的网站数量在某一时段有所下降，但整体上仍是不断增长态势。截至2011年，新疆地区网站数量达到4300个，西藏地区达到800个，内蒙古地区达到10000个，广西地区达到13300个，宁夏达到3100个。截至2018年，新疆地区网站达到9600个，西藏地区网站达到1500个，内蒙古地区网站达到16000个，广西地区网站达到52800个，宁夏地区网站达到7800个。民族地区网站为满足当地的政治、经济、文化等多方面的信息需求，为促进当地的经济发展都发挥了重要作用。（详见表2-10）

**表2-10 2010—2016年民族自治区网站数量** 单位：万个

| 地区/年份 | 2011 | 2012 | 2013 | 2014 | 2015 | 2016 | 2017 | 2018 |
|---|---|---|---|---|---|---|---|---|
| 新疆 | 0.43 | 0.57 | 0.76 | 0.76 | 0.90 | 1.04 | 1.06 | 0.96 |
| 西藏 | 0.08 | 0.10 | 0.09 | 0.10 | 0.10 | 0.12 | 0.15 | 0.15 |
| 内蒙古 | 1.00 | 1.29 | 1.23 | 1.20 | 1.40 | 1.55 | 1.73 | 1.60 |
| 广西 | 1.33 | 1.81 | 2.50 | 2.55 | 3.70 | 4.33 | 5.03 | 5.28 |
| 宁夏 | 0.31 | 0.41 | 0.38 | 0.37 | 0.50 | 0.60 | 0.71 | 0.78 |

其中，政府网站①对推进政务公开与民生领域信息化应用，对政务服务规范化、便利化，对满足人民群众的信息需求等方面有着重要的平台支撑作用。2000年以后，各民族自治区政府网站的发展都经历了一个增长的态势。

截至2018年12月，新疆政府网站有167个，西藏政府网站有165个，内蒙古政府网站有618个，广西政府网站有758个，宁夏政府网站有158个。2019年，我国各地区为落实《关于加快推进全国一体化在线政务服务平台建设的指导意见》，开始按照规范化、标准化、集约化的建设要求，推动省、市、县、乡、村政务服务全覆盖。因此，一些地区政府网站的数量本着规范化、标准化、集约化的建设要求开始缩减。截至2019年12月，新疆政府网站有161个，和

① 政府网站是指各级人民政府及其部门、派出机构和承担行政职能的事业单位在互联网上开办的，具备信息发布、解读回应、办事服务、互动交流等功能的网站。

2018 年相比，缩减 3.6%。西藏政府网站有 215 个，和 2018 年相比，增长 30.3%。内蒙古政府网站有 537 个，缩减 13.1%。广西政府网站有 573 个，缩减 24.4%。宁夏政府网站有 126 个，缩减 20.3%①。政府网站开始缩减的原因除了国家集约化的要求外，还在于政务微博、微信、公众号、政务头条号、抖音号都在不断增长。这些新新媒体的发展吸引了大批的网络用户，也使得政府网站的发展开始减速。

### 三、民族自治区已经形成多层次、多类别的新闻网站传播网络

除了互联网普及率、上网人数、网站、政府网站外，媒体网站发展也是考察互联网发展的重要数据之一。民族自治区媒体网站的发展也是考察地区新媒体发展的重要指标之一。

新疆自 2000 年以来已经逐渐形成多层次、多语种、多类别的新闻网站传播网络。新疆新闻网站发端于 2000 年。2000 年 4 月 18 日，新疆新闻在线（新疆人民广播电台主办）开通。2001 年 12 月 18 日，天山网开通，是新疆重点新闻网站，现有中、俄、维、英、哈五种语言八个版面，拥有电脑客户端和手机客户端。此后，亚心网、新疆日报网、乌鲁木齐在线等网站相继开通。不仅省级新闻网站开通，新疆地州地市级新闻网站也逐渐开通。目前，新疆新闻网站主要包括以下网站：天山网、新疆日报网、亚心网、新疆新闻在线、乌鲁木齐在线、伊犁网、兵团网、丝路视听、新疆财经网、红山网、新疆网、中国昌吉网、中国喀什网、新疆新闻网、中国喀什网、新华社新疆频道等。

新疆新闻网站主要包括以下三种类型。第一类，是由地方政府机构、部门主办的新闻网站，如天山网。天山网是由新疆维吾尔自治区党委宣传部、人民日报网络中心合办，自治区人民政府新闻办公室主管，新疆新媒体中心承办的新闻网站。第二类，是由中央新闻媒体主办的新闻网站、新闻频道。如新疆新闻网、新华网新疆频道、人民网新疆频道、人民网地方联报新疆站。新疆新闻网是由中国新闻社网络中心中国新闻社新疆分社主办。新华网新疆频道是由新华社网络中心、新华社新疆分社主办。人民网地方联报新疆站由人民日报网络中心主办。第三类，是由新疆各类传统媒体主办的新闻网站。这类网站数量最多，占比最大。如新疆新闻网（原名新疆亚欧网）是由新疆人民广播电台主办，

---

① 第 45 次中国互联网络发展统计报告［EB/OL］. 中国互联网络信息中心，2020-04-28.

亚心网是由新疆经济报主办，新闻日报网是由新疆日报主办，乌鲁木齐在线是由新闻晚报社主办，新疆新闻在线由新疆人民广播电台主办，中国喀什网由《喀什日报》主办。其中，天山网是新疆重点新闻宣传网站。作为可以直接参与并报道新疆对外宣传活动的政府性新闻网站，天山网在新疆新闻网站传播网络中占据着核心位置。也就是说，新疆形成了以政府新闻网站为主导，以中央媒体和地方媒体网站为重要支撑的新闻网站传播网络。

西藏自2000年以后也逐渐形成了多层次、多语种、多类别的新闻网站传播网络。西藏新闻网站开端于2000年。2000年10月1日，中国西藏新闻网开通，目前使用汉、藏、英三种语言进行传播，拥有十几个频道。中国西藏新闻网由西藏自治区党委宣传部主管、西藏日报社主办，拥有独立的采编团队。汉、藏、英三个版本的日平均点击总量超过10万，其中汉语网站点击率最高，约占60%①。2000年5月25日，中国西藏信息中心网站开通（2010年7月更名为中国西藏网）。此后，西藏新闻网站日益丰富和多元。西藏新闻网站主要包括：中国西藏新闻网、中国西藏网、山南网、西藏林芝网、今日西藏昌都、西藏那曲新闻网、牦牦TV网（西藏电视台主办）、西藏之声（西藏人民广播电台主办）、人民网西藏频道、新华网西藏频道、人民网地方联报网西藏站、西藏在线等。

西藏新闻网站也主要包括以下三种类型。第一类，是地方政府机构、部门主管或主办的新闻网站。民族自治区的党委、政府为更好地发挥网络媒体在舆论引导、政策宣传以及信息传播等方面的功能和作用，主动、积极占领网络宣传阵地，就凭借政府在新闻宣传方面的优势创办新闻网站。中国西藏新闻网、山南网、西藏林芝网、今日西藏昌都网站都属于这一类型。中国西藏新闻网是由西藏自治区党委宣传部主管，西藏日报社主办，是西藏首家省级重点新闻网站，现已形成客户端、数字报系、手机报、新媒体群在内的传播矩阵②。山南网是由中共西藏山南市委宣传部主管山南报社主办的综合性政府门户网站和新闻门户网站。西藏林芝网是由中共林芝市委宣传部主管、林芝网管理中心承办的新闻网站。今日西藏昌都是由西藏昌都市委宣传部新闻中心主办的网站。西藏那曲新闻网是由西藏那曲市委宣传部主办的网站。第二类，是由中央新闻媒体

① 詹恂，孙宇．西藏党媒“两微一端”的发展现状及传播力分析［J］．现代传播，2019（6）：144.

② 周德仓，吴江霞，王清华．改革开放40年西藏新闻事业的发展和重塑［J］．西藏民族大学学报（哲学社会科学版），2019（1）：43.

主办的新闻网站、新闻频道，如新华网西藏频道、人民网西藏频道、人民网地方联报西藏站、中国日报网西藏频道、央视网西藏频道等。第三类，是由西藏各类传统媒体主办的新闻网站，如西藏之声是由西藏人民广播电台主办。2006年开通，开设中文、藏文、英文三个网站，2013年开通了汉语、藏语双语手机客户端。中国西藏网是由中国西藏杂志社主办，目前使用中文（简体、繁体）、藏文、英文、德文、法文进行信息传播。除此之外，西藏还拥有由企业或者商业团体主办的新闻网站。不过这类新闻网站数量较少，占比也很低，如西藏在线等。综上，西藏也已经形成了以政府新闻网站为主导，以中央媒体和地方媒体网站为重要支撑的新闻网站传播网络。目前西藏新闻网站传播网络也在大力进行融媒体建设中。

内蒙古也形成了多层次、多类别、多语种的新闻网站传播网络。内蒙古新闻网站主要包括以下类别网站：内蒙古新闻网、正北方网、内蒙古晨网、索伦嘎新闻网、中国蒙古语新闻网、腾格里网（内蒙古广播电视台主办）、内蒙古广播网、呼和浩特新闻网、呼和浩特广播电视台网、包头新闻网、呼伦贝尔新闻网、中国通辽网、锡林郭勒新闻网、乌海新闻网、乌兰察布新闻网、赤峰日报新闻网、巴彦淖尔新闻网、阿拉善新闻网、兴安新闻网、人民网内蒙古频道、新华网内蒙古频道等。也就是说，内蒙古形成了以区级重点新闻网站为主导，以城市新闻网站和媒体网站以及中央重点新闻网站的新闻频道等为重要组成部分的新闻网站传播网络。内蒙古新闻网站的组成类型和上述新疆、西藏新闻网站的组成类型大致相同，这里不再赘述。

其中，内蒙古新闻网、正北方网和索伦嘎新闻网的发展较有代表性。内蒙古新闻网是内蒙古重点新闻网站，也是中国百强新闻网站，成立于2000年年底，2010年成为内蒙古地区覆盖面最广、信息量最大的综合性门户网站。正北方网原名北方新闻网，成立于2005年3月。成立初期是《北方新报》电子版，由北方新报社主办，2006年9月改名为北方新闻网。2011年8月20日改名为正北方网，成为国家一类新闻网站。同年被评为中国百强新闻网站，是内蒙古地区首家获得此称号的新闻网站。2014年，正北方网在内蒙古地区排名第一，全国排名第496名，是内蒙古地区唯一进入全国前500名的网站①。这一年，正北方网的广告收入也在内蒙古地区网站中居于首位。索伦嘎新闻网于2009年12

① 陆鑫，张丽萍．互联网思维下内蒙古地区新闻网站发展策略初探：以内蒙古新闻网、正北方网为例［J］．新闻论坛，2014（6）：19.

月 10 日开通，它是由内蒙古自治区党委外宣办主管、内蒙古日报社主办的国内首家斯拉夫蒙古文新闻信息服务网站。该网站使用斯拉夫蒙古文传播我国各类新闻媒体的新闻信息，承担国家对蒙古国外宣任务，向蒙古国宣传中国社会的发展现状，是蒙古国受众了解中国了解内蒙古的桥梁和纽带①，也是我国最具权威最具影响力的斯拉夫蒙古文新闻网站。

广西也形成了包括省级新闻网、市级新闻网、媒体新闻网站、中央主要媒体新闻频道以及具备登载、转载新闻资质的商业网站在内的网站传播网络。广西新闻网站传播网络也具有多层级、多类别、多语种、规模化的发展特征。广西新闻网站主要有：广西新闻网、广西网络广播电视台网（广西网络广播电视台主办）、北部湾在线·新媒体网（广西广播电视台主办）、南宁新闻网（市委宣传部主管，南宁日报社主办）、贺州新闻网（贺州市委宣传部主导、贺州广播电视台主管、贺州市新锐全媒体发展有限公司运营的市级重点新闻门户网站）、柳州新闻网（柳州日报社主办）、贺州传媒网（贺州日报社主办）、来宾网（来宾日报社主办）、玉林新闻网、百色新闻网（右江日报社主办）、崇左网（左江日报社主办）、南国早报网（南国早报社主办）、梧州零距离网（梧州日报社主办）、中国—东盟传媒网（《中国—东盟博览》杂志有限公司主办）、新华网广西频道、人民网广西频道、中国新闻网广西新闻（中国新闻网较早建立的地方分站，由中国新闻社广西分社维护与更新）、新浪广西（依托新浪网平台，2013 年成立）等。

广西新闻网、北部湾在线·新媒体网的发展比较有代表性。广西新闻网于 2006 年 1 月 1 日开通，是由广西党委宣传部主管、广西日报传媒集团主办的全国重点新闻网站，是当地发布新闻量最大、最具权威性的新闻门户网站。目前已发展成为集网络视听、客户端、手机网、手机报、网络论坛和微信、微博、抖音、头条号等多种媒体形态于一体的新媒体旗舰。它的前身是广西壮族自治区党委宣传部主办的桂龙网和广西日报主办的新桂网。2006 年 1 月，桂龙网和新桂网两网整合形成了广西新闻网。2014 年，广西新闻网全年经营收入首次突破 2000 万元，网站点击量突破两亿人次，同比增长 88%；广西新闻网视听节目点击量和制作节目数名列广西视频网站前三；广西新闻网红豆社区全年点击量

① ［内蒙古之最］我国首家外宣斯拉夫文网站：索伦噶新闻网［EB/OL］. 内蒙古频道-人民网，2017-08-06.

达到7.25亿人次，同比增长21%①。2015年，在中国地方网站传播力排行榜中，广西新闻网排在第十位，宁夏新闻网排在第二十位。其他民族自治区新闻网没有出现在排名前30位的新闻网站的榜单中。北部湾在线·新媒体网是由广西广播电视台于2010年5月10日开通的新闻网站，旨在实现广播网与互联网的联通。北部湾在线主打东盟元素，整合了互联网、移动网、广播网资源，综合采用音视图文直播和点播等多媒体形式。北部湾在线在我国率先推出首个东盟语种（英语、越南语、泰语）信息播报平台。东盟语种信息播报增强了东盟国家的广播覆盖，也延伸了传统广播产业链，为国家和广西实现对东盟国家的对外开放和发展提供了有力的信息服务②。

宁夏自2003年起逐渐形成了以地方新闻网站为主导，以中央驻宁新闻为单位的新闻频道、具备转载新闻资质的商业网站为有益补充的新闻网站传播网络。1998年10月，银川晚报社与中国记者协会合作，以租用空间的方式在互联网上制作了银川晚报电子版，这是宁夏传统媒体首次在互联网上制作和播出新闻信息。1999年7月，宁夏日报社开通“宁夏日报电子版”，开始将报纸内容发到互联网上；1999年，《新消息报》也建立了电子版；1999年12月31日，宁夏电视台开通了“宁夏电视台国际网”。同一年，新华网、人民网相继开通了“新华网宁夏频道”“人民网宁夏频道”。2000年，《新消息报》创办了网页。2003年4月，银川新闻网创办；2003年8月18日，宁夏新闻网创办③。此后，宁夏新闻网站的发展开启了新篇章。2014年，宁夏新闻网站共7家，其中5家是依托传统媒体建立的新闻网站：宁夏新闻网、银川新闻网、华兴网、吴忠网、宁夏电视台网；2家是具备转载新闻资质的商业网站：宁夏信息港和宁夏网虫。这一时期存续的新闻网页、报纸电子版共14家，另有中央驻宁新闻单位网络媒体3家。

截至2018年年底，宁夏主要新闻网站有9家。主要包括：宁夏新闻网（由宁夏日报报业集团创办）、宁夏网络广播电视台网④（由宁夏广播电视台创办）、华兴网（2012年由《华兴时报》创办）、银川新闻网（由银川日报社创办，银

① 广西日报新媒体：做新舆论场中的“新党报”[EB/OL]. 中国网信网，2015-02-11.

② 谢卓华. 广西网络媒体对东盟传播优化策略分析[J]. 新闻爱好者，2015（2）：67.

③ 张学霞. 宁夏大众传播网络构建研究：1926—2018[D]. 西安：陕西师范大学，2019：117-118.

④ 它的前身是宁夏电视台网，2016年1月6日更名为“宁夏网络广播电视台”，是宁夏区级重点新闻门户网站。

川市新闻传媒集团创办）、银川广播电视网（由银川广播电视创办，银川市新闻传媒集团主办）、石嘴山新闻网（《石嘴山日报》创办，石嘴山市新闻传媒中心主办）、吴忠新闻网（《吴忠日报》创办）、固原新闻网（《固原日报》创办）、中卫新闻网（《中卫日报》创办）①。同时，还有人民网宁夏频道、新华网宁夏频道、央广网宁夏频道、央视网宁夏频道等。（详见表 2-11）

**表 2-11 2018 年宁夏主要新闻网站**

| 网站名称 | 创办日期 | 创办/主办单位 | 备注 |
|---|---|---|---|
| 宁夏新闻网 | 2003 年 8 月 18 日 | 宁夏日报报业集团创办<br>宁夏互联网新闻中心主办 | 宁夏重点新闻网站 |
| 银川新闻网（前身是银川晚报电子版） | 银川晚报电子版 1998 年 10 月创办，银川新闻网 2003 年 4 月创办 | 银川晚报创办<br>银川市新闻传媒集团主办 | 银川市重点新闻网 |
| 石嘴山新闻网 | 2003 年 | 石嘴山日报创办<br>石嘴山市新闻传媒中心主办 | 石嘴山市唯一具备互联网新闻、视听节目业务资质的新闻网站 |
| 吴忠新闻网 | 2006 年 | 吴忠日报社创办 | 吴忠市最大综合新闻门户网站 |
| 中卫新闻网 | 2010 年 5 月 | 中卫日报社创办<br>中卫市新闻传媒集团主办 | — |
| 银川广播电视网 | 2011 年 | 银川市广播电视台创办<br>银川市新闻传媒集团主办 | 2012 年 9 月备案，2015 年获“中国地方网站十佳创新品牌奖”和“中国最具人气的本地新闻手机客户端”奖项 |
| 华兴网 | 2012 年 | 华兴时报社创办 | 宁夏民生综合门户网站 |
| 宁夏网络广播电视台（前身是宁夏电视台网） | 2016 年 1 月 6 日更名为宁夏网络广播电视台 | 宁夏广播电视台主办 | — |

① 张学霞．宁夏大众传播网络构建研究：1926—2018［D］．西安：陕西师范大学，2019：156-157.

续表

| 网站名称 | 创办日期 | 创办/主办单位 | 备注 |
| --- | --- | --- | --- |
| 固原新闻网 | 前身是 2008 年 9 月创办的固原日报数字报网站，2010 年 9 月改为固原新闻网 | 固原日报社创办 | 宁夏重点新闻网站 |

注：引自张学霞．宁夏大众传播网络构建研究：1926—2018［D］．西安：陕西师范大学，2019：158.

我国新闻网站发展已有十五年左右的时间。1995 年 1 月 12 日，神州学人网首开国内互联网信息服务先河，开始针对在外留学人员提供国内新闻信息服务。神州学人网的创办对国内网络新闻宣传事业产生了重大影响，成为国家首批对外宣传平台。同年，中国新闻网在香港上线。随后在 1995 年 10 月 29 日，《中国贸易报》开通网络版，成为中国报纸开通电子版的标志性事件。1997 年 1 月 1 日，人民网上线，它是《人民日报》建设的以新闻为主的网络信息交互平台。同年，新华网上线。此后 1998 年、1999 年开始出现中央和地方媒体上网的热潮。2000 年，我国已有新闻网站 2000 多家，当时全国共有新闻媒体 10000 多家，其中五分之一都已开通了新闻网站，民族自治区的新闻网站也大多于此时开通。也就是说，民族自治区新闻网站的发展几乎是和国家新闻网站发展同步。目前，我国已经形成涵盖国家级重点新闻网站、省级重点新闻网站、市级重点新闻网站、媒体类新闻网站以及商业综合性新闻网站在内的新闻网站新发展格局。和传统媒体体制结构大致相同的是，包括民族自治区网站在内的地方新闻网站也主要是垂直式结构特征，即民族自治区新闻网站主要包括中央主要新闻媒体新闻频道、省级新闻网站、市级新闻网站、媒体新闻网站以及具备转载新闻资质的商业网站。与其他省区不同的是，一些民族自治区还拥有一定数量和规模的其他语言文字的新闻网站。也就是说，民族自治区已经形成多层次、多类别、多语种的新闻网站传播网络。从力量对比和发展现状来看，民族自治区新闻网站传播网络中，省级新闻网站占主导，市级新闻网站和媒体新闻网站以及商业新闻网站起着重要的支撑作用。

## 第四节 民族自治区新新媒体发展广泛而深入

数字技术、云计算、大数据等的发展使媒介更新迭代、风驰电掣，似闪电迅雷，并呈现出强大的驱动力。从国外发展情况来看，新新媒体在“阿拉伯之春”和“占领华尔街”运动中脱颖而出，也在美国政党政治和竞选活动中闪亮发光。从国内发展情况来看，新新媒体已经跨越了媒介形态的界限，其网络、渠道、平台和终端的作用和价值日渐凸显，并被人们普遍认可。其影响力被广泛重视，发展理念深入人心，并呈现出万马奔腾、一日千里的发展态势。民族自治区的新新媒体发展和国家新新媒体的发展同步，也呈现出蓬勃发展的态势。

### 一、民族自治区庞大的政务微博群已经成型

本研究将政务微博、政务微信、政务头条号、媒体微博、媒体微信等统称为“新新媒体”。“新新媒体”和报纸、期刊、广播、电视等传统媒体以及网站、博客、论坛等新媒体相比，它的界定性特征主要表现为以下几个方面。其一，每个消费者都是生产者；其二，能免费获取信息；其三，相互竞争和催化；其四，不限于搜索引擎和电子邮件的功能；其五，最终将超越用户的控制。也就是说，新新媒介的用户被赋予了真正的和充分的权利，可以选择生产和消费新新媒介的内容，这些内容又是其他新新媒介消费者/生产者提供的。用户们提供了消费者/生产者共同体。这是旧媒介时代没有的共同体①。

政务微博是政府主动适应互联网时代政务信息供给需求的产物。伴随着社交化媒体的演进及电子政务的勃兴，政务微博逐渐演变成信息传播与社会治理功能交织的新媒体平台②。政务微博在信息发布、舆论引导、舆情监测、突发事件应对、政务服务乃至社会治理等方面都具有重要的作用。它经历了两个发展阶段：2009 年至 2013 年是它的成长阶段，2013 年至今是政务微博的成熟阶段。成长阶段中，政务微博主要形成了信息发布模式。2013 年跨入爆发式发展阶段

---

① 莱文森．新新媒介［M］．何道宽，译．上海：复旦大学出版社，2016：5-7.

② 张学霞，鲍海波．政务微博功能属性研究与应用分析：以“@ 问政银川”为例［J］．北方民族大学学报（哲学社会科学版），2016（4）：111．

及成熟阶段后，政务微博的功能和属性进一步拓展。除了延续早期信息发布模式外，政务微博还逐渐形成了以提供政务服务、开展政务实践为主的另一种发展模式——社会治理模式①。

政务微博与媒体微博、企业微博这两类组织性微博相比，它具有以下独特的优势。首先，功能多样。它除了具有信息发布、舆情引导、突发事件应对、网络舆情监测等功能外，还具有政府形象塑造，开展新公共服务，从事政治动员，实现政府政策公开化、管理社会化，以及开展社会治理等诸多功能。其次，有些政务微博能直接提供政务服务，直接开展政务监督，并直接从事政务实践，具有强制性的特征。再次，政务微博有国家相关政策、系列文件等强有力的支撑。2013 年至 2018 年，国家相关部门印发了系列关于政务公开等意见、通知和实施细则。2013 年，国务院办公厅印发了《关于进一步加强政府信息公开回应社会关切提升政府公信力的意见》。2014 年，国家网信办通知要求各地网信部门推动党政机关、企事业单位和人民团体应用即时通信工具开展政务工作。2016 年 2 月，中共中央办公厅、国务院办公厅印发《关于全面推进政务公开工作的意见》；7 月 30 日，国务院办公厅发布《关于在政务公开工作中进一步做好政务舆情回应的通知》；11 月，国务院办公厅印发《〈关于全面推进政务公开工作的意见〉实施细则》。2017 年 1 月，中共中央办公厅、国务院办公厅印发《关于促进移动互联网健康有序发展的意见》；3 月，国务院办公厅发布《2017 年政务公开工作要点》；6 月国务院办公厅政府信息与政务公开办公室发出《关于进一步做好政务新媒体工作的通知》。2018 年 6 月，国务院办公厅印发《进一步深化“互联网+政务服务”推进政务服务“一网、一门、一次”改革实施方案》；12 月，国务院办公厅发布《关于推进政务新媒体健康有序发展的意见》②。这些意见、通知和实施细则等都为各地方政府开展政务新新媒体应用提供了保障，也推动了政务微博、政务头条号等的发展。

截至 2019 年 12 月，我国经过新浪平台认证的政务机构微博数量为 13.9 万个。31 个省（区、市）均已开通政务机构微博。其中，河南省各级政府共开通政务机构微博 10185 个，居全国首位；其次为广东省，共开通政务机构微博

---

① 张学霞，鲍海波．社会治理式政务微博的优势、局限及发展面向［J］．北方民族大学学报（哲学社会科学版），2019（3）：131.

② 张学霞，鲍海波．社会治理式政务微博的优势、局限及发展面向［J］．北方民族大学学报（哲学社会科学版），2019（3）：133.

9587 个①。近年来，微博受微信、抖音、快手等新新媒介应用的影响，增长速度开始放缓，用户数量开始下滑，但是五个民族自治区政务微博的数量仍在增长。截至 2019 年，新疆政务机构微博数量达到 3327 个，西藏政务机构微博数量为 361 个，新疆政务机构微博数量达到 3896 个，广西政务机构微博数量达到 3429 个，宁夏政务机构微博数量达到 1625 个。（详见表 2-12）

**表 2-12 2015—2019 年民族自治区政务机构微博数量**

| 年份 | 民族自治区政务机构微博数量（个） | | | | |
|---|---|---|---|---|---|
| | 新疆地区 | 西藏地区 | 内蒙古地区 | 广西地区 | 宁夏地区 |
| 2016 | 3151 | 274 | 3278 | 3053 | 1221 |
| 2017 | 4208 | 358 | 4207 | 4206 | 1874 |
| 2018 | 3294 | 310 | 3804 | 3342 | 1531 |
| 2019 | 3327 | 361 | 3896 | 3429 | 1625 |

数据来源：综合中国互联网络信息中心第 37 次、39 次、41 次、43 次、45 次中国互联网络发展状况统计报告的数据而成。

## 二、民族自治区政务头条号、政务抖音号实践正在开展

我国自 20 世纪 90 年代倡导电子政务以来，电子政务在创新政府治理、提高政府效率、提升政府服务效能等方面发挥了巨大的作用。它已成为我国各地方政府提升政务服务、实现治理现代化的重要工具。电子政务的发展经历了从新媒体时代的政府网站到新新媒体时代的政务微博、政务微信、政务头条号、政务抖音号等发展阶段。其间，主流媒体也积极联合政府共同搭建网络政务平台。如人民网建有《地方领导留言板》栏目。整体而言，政府网站、政务微博、政务微信、政务头条号②、政务抖音号等构成了当下我国电子政务的主要平台。

其中，移动电子政务已成为当下政府实现治理能力现代化的重要工具之一，以今日头条为代表的聚合类新闻客户端开始在移动电子政务中发挥作用。与政务微博、政务微信相比，政务头条号的优势在于，它的覆盖范围、覆盖人群更广泛，有效地填补了政务微博、政务微信尚没有覆盖到的区域和人群。同时，与政务微博、政务微信广泛、无针对性地传播政务信息不同的是，政务头条号

---

① 第 45 次中国互联网络发展统计报告［EB/OL］. 中国互联网络信息中心，2020-04-48.

② 政务头条号：指今日头条的政务公共信息发布平台。

能够根据精准的数据算法，高效投放个性化政务信息。另外，政务头条号的表现形式更加丰富和多元。短视频和 H5 落地页的形式更容易吸引到广泛的网络用户。最后，政务头条号在应对突发事件、舆论引导方面有着突出作用。它能在人工智能的帮助下，使关注的用户群体较快地了解事件真相，使舆情在短时间内迅速回归理性。

2019 年，我国 31 个省（区、市）均已开通政务头条号。各级政府共开通政务头条号 82937 个，比 2018 年年底增加 4757 个。开通政务头条号最多的省份是山东，共开通 8325 个政务头条号；开通数量在 3000 个以上的省份有 10 个①，其中就包括内蒙古和广西。政务头条号具有流动性强、覆盖面广、操作简便等特点，它的广泛应用有助于政府政务公开，也有助于创新信息提供和服务管理模式。同时，能够鼓励公民进行政治参与和利益表达，使政府能够及时回应公民需求。有利于提高政府公共服务效率和质量，进一步降低行政成本，也有利于更好地改善政府形象，拉近政府与公众的距离。政务头条号的广泛应用较好地体现了我国社会信息化水平持续提升、信息惠民便民利民的时代特征，也是国家构建服务型政府目标的具体体现。另外，公众对政务头条号的接触和使用可以提高公众对政府的信任度。政务头条号可以及时汇集公众对政府服务的意见和建议，能够帮助政府事前征求意见事后获得反馈，从而能够进一步加强民主决策。简而言之，以政务头条号为代表的移动电子政务的广泛、深入发展，能够加强政府社会治理过程中公民的参与度，也能推动政府治理的科学化。

民族自治区政务头条号的数量也和其他地区一样处于不断增长状态。2016 年，新疆政务头条号为 940 个，西藏政务头条号为 210 个，内蒙古政务头条号为 727 个，广西政务头条号为 1083 个，宁夏政务头条号为 179 个。2019 年，新疆政务头条号达到 1479 个，西藏政务头条号达到 396 个，内蒙古政务头条号达到 4108 个，广西政务头条号达到 3136 个，宁夏政务头条号达到 697 个。以上数据表明，政务头条号正在成长为政务信息传播与政务服务提供的新阵地。（详见表 2-13）

---

① 第 45 次中国互联网络发展统计报告［EB/OL］. 中国互联网络信息中心，2020-04-48.

表 2-13　2016—2019 年民族自治区政务头条号数量

| 年份 | 民族自治区政务头条号数量（个） | | | | |
|---|---|---|---|---|---|
| | 新疆地区 | 西藏地区 | 内蒙古地区 | 广西地区 | 宁夏地区 |
| 2016 | 940 | 210 | 727 | 1083 | 179 |
| 2017 | 1304 | 332 | 3064 | 2801 | 690 |
| 2018 | 1328 | 341 | 3745 | 2946 | 688 |
| 2019 | 1479 | 396 | 4108 | 3136 | 697 |

数据来源：综合中国互联网络信息中心第 37 次、39 次、41 次、43 次、45 次中国互联网络发展状况统计报告数据而成。

政务抖音号同样作为电子政务新阵地和新平台也在不断发展中。截至 2019 年，全国 31 个省（区、市）均开通了政务抖音号。各级政府共开通政务抖音号 17380 个。其中，开通政务抖音号最多的省份是山东，共开通 1175 个，开通最少的省份是西藏和宁夏。截至 2019 年年底，新疆共开通政务抖音号 353 个，西藏共开通政务抖音号 137 个，内蒙古共开通政务抖音号 825 个，广西共开通政务抖音号 495 个，宁夏共开通政务抖音号 138 个。政务抖音号的发展尚处于起步探索阶段，运营模式尚未成型，影响力还有待考察，故本研究仅介绍当前五个民族自治区政务抖音号的开通现状，不对其做深入探究。

整体而言，民族自治区新新媒体发展和应用正在火热进行中。政府网站、政务微博、政务头条号、政务抖音号等新媒体、新新媒体的发展，已成为地方政府了解社情民意的重要手段，成为社会公众参政议政的重要平台。与传统媒体的发展变迁不同的是，民族自治区新媒体、新新媒体的发展几乎是与全国其他地区的新媒体、新新媒体的发展演进同步。当作为新鲜事物的网站、微博、微信、头条号、抖音号开始在全国其他地区应用的时候，民族自治区也几乎同时开展了这些媒介新应用种群的普及应用。地区之间新媒体、新新媒体发展的差异性和不平衡性一直存在，但相较传统媒体发展而言，这种差异性和不平衡性在缩小。未来不同地区新媒体、新新媒体在发展过程中的差异性和不平衡性会长期存在，但数字技术的发展尤其是政府强有力的推动会在一定程度上弥补不同地区之间的信息数字鸿沟。

### 三、民族自治区媒体融合探索如火如荼

2013 年开始，我国政府开始大力倡导媒体融合。2013 年 11 月 12 日，《中共

中央关于全面深化改革若干重大问题的决定》提出："整合新闻媒体资源，推动传统媒体和新兴媒体融合发展。"① 2014 年 8 月 18 日，习近平总书记在中央全面深化改革领导小组第四次会议上发表讲话，再次强调推动媒体融合发展②。会议通过的《关于推动传统媒体和新兴媒体融合发展的指导意见》规制了媒体融合的范围、目标和步骤。2016 年党的新闻舆论工作座谈会上，习近平进一步提出"要推动融合发展"③。2018 年全国宣传思想工作会议上，习近平提出："要扎实抓好县级融媒体中心建设，更好引导群众、服务群众。"④ 2019 年 1 月 25 日，习近平在中共中央政治局第十二次集体学习时的重要讲话中，提出"推动媒体融合发展，要坚持一体化发展方向"，"各级党委和政府要从政策、资金、人才等方面加大对媒体融合发展的支持力度"⑤。在政策激励下，从中央到地方，我国传媒业开启了大规模媒体融合的探索之旅。民族自治区也不例外。

### （一）媒体融合概念解析

目前国内外对"媒体融合"和"媒介融合"的界定和认识并不一致。国外学者更习惯使用"媒介融合"这个概念，旨在强调媒介属性。如美国学界目前对媒介融合的界定主要包括：媒介融合是印刷的、音频的、互动性数字媒体组织之间战略的、操作的、文化上的联盟；媒介融合是各种媒介呈现出多功能一体化的趋势；媒介融合是一个新闻学上的假设；等等⑥。国内有部分学者使用了"媒介融合"这个术语，不过媒介融合仍是一个认识不一、模糊不清的概念，各种媒介融合实践仍处于不成熟探索阶段，有关媒介融合的种种论断都未形成科学的理论。⑦

南长森、石义彬认为，媒介融合是继"信息社会""第三次浪潮"和"后

---

① 中共中央关于全面深化改革若干重大问题的决定［M］. 北京：人民出版社，2013：39-50.

② 中央深改小组第四次会议关注媒体融合［EB/OL］. 传媒-人民网，2014-08-18.

③ 中共中央宣传部新闻局 . 习近平总书记党的新闻舆论工作座谈会重要讲话精神学习辅助材料［M］. 北京：学习出版社，2016（5）：7.

④ 习近平 . 举旗帜聚民心育新人兴文化展形象 更好完成新形势下宣传思想工作使命任务［EB/OL］. 中国共产党新闻网，2018-08-22.

⑤ 习近平 . 推动媒体融合向纵深发展 巩固全党全国人民共同思想基础［EB/OL］. 新华网，2019-01-25.

⑥ 张学霞 . 宁夏大众传播网络构建研究：1926—2018［D］. 西安：陕西师范大学，2019：172.

⑦ 赵星耀 . 认知媒介融合的既有理念和实践［J］. 国际新闻界，2011（3）：65.

工业社会”后的又一热点。这个概念仿佛披着一层神秘的面纱……不仅代表着让人眼花缭乱的新技术，仿佛还预示着天赋人权和民主自由的人类理想，同时也给发展策略、行业监管、资本积累、劳动关系、社会民主和大众文化带来种种互相制衡的矛盾和影响。① 鲍海波认为，媒介融合一是指将不同媒介形态融合在一起使其产生“质变”以形成一种新的媒介形态，如手机新闻客户端等；二是指包括一切媒介及其有关要素的汇聚、结合，甚至融合，不仅包括媒介形态融合，还包括媒介功能、传播手段、组织结构甚至所有权等要素的融合。换言之，媒介融合是信息传输渠道多元化下的新作业模式，是把报纸、广播、电视等传统媒体与互联网、手机、手持智能终端等新媒体与传播通道有效连接起来，实现资源共享，信息集中处理并衍生出不同形式的信息产品，然后通过不同的平台传播给最广泛意义上的“个性化”受众。② 按照这一理解，媒介融合主要包括媒介组织的融合、媒介资本的融合和传播手段的融合。其中，媒介组织的融合、媒介资本的融合就涉及传媒集团、传媒组织、传媒单位的融合，这也就是“媒体融合”的本意。

本研究认为，“媒体融合”包括媒介形态的融合、媒介功能的融合、媒介文化的融合、媒介组织的融合、媒介资本的融合乃至媒介组织、机构等的融合。因为“媒体融合”的内涵和外延要大于“媒介融合”，因此，本研究主要采用“媒体融合”这个概念。同时，对“媒体融合”“媒介融合”这两个概念并不做严格意义上的学术区分。有时两者可以相互替代使用。

2013 年被称为媒体融合元年。自这一年开始，我国传媒业开启了大规模的媒体融合的探索之旅。中央媒体和地方媒体都十分重视，将媒体融合作为系统性工程，从顶层设计、重大项目推进、保障措施的落实等一系列具体环节来加以推动，层层规划……为媒介融合的实现奠定了坚实的基础③。《人民日报》《光明日报》《广州日报》《浙江日报》等拉开了媒体融合的大幕，开始了媒体融合跨越式的探索和实践，并不断有所突破和创新。民族自治区也不例外，也开展了媒体融合的破冰之旅。不过，尚作为新生事物的媒介融合的探索和实践

---

① 南长森，石义彬．媒介融合的中国释义及其本土化致思与评骘［J］．陕西师范大学学报（哲学社会科学版），2012（3）：159.

② 鲍海波．媒介融合的媒介变革逻辑及其他［J］．长安大学学报（社会科学版），2016（2）：94.

③ 鲍海波．媒介融合的媒介变革逻辑及其他［J］．长安大学学报（社会科学版），2016（2）：95.

还更多地停留在传媒组织内部的融合和传播手段的融合阶段，处于一种尝试性行为中。鉴于媒介融合研究还处于西方理论变异和中国学术喧闹中①，媒介融合的逻辑还处于媒介变革逻辑、意识形态逻辑与市场逻辑的缠绕中②，媒介融合的实践还处于探索阶段，因此本研究就不再对媒体融合进行更深层次的理论探析，重点剖析民族自治区媒体融合实践。

### （二）新疆媒体融合发展呈现出起步快、发展迅速的态势

2014 年起，新疆报社、电台、电视台等传统媒体就积极投身于媒体融合的浪潮中。《新疆日报》《新疆都市报》《喀什日报》《乌鲁木齐市晚报》等纷纷建立了全媒体传播矩阵，通过新闻网站、微博、微信、移动客户端等新媒介、新新媒介传播方式，将报纸的内容通过不同的平台进行同步传播。新疆人民广播电台的新媒体平台系统有中亚之声网络电台和维、汉、哈、蒙、柯等五种语言新闻客户端。新疆电视台虎鱼网完成多种语种网络电视传播平台建设，实现了12 套电视节目全部在线直播、点播③。

新疆政务类主流媒体走在了媒体融合发展的前列，形成了规模、数量庞大的政务新媒体矩阵。主要包括“天山网”“中国喀什网”“最后一公里”等 16 家新媒体平台，以及新疆 1002 家政府网站、864 个政府公众微信平台和 53 个移动客户端④。其中，“最后一公里”是新疆互联网信息办公室于 2014 年 3 月创办的微信公众平台，它是由新疆维吾尔自治区党委宣传部领导，由天山网具体运营。创办之初就吸引了大量粉丝，一些原创稿件的浏览量达到数十万，有些甚至破百万。2014 年，“最后一公里”获“2014 年度十大政务传播力奖”，被评为全国地方政务类新媒体第二名。2015 年年底，“最后一公里”微信公众平台订阅用户超过 80 万人，移动客户端个人访问量和独立访问量每天超过 1000 万人次。“最后一公里”已成长为新疆兼具政务、服务及新闻信息传播等功能政务微信号的代表。

---

① 南长森，石义彬．媒介融合的中国释义及其本土化致思与评骘［J］．陕西师范大学学报（哲学社会科学版），2012（3）：159.

② 鲍海波．媒介融合的媒介变革逻辑及其他［J］．长安大学学报（社会科学版），2016（2）：94.

③ 胡可杨，李洪涛．媒体融合环境下新疆主流媒体转型研究［J］．新媒体研究，2017（17）：55.

④ 胡可杨，李洪涛．媒体融合环境下新疆主流媒体转型研究［J］．新媒体研究，2017（17）：55.

除此之外，新疆还首创了“区、地、县”三级联动的网络外宣平台——“零距离”。2015 年 1 月 17 日，新疆 15 个地州开通了百余个“XX 零距离”（如昌吉州零距离、伊犁州零距离等）微信公众号，形成了区地县三级联动的网络外宣平台①。全区地州市共有 117 个“零距离”，粉丝共计 500 多万。不仅包括主流媒体，新疆自媒体如 567 个民语网络资源、微信公众平台、移动客户端等也被纳入官方网宣工作体系。“新疆我的家”“XJ 土话大百科”“伊犁我的家”等个人创办的微信公众号也吸引了大量网民关注。

2018 年以后，新疆地区媒体融合建设开始加快。新疆日报社、乌鲁木齐晚报集团、乌鲁木齐广播电视集团等都积极开展媒体融合发展实践。这一年，新疆经济报社、天山网并入新疆日报社，新疆日报社媒体融合之旅自此开始加速。2019 年，新疆日报社上线新版“天山网”客户端。这一客户端的内容主要来自新疆日报社、新疆广播电视台新疆新闻联播、新广早新闻等主流媒体。同时它还生产了一些新媒体产品，致力于打造一个“资源通融、内容兼融、宣传互融、利益共融”的新型融媒体集团②。2018 年，乌鲁木齐晚报集团、广播电视集团开启融媒体中心建设，大力整合内部组织架构，统筹采编播发等平台，不断整合人力资源，积极打造全媒体传播矩阵。2019 年 5 月 30 日，这两大传媒集团融媒体中心挂牌成立。在此之前，乌鲁木齐晚报社就开始了新媒体转型发展的探索，为媒体融合发展奠定了前期的基础。2006 年，由乌鲁木齐晚报社主办的新闻网站——乌鲁木齐在线开通；2014 年 3 月 16 日，乌鲁木齐微博新闻发布厅，掌上乌鲁木齐手机端上线；2016 年 9 月 18 日，乌鲁木齐晚报社全媒体指挥中心成立，全媒体采编平台开始运行。《乌鲁木齐晚报》一半以上的产品是全媒体产品，短视频、H5、VR 成为新闻产品的标配③。2019 年，《乌鲁木齐晚报》获“中国融媒创新发展最具传播影响力城市晚报”称号，它的微信公众号获“中国融媒创新发展报刊微信公众号十佳”称号，它的 APP 获“中国融媒创新发展优秀 APP”称号。也就是说，乌鲁木齐晚报集团在媒体融合探索的道路上已经有着较好的积淀和开端。

新疆人民广播电台也开启了媒体融合发展的征程。新疆人民广播电台较早

① 李彧．微信公众号“最后一公里”的传播格局［J］．传媒，2016（7）下：57.
② 贾楚楚．新疆日报社媒体融合发展的实践与探索［J］．传媒，2019（6）下：29.
③ 张雨欣．《乌鲁木齐晚报》融媒体中心的建设与实践［J］．新媒体研究，2020（8）：92.

开办了传统媒体的新闻网站——新疆新闻在线。随后开通了“直播新疆”微博，打造了频率微信传播矩阵，上线了“丝路云听”APP。其中，新疆人民广播电台五种语言十二套频率都开设了微信公众号，这些微信公众号形成的微信矩阵的粉丝数超过140万。也就是说，新疆人民广播电台初步形成了以广播电台为基础，以新疆新闻在线为依托，以“直播新疆”微博平台、频率微信矩阵为延伸，以“丝路云听”APP为新端口的媒体融合格局。

### （三）西藏的媒体融合：已经出现一批全媒体矩阵和全媒体集群

在已经形成了报纸传播网络、期刊传播网络、广播传播网络、电视传播网络和新闻网站传播网络的基础上，西藏也形成了媒体微博、媒体微信、媒体客户端等传播网络。

截至2018年3月，西藏共有46002个微信公众号，其中登记备案的政务新闻类微信号有1109个，在总量中占比是2.4%。在阅读量前100的微信公众号中，政务新闻类有13个，占比13%。粉丝量排名前100的微信公众号中，政务新闻类有11个，占比11%。“西藏日报”等已成为西藏地区有影响力的微信公众号①。影响力较大的藏语或汉藏双语微信公众号主要有人民网藏文版、中国藏语广播CNR、阳光西藏、西藏日报藏文媒体、幸福西藏、格桑花V在线等。2018年，西藏政务、新闻客户端共有26个。其中有影响力的客户端主要有快搜西藏客户端，装机量111.1万；中国西藏之声网客户端，装机量32万；西藏日报客户端，装机量2万②。

西藏媒体融合实践正在开展中。西藏日报社、西藏人民广播电台、西藏电视台均建有种类多样、媒介形态齐全的全媒体集群。西藏日报社2014年年底成立了新媒体中心，已建成包括新闻网站、手机报、微博、微信、手机客户端等在内的全媒体集群。

西藏日报社主要包括以下全媒体矩阵：3个网站——中国西藏新闻网、快搜西藏网、拉萨党建网，1个网群（西藏74个县区政府网群），2个手机报——西藏手机报、拉萨党建手机报，3个微博——西藏日报、西藏发布、西藏商报，8个微信公众号——西藏日报、西藏发布、幸福西藏、今日西藏、西藏日报藏文

---

① 周德仓，吴江霞，王清华．改革开放40年西藏新闻事业的发展和重塑［J］．西藏民族大学学报（哲学社会科学版），2019（1）：43.

② 周德仓，吴江霞，王清华．改革开放40年西藏新闻事业的发展和重塑［J］．西藏民族大学学报（哲学社会科学版），2019（1）：43.

媒体、西藏法制、新西藏 TIBET、西藏找工作，2 个手机客户端——西藏日报手机客户端、快搜西藏手机客户端，1 个排行榜单。其中，快搜西藏客户端于 2015 年 5 月 1 日开通，该客户端以搜为主线，集资讯、美食、酒店、区域景点、文俗等为一体。截至 2018 年 7 月，快搜西藏客户端装机量为 1112035 次，总访问量超过 417.6 万人次，总浏览量逾 598.8 万人，日活跃用户超过 4 万人次①。另外，西藏 74 家县级政府新闻网站和综合藏文网站已于 2014 年 12 月 15 日建成，日均浏览量 7.6 万次。西藏 74 个县区政府网群纵向覆盖西藏各级政府，横向覆盖西藏所辖各系统，同时融合移动客户端、微信和微博等多媒介移动传播渠道，最终形成横向到边、纵向到底，分别管理、全面覆盖的西藏自治区政务移动新媒体矩阵②。此政务移动新媒体矩阵的完全实施和全部融合发展必将推动西藏媒体融合发展进入实质性新阶段。

西藏人民广播电台也建成了包括新闻网站、微信公众号、新闻客户端在内的新媒体集群。西藏人民广播电台新媒体集群主要包括以下媒介形态和媒体类型：5 套广播节目——藏语广播、汉语广播、藏语康巴话广播、都市生活广播、藏语科教广播，1 个网站——中国西藏之声网，3 个微信公众号——声动西藏、藏地之音、非常西藏，1 个客户端——西藏之声网手机客户端。其中，西藏之声网手机客户端于 2013 年开通，它是汉藏双语文字，主要包括新闻资讯、广播电视、视频、音乐和图库等内容。截至 2020 年 7 月 2 日，西藏之声网手机客户端累计用户总数 640345 人。

西藏电视台同样形成了媒介形态多元的新媒体阵地。主要包括以下媒体类型：1 个网站——牦牦 TV 网，3 个微信公众号——汉藏双语“阳光西藏”微信公众号、“最心灵”微信公众号、“爱特西藏”微信公众号，1 个客户端——爱特西藏客户端③。其中，牦牦 TV 网是西藏电视台于 2016 年 6 月开通的门户网站。截至 2018 年 7 月，牦牦 TV 网访问量达到 5100 万。“最心灵”微信公众号于 2015 年 2 月 11 日开通，主要面向西藏青年用户群体。截至 2018 年 6 月，“最心灵”微信公众号用户人数为 58065 人，西藏地区内用户占比为 60%。汉藏双语“阳光西藏”微信公众号于 2016 年 6 月 15 日开通。截至 2017 年 6 月，“阳光

---

① 詹恂，孙宇．西藏党媒“两微一端”的发展现状及传播力分析［J］．现代传播，2019（6）：145-146.

② 吴冰．融合发展与创新驱动［N］．西藏日报（汉），2016-08-23（7）．

③ 周德仓，吴江霞，王清华．改革开放 40 年西藏新闻事业的发展和重塑［J］．西藏民族大学学报（哲学社会科学版），2019（1）：44.

西藏”微信公众号已拥有用户 20 万，用户日均增长 300~350 人，平台点击量位居西藏媒体微信公众号首位。“爱特西藏”新闻客户端于 2016 年 6 月开通，截至 2018 年 7 月，“爱特西藏”的总装机量为 24819①。

（四）内蒙古媒体融合发展的步伐在加快

近年来，内蒙古各大主流新闻媒体纷纷加快了媒体融合的脚步。其中，《内蒙古日报》媒体融合探索的步伐不断加快。它已逐渐形成具有报纸、刊物、新闻网站、微博、微信、新闻客户端、互联网电子阅报栏、特色网络电视、微播音、特色微视频、传统户外大屏幕等多种传播形态的省域内专业的融媒体矩阵②。《内蒙古日报》媒体融合传播体系包括汉语、蒙古语、俄语等多种语言文字，5 条业务线，6 个融媒体编辑部构成的媒体融合发展中心，以及完备的三微一端发展平台。

2000 年初，内蒙古新闻网成立。随后《内蒙古日报》开通了新浪官方微博、人民网官方微博和腾讯官方微博。2014 年，“内蒙古手机报”“你好，内蒙古”移动新闻客户端（蒙汉文版）开通。“内蒙古手机报 · 呼和浩特版”“内蒙古手机报 · 新城区版”“内蒙古手机报 · 准格尔版”同步开通。同年，北方新报、正北方网和大草原网实现媒体局部融合。2015 年 4 月，内蒙古日报社融媒体创新性采编平台开通使用，蒙、汉综合性采编平台升级改造完成，音视图综合新闻中心项目启动建设。2016 年 6 月，内蒙古新闻网客户端、大草原网新闻客户端、纵横新闻客户端、索伦嘎斯拉夫文客户端、索伦嘎俄文网站客户端上线运行③。同年，内蒙古日报社融媒体中央厨房开通使用。初步建成了初具形态的融媒体新闻平台。这个平台主要包括由汉、蒙文媒体中心组成的多语种媒体平台，媒体中央厨房、融媒体中心、音视图中心，多内容管理系统后台、数据中心等。也就是说，在短短几年时间内，内蒙古日报文化传媒集团按照中央部署并结合内蒙古媒体运营实际和传统媒体受众、互联网用户的需求，在顶层设计、项目建设、流程再造等方面不断发力，在内容采编发、技术支撑、平台运营、日常管理等方面不断创新，积极推动《内蒙古日报》媒体融合发展向纵深

---

① 詹恂，孙宇．西藏党媒“两微一端”的发展现状及传播力分析［J］．现代传播，2019（6）：145-146.

② 贾慧芳，张瑾燕．少数民族地区主流媒体的转型与融合：以内蒙古日报传媒集团为例［J］．传媒论坛，2019（6）：13.

③ 贾慧芳，张瑾燕．少数民族地区主流媒体的转型与融合：以内蒙古日报传媒集团为例［J］．传媒论坛，2019（6）：13.

层面推进。

《内蒙古晨报》也正走在积极探索媒体融合的道路上。2019 年 1 月 1 日，《内蒙古晨报》融媒体指挥中心成立，开始探索一次采集、多种生成、多元传播、一体化采编发的融媒体转型模式。《内蒙古晨报》融媒体中心主要包括以下媒体类型和媒介形态：1 份报纸——《内蒙古晨报》，1 个新闻网站——内蒙古晨网，1 个微博——内蒙古晨报，1 个微信公众号——内蒙古晨报，1 个腾讯微视账号——内蒙古晨报，1 个安卓平台的客户端——内蒙古头条。截至 2018 年年底，内蒙古晨报官方微博粉丝数为 454 万人；内蒙古晨报微信公众号的粉丝数为 82160 人，原创文章 538 篇。全年发布 2846 篇文章，发布次数为 761 次；总阅读量是 792 万+，平均单篇阅读量 2783，全年收到 2 万+个赞，影响力超过了清博指数 97%的公众号①。

内蒙古广播电视台也在积极探索媒体融合。2018 年年底，内蒙古广播电视台成立媒体融合领导小组，谋求从全局角度规划融合发展工作。内蒙古广播电视台已初步形成全媒体传播体系，主要包括以下媒体类型和媒介形态：9 套广播频率——蒙古语广播、草原之声对外广播、新闻综合广播、新闻广播、交通之声广播、经济生活广播、音乐之声广播、评书曲艺广播、绿野之声农村牧区广播；8 套电视频道——蒙古语卫视频道、蒙古语文化频道、汉语卫视频道、新闻综合频道、经济生活频道、文体娱乐频道、影视剧频道（后改为农牧频道）、少儿频道；2 个网站——腾格里网、腾格里蒙古文网；2 个官方微博（新浪腾讯各 1 个）；1 个微信公众号——开通爱播；2 个客户端——腾格里新闻客户端、腾格里蒙古文客户端②。2017 年，内蒙古广播电视台启动中央厨房项目建设。

除了内蒙古广播电视台在积极探索媒体发展实践外，内蒙古各盟市广播电视台也在积极探索媒体融合发展。呼和浩特广播电视台开发的集电视、新闻网站、微信、新闻客户端为一体的全媒体产品——《青城眼》，深得区域内受众的青睐。《青城眼》依托于呼和浩特广播电视台同名电视栏目，以“创城”和“环境整治建设”为主要内容，联通同名微信公众平台和新媒体移动客户端进行共同传播，从而初步形成了多媒介形态的立体化传播渠道③。2018 年 1 月 5 日，

---

① 邬宇皓.《内蒙古晨报》融媒体转型策略研究［D］. 呼和浩特：内蒙古师范大学，2019：14-15.

② 包玉明. 内蒙古广播电视台媒体融合发展对策思考［J］. 新闻论坛，2019（2）：58-59.

③ 黄莉. 媒介融合背景下地方媒体民生内容的全媒体品牌塑造：以呼和浩特市“青城眼”为例［D］. 呼和浩特：内蒙古大学，2019：8.

"青城眼"移动客户端开通使用。《青城眼》作为一个全新的融媒体产品，它的定位不是综合性的时政媒体，也不同于传统的电视，它致力于将自身打造成当地"政民连接"的新新媒体平台。它的特色之一在于积极打造立体化的内容分布渠道。一方面充分利用报纸、广播、电视等传统主流媒体进行传播，另一方面积极开拓新闻网站、微信、移动客户端等新兴媒体平台进行传播，从而形成了多媒介形态制作多媒体平台播出的立体化传播格局。《青城眼》已形成了以同名新闻客户端为核心，以网站专题报道和微信公众号为两翼，以传统媒体平台为辅助的新媒体集群①。

此外，乌海市、巴彦淖尔市、包头市、鄂尔多斯市等也都完成了融媒体中心建设，它们在流程改造、内容生产以及播发等方面不断积极探索着。

### （五）广西媒体融合在加速推进中

2015年起，广西媒体融合开始加速推进。党报党刊、电台、电视台、重点新闻网站等纷纷建设移动新闻客户端、云平台等，在实现媒体融合的征程上大步向前。其中，广西日报传媒集团已构建起包括传统媒体、新媒体、新新媒体在内的全媒体传播格局，成为广西媒体融合中媒介形态较为齐全、传播影响力较强、技术和人员较为完备的传媒组织。广西电视台也构建起以八大频道为纽带，以网站、IPTV、微博、微信、移动多媒体、手机客户端等新媒体、新新媒体为传播平台的立体融合发展格局。北部湾在线新闻网站也不断通过广播、电视、互联网、移动通信网等多媒体平台，推动传统广播节目向音频化、视频化发展，逐步实现直播、点播和双向实时互动。北部湾在线自主研发上线的"微路""爱北圈"等手机客户端，较好地将传统媒体的内容和新新媒体平台连接起来。

2017年，广西22家自治区、市级广电媒体已开办了23个网络视听网站，形成了以广西网络广播电视台官网、北部湾在线、老友网、桂视网等为主体的视听网站群。同时，各级广播电视媒体在大量开通微博、微信后，打造了一批以视频新闻和互动直播为主业的视听新闻客户端。广播、电视、视听网站、微博、微信、视听新闻客户端等多种媒介形态共同组成了广西视听媒体融合发展的平台。2018年7月26日，广西广电融合媒体云上线运营，首批十多家区、市、县媒体已入驻云平台，开始依托广西广电融合媒体云开展媒体融合业务。

---

① 黄莉. 媒介融合背景下地方媒体民生内容的全媒体品牌塑造：以呼和浩特市"青城眼"为例［D］. 呼和浩特：内蒙古大学，2019：21.

《广西日报》媒体融合之旅开始得较早。在开始媒体融合探索之前，广西日报传媒集团已经拥有6报3刊4网站、微博、微信、系列新闻客户端等多媒介形态组成的报、网、微、端全媒体传播体系。其中，《广西日报》发行量在24万份左右。《南国早报》是广西发行量最大的都市报；广西新闻网是广西最大的新闻门户网站；广西日报新浪法人微博在广西媒体微博中的影响力和活跃度常年居第一，2015年10月，跃居“全国媒体势力排行榜”省级党报第一位；2016年1月11日，广西日报微信公众号荣获“微信年度优秀媒体公众号”称号，成为广西地区唯一获奖的媒体公众号；广西日报新闻客户端是广西目前最具影响力的媒体客户端。广西日报社在发展过程中拥有的报纸、期刊、新闻网站、手机报、微博、微信、手机客户端等多种媒介形态为后期的媒体融合奠定了坚实的前期基础。

2013年6月2日，《广西日报》新媒体部成立。11月8日，《广西日报》推出“广传魔码”客户端，成为全国省级日报中首家将二维码（QR）与增强现实（AR）技术相结合的省级党报集团①。“广传魔码”的出现加快了《广西日报》由“报网互动”迈向“报网融合”的进程。2015年，广西日报传媒集团启动了广西新闻网移动新媒体项目。旨在通过重点建设广西手机报、广西网络电视、移动客户端及WAP网站、报业二维码应用等，通过打造传统采编流程再造平台、“智慧媒体”大数据平台、中国—东盟资讯网等平台，加速推动广西传统媒体与各类移动新媒体之间的深度融合②。截至2015年，广西日报传媒集团共建立35个微博公众账号，100多个经过认证的编辑记者个人微博账号，5个微信公众号，5个手机客户端，即广西日报传媒集团已经形成了新新媒体矩阵。2016年7月，广西日报传媒集团成立全媒体采编中心，全力打造“中央厨房”。12月，启用方正畅享全媒体采编系统。该系统通过新闻采编生产流程的采集、编辑、发布、存储、互动等环节，可实现新闻采编生产流程的统一管理，实现新闻生产流程再造，能够打通集团各报、网、端、微的壁垒，建立全媒体协同报道机制③。同时，广西日报传媒集团启动全媒体智慧指挥监测中心建设。该监测中心能够抓取查看最新互联网热点、热词，也能够展示查看竞媒互联网、数字

---

① 广西日报新媒体：做新舆论场中的“新党报”［EB/OL］. 中国网信网，2015-02-11.

② 广西日报新媒体：做新舆论场中的“新党报”［EB/OL］. 中国网信网，2015-02-11.

③ 乔晓莹. 媒介融合发展形势下地方党报“中央厨房”建设研究：以广西日报传媒集团为例［D］. 南宁：广西大学，2017：44.

报的内容，还能监控稿件入库发布渠道数量，等等。

同时，广西日报传媒集团积极探索县级融媒体发展道路。2018 年 4 月，广西日报客户端升级为广西云客户端，上线当天已有 24 个县级代表签订县级分端建设意向书。广西云同时开通“广西号”，入驻单位包括各级党政机关、社会团体、企事业单位、主流媒体等。2018 年 12 月，广西云客户端县级分端已实现广西全覆盖①。“广西云”全面开通广西 14 个区市和 111 个县级分端，构建起“1+14+111”的党端矩阵。

梧州日报社也在大数据、云计算全媒体技术的推动下，加快了从“互联网+”到“全媒体+”的媒体融合实践的探索进程。2009 年，梧州零距离网站开通，就此拉开了梧州日报社新媒体运营的序幕。2013 年，梧州日报社整合了旗下《梧州日报》《西江都市报》和梧州零距离网站，初步实现了新闻信息采编发和储存于一体的技术平台和统一的协调运作。2014 年，梧州日报社上线“新闻梧州”手机客户端，开通了“梧州零距离”“梧州日报”“西江都市报”微信公众号，初步形成了由网站（PC 端）、手机移动客户端、两微以及手机报组合而成的新媒体矩阵②。2015 年 4 月，梧州日报社成立梧州零距离网络公司。截至 2016 年 12 月，梧州零距离网络公司代运营的媒体平台达到 14 个。梧州日报社由报纸、新闻网站、手机报、微博、微信、手机客户端等组合而成的新媒体矩阵已经成型，为开展媒体融合打下了较好的前期基础。2017 年 6 月，梧州日报社媒体融合工作全面启动。10 月，报社开始打造“梧州新空云”。2018 年 3 月 28 日，梧州日报社“融媒小厨”试运行启用，全媒体新闻报道指挥平台基本建成，可实现“五个方面”的全面发展，即全媒体平台、全业务模式、全流程、全覆盖、全扩展③。同一年，梧州市融媒体中心稿件共享平台，市、县、镇三级联动平台稿件共享系统也已经搭建完成并进入试运行阶段。稿件共享平台的运行为搭建融媒体传播的媒体生产格局提供了便利。

同时，广西不断推进县级融媒体中心建设。2019 年 1 月，桂林 17 个县（市、区）融媒体中心挂牌成立，成为广西率先实现县级融媒体中心全覆盖的地级市，构筑了广西体量最大的县级融媒体传播矩阵，成为广西县级融媒体中心

---

① 殷乐 . 2018 年中国媒体融合发展报告［J］. 中国广播电视学刊，2019（2）：16.

② 邱洁玲，严锦辉 . “全媒体+”视域下的“梧州探索”：梧州日报社媒体融合案例分析［J］. 新闻潮，2019（2）：18.

③ 邱洁玲，严锦辉 . “全媒体+”视域下的“梧州探索”：梧州日报社媒体融合案例分析［J］. 新闻潮，2019（2）：19.

建设的典范。其中，平乐县融媒体中心入驻中央广播电视总台全国县级融媒体智慧平台——央视新闻移动网矩阵。桂林成为广西首个入驻央视县级融媒体智慧平台的地级市①。

综上，广西融媒体发展和其他省区融媒体发展一样，正如火如荼地进行中。有一些媒体取得了一些成绩，也有一定的发展借鉴意义。大多数媒体还在试水和积极探索中。

### （六）宁夏与全国大多数地方媒体融合发展的进程基本同步

宁夏大多数传媒组织媒体融合探索的步调基本与全国大多数地方媒体一致，或刚刚开始起步，或尚未成型，大多也是停留在传媒组织内部融合和传播手段融合层面②。媒体融合的潜在前置条件是拥有丰富多元的传统媒体、新媒体和新新媒体。前文所述相关数据已经表明，宁夏已经拥有了包括报纸传播网络、期刊传播网络、广播传播网络、电视传播网络、新闻网站传播网络在内的相对完整的大众传播网络。除此之外，宁夏还拥有媒体微博传播网络、媒体微信传播网络。

2003 年至 2019 年，宁夏大多数传统媒体都开通了微博、微信。2010 年 11 月，《新消息报》率先开通了新浪官方微博，又于 2011 年 5 月开通了腾讯微博。2012 年，《华兴时报》开通了新浪和腾讯官方微博。2013 年 8 月，《宁夏日报》也开通了新浪和腾讯官方微博。2014 年，《宁夏日报》成立了微博运行机构，设微博总监职位。2013 年 8 月底，宁夏广播电视总台开通了新浪官方微博。此后，宁夏大多数传统媒体都纷纷开通了微博。2012 年以后，宁夏大多数传统媒体和新闻网站在开通了微博以后，也大都开通了媒体微信。2012 年，《新消息报》开通了微信公众号。2013 年 11 月，《华兴时报》开通了微信公众号。2014 年，银川广播电视台开通了微信公众号……截至 2016 年 2 月，宁夏传统媒体开办的微信数量已超过 80 家。截至 2019 年 8 月 15 日，仅清博大数据榜单上出现的宁夏媒体微信、政务微信总数就已达到 200 多个③。其中，2019 年宁夏第一季度、第二季度媒体微信公众号传播指数排行中，《银川晚报》持续霸占了宁夏

---

① 李丽明．打造“四全媒体”走好媒体融合之路［J］．新闻潮，2019（6）：16.

② 张学霞．宁夏大众传播网络构建研究：1926—2018［D］．西安：陕西师范大学，2019：174.

③ 张学霞．宁夏大众传播网络构建研究：1926—2018［D］．西安：陕西师范大学，2019：169.

媒体榜单第一的位置。

除了“两微”传播网络外，宁夏部分媒体还创办了独立的客户端。如《银川晚报》创办了“银川新闻”客户端，银川广播电视台于 2015 年 8 月创办了“银川手机台”客户端，固原日报社新闻客户端也于 2016 年 3 月 29 日上线。同时还涌现了一批诸如宁夏新闻 APP、银川广播电视 APP、银川网 APP 等客户端应用①。尽管宁夏媒体客户端、媒体微博、媒体微信等网络用户的点击量、阅读率、浏览量、互动指数、用户黏性等相对不高，且除了“银川新闻”等极少数的客户端还在正常运行外，大多数的 APP 已很难看到它的应用情况，但宁夏媒体微博、媒体微信、媒体客户端的应用和探索实践均为媒体融合提供了一定的积累。

银川日报社的融合实践走在了宁夏媒体融合实践中的前列。2018 年，银川日报社已形成全媒体传播网络，多层次、立体化的全媒体体系“2+4”传播体系已经成型。银川日报社“2+4”传播体系主要包括 2 份报纸——《银川日报》《银川晚报》，1 家新闻网站——银川新闻网，1 个微博微信矩阵，1 个银川发布 APP，以及 200 多块多媒体党报阅报屏等四部分。其中，多媒体党报阅报屏近 200 多台，主要分布在银川市主要街道、小区、公交站点、公园、银行、税务等单位窗口位置。4 个系列 7 个新闻类微博和微信公众号主要是指银川日报、银川晚报、银川新闻网、银川发布等 10 多个垂直细分化的微博微信公众号。这些媒介资源及载体共同形成了银川日报社党报、党网、党端、党屏的全媒体全覆盖体系。

银川日报社在构建了“2+4”传播体系的基础上，又于 2016 年 2 月 1 日起运行中央控制室，开启了全媒体融合探索的征程。2016 年 3 月 10 日，银川日报社召开媒体融合暨全媒体运营推介会。它媒体融合的规划是，通过融合《银川日报》《银川晚报》、银川新闻网、新闻类官方微博微信矩阵、多媒体党报阅报屏等媒体平台和终端，“实现信息内容、技术应用、平台终端、人才队伍等共享融通，形成一体化的组织结构、传播体系和管理体制，做到一次采集，多次生成，多元发布。”② 为此银川日报社进行机构调整，组建全媒体编委会，组建了

① 张学霞. 宁夏大众传播网络构建研究：1926—2018［D］. 西安：陕西师范大学，2019：166.

② 季红. “互联网 +”背景下银川日报社媒体融合发展之路［J］. 中国地市报人，2016（5）：24.

四个以中央控制室为核心的全媒体中心。这一中央控制室集合了信息聚合、分发、指挥、协调等功能。其中，采集中心负责所有平台的新闻采写工作，全媒体发布中心则结合不同媒介的功能、属性、特征要求以及定位等不同情况，对新闻稿件进行差异化、个性化编辑和发布。发布顺序为“先微后网再报纸”。重要新闻、重大新闻、突发性新闻等首先在微博微信矩阵、网站首发，然后再在报纸上刊发，需要深加工的新闻则由报纸刊发①。

在媒体融合的语境下，银川日报社媒体融合的探索和实践走在了宁夏大众传媒媒体融合探索发展的前列。银川日报社旗下的新媒体平台总粉丝量已接近100万，影响力还在不断扩大。宁夏其他传媒机构也在积极探索媒体融合，如宁夏日报社将2016年、2017年定为媒介融合年，对媒介融合的探索与实践也在持续开展。

① 张学霞．宁夏大众传播网络构建研究：1926—2018［D］．西安：陕西师范大学，2019：176-177.

# 第三章

# 民族自治区大众传播网络发展的问题及发展机制

中国特色社会主义已进入新时代。党的十九大报告指出，当前国内外形势正在发生深刻复杂变化，我国发展仍处于重要战略机遇期，前景十分光明，挑战也十分严峻。面对世界经济复苏乏力、局部冲突和动荡频发、全球性问题加剧的外局环境，我国经济发展进入新常态，也取得了改革开放和社会主义现代化建设的历史性成就。国内生产总值2023年超过126万亿元，增长5.2%，增速居世界主要经济体前列。在国家经济建设取得重大成就的同时，我国五个民族自治区的生产总值、人均地区生产总值、人民生活水平、人均可支配收入均获得快速提升。基础设施、生态环境、教育得到明显改善，大众传播网络也获得了全面快速的发展。但是，民族自治区大众传播网络在演变的过程中，也存在很多的发展问题。

## 第一节　民族自治区大众传播网络发展面临的问题

民族自治区的大众传播网络已经分别、独立地形成了包括传统媒体、新媒体、新新媒体在内的全媒介形态的、现代化的传播体系和传播格局。它们在传递国家话语，增强国家认同，提升中华民族凝聚力，强化对外传播，维护意识形态安全，以及促进国家和地方发展等方面发挥着独特的功能和作用。“当前，国内外形势正在发生深刻复杂变化，我国发展仍处于重要战略机遇期，前景十分光明，挑战也十分严峻。”① 在当前“前景十分光明，挑战也十分严峻”的社会大背景下，民族自治区大众传播网络也面临着较严峻的发展问题。

---

① 习近平．决胜全面建成小康社会　夺取新时代中国特色社会主义伟大胜利：在中国共产党第十九次全国代表大会上的报告［EB/OL］．新华网，2017-10-27.

## 一、大众传播网络规模庞大，但影响力有限

1921 年中国共产党成立以后，少数民族地区的报业①就开始发展开来。“中国共产党的成立为少数民族地区报纸的发展注入了新的活力，党报和统一战线报刊的出现是少数民族报刊史上标志性的转变。”② 尤其是 1922 年，中国共产党提出实行民族区域自治政策之后，少数民族地区宣传共产党政治主张的报纸发展更加迅猛。“这些报纸为马克思列宁主义在中国的传播，为统一战线的建立和巩固，为中国共产党领导的解放战争的胜利都发挥了巨大的功能，做出了积极的贡献。”③ 1949 年以后，国家对少数民族地区实行民族区域自治制度和民族地区扶持发展政策。至 1956 年，《西藏日报》（汉文版）创刊时，我国大陆 29 个省、自治区、直辖市党委均创办了机关报，少数民族地区报刊进入了新的发展阶段。20 世纪 50 年代，我国少数民族文字报纸已有 21 种。20 世纪 60 年代前后，绝大多数已有文字的少数民族都兴办了自己的报纸，除蒙、藏、朝、维、哈、锡伯等民族文字报纸在过去已创办外，这个阶段又有柯尔克孜文、傣文、景颇文、傈僳文、壮文等报纸继续创办④。

从文字种类上看，我国有文字的少数民族大多都创办了自己的报纸；从地域上看，从中央到边疆，基本上都有了少数民族文字的报纸。除此之外，少数民族地区还逐渐形成了以省级党报为核心的多层次、多文字的党报体系，汉文版以及汉文与某种或多种少数民族语言文字共同出版的党报开始出现⑤。1993 年，我国少数民族地区报纸有 200 种，其中用少数民族语言文字出版的报纸有 91 种。2006 年，我国少数民族文字报纸共 99 种，用 13 种民族文字出版。少数

---

① 这里所说的“少数民族报业”既指以少数民族文字出版的报刊，也包括少数民族地区出版的汉文报刊。具体参见白润生，荆琰清．中国共产党成立以来的少数民族报业［J］．中国报业，2011（11）：27.

② 白润生，荆琰清．中国共产党成立以来的少数民族报业［J］．中国报业，2011（11）：27.

③ 白润生，荆琰清．中国共产党成立以来的少数民族报业［J］．中国报业，2011（11）：27.

④ 白润生，郑旭南．少数民族新闻传播六十年［C］//复旦大学信息与传播研究中心，复旦大学新闻学院．“传播与中国·复旦论坛”（2009）——1949—2009：共和国的媒介、媒介中的共和国论文集．2009：106.

⑤ 白润生，荆琰清．中国共产党成立以来的少数民族报业［J］．中国报业，2011（11）：27.

民族文字杂志223种，用10种民族文字出版。“此外，还不断涌现出新的少数民族文字报纸，彝文、苗文、侗文、布依文、新老傈僳文、纳西文、载佤文等更多的少数民族语言文字被搬上报纸这个传播平台。”① 2000年以来，我国民族自治区已形成了以党报为核心，以都市报、晚报、行业报等为主要补充的多层次、多地域、多种类、多文字的现代化报纸传播网络。

同时，五个民族自治区也分别形成了独立的、规模庞大的、层次多、覆盖范围广、收听收看人群广泛的广播电视传播网络。其中，我国少数民族语言广播已有七十多年的发展历程。“1946年7月1日，吉林延吉新华广播电台的朝鲜语节目开播，1947年8月15日，牡丹江广播电台的朝鲜语节目开播，它们是我国解放区最早建立的少数民族语言广播。”② 1949年以后，中央人民广播电台于1950年5月22日开办了藏语节目，成为我国第一个开办的少数民族语言广播。此后，中央人民广播电台又陆续开办了蒙古、朝鲜、维吾尔、壮、哈萨克等少数民族语言的广播节目。继中央人民广播电台开办少数民族语言广播节目之后，我国民族区域自治地方和多民族聚居的内蒙古、新疆、西藏、青海、四川、云南等省区也先后办起了少数民族语言广播。据不完全统计，截至1994年年底，中国共有165个广播电台、站（含调频广播）办有蒙古、藏、维吾尔、苗、彝、壮、布依、朝鲜、侗、瑶、白、哈尼、哈萨克、傣、傈僳、佤、拉祜、水、纳西、景颇、柯尔克孜、羌、土、锡伯等24种少数民族语言广播节目。“举办这样多语种的广播节目在当今世界各国中是绝无仅有的。”③ “中国少数民族语言电视节目是20世纪70年代出现的。1970年，新疆电视台率先开办维吾尔语电视节目。之后，内蒙古、延边、西藏等地区也陆续开办了蒙古语、朝鲜语和藏语电视节目，新疆电视台还增办了哈萨克语电视节目。”④ 在这五十年的发展历程中，民族自治区形成了普及度最高、覆盖范围最大、收视人群最广泛的电视传播网络。截至2018年，五个民族自治区电视节目人口综合人口覆盖率均超过98%。

另外，民族自治区还逐渐形成了包括新闻网站、政府网站、手机报、政务微博、媒体微博、政务微信、媒体微信、移动客户端、政务头条号、政务抖音

---

① 白润生，荆琰清．中国共产党成立以来的少数民族报业［J］．中国报业，2011（11）：28.

② 林青．中国少数民族广播电视发展史［M］．北京：北京广播学院出版社，2000：绪论．

③ 林青．中国少数民族广播电视发展史［M］．北京：北京广播学院出版社，2000：绪论．

④ 林青．中国少数民族广播电视发展史［M］．北京：北京广播学院出版社，2000：绪论．

号等在内的庞大的、多层次的、立体化、全景式的新媒体传播网络和新新媒体传播网络。尽管民族自治区形成了数量众多、规模庞大的全媒介形态的大众传播网络，但是整体而言，民族自治区大众传播网络的整体影响力还是较为有限，其影响力主要局限于本省区传统媒体的影响力开始衰微，新媒体、新新媒体的公信力和影响力还有待提升。

### （一）民族自治区大众传媒的影响力大多集中于本区

尽管民族自治区拥有种类齐全的报刊传播网络、广播传播网络和电视传播网络，但是这些传统媒体的覆盖范围和影响力大多都局限于本区内，对周边地区以及其他地区的影响力十分有限。其原因在于以下几个方面。

1. 我国“四级办广播、四级办电视”“事业化管理”的媒体体制规制了民族自治区的媒体属地属性，形成了各个省区垂直、竖井式的媒体发展模式和媒体管理模式，因此民族自治区传统媒体的覆盖范围和影响力很难溢出本省区。另外，我国广播电视全程覆盖的鼓励发展政策也使民族自治区广播电视频率、频道不断增加，一直求大求全，甚至过多过滥，分散了当地广播电视媒体的人力、物力和精力，也很难关注本省区的广播电视在其他省区的覆盖范围和影响力。

2. 有限的经济实力没法促进和推动民族自治区传统媒体的覆盖范围和影响力向周边省区扩散。“企业化经营”实现的根本是传媒经济发展的实力和能力。我国实现“事业化管理、企业化经营”的媒体体制后，充分释放了市场活力，民族自治区迎来了传统媒体的大发展阶段，纷纷成立了报业集团、广电集团，在本省区的覆盖范围和影响力纷纷提升。然而，民族自治区整体市场环境偏于保守、落后，经济发展能力较弱，市场竞争程度较低，传统媒体的市场竞争力相对有限，所以很难在全国的传媒行业中脱颖而出，也不具备跨区域、跨行业的整合能力，这制约了民族自治区传统媒体的覆盖范围和影响力的扩散。

3. 民族自治区传统媒体的内容尚未形成明显的区隔度和差异性，很难吸引周边省区以及全国其他省区人们的关注。1949 年以来，民族自治区大众传媒在促进祖国统一、民族团结，促进少数民族地区发展，加强少数民族地区精神文明建设，以及反分裂、反渗透，丰富各民族人民文化生活等方面发挥了巨大的作用。其中，民族自治区大众传媒的政治宣传功能、政治传播功能与全国其他地区大众传媒的功能定位是一致的，因此在政治传播方面并不会对其他地区的人们形成特别的吸引力，也很难产生特别的影响力。民族自治区大众传媒在加强少数民族精神文明建设以及丰富各民族人民文化生活方面，提供了不同于其他省区的一些信息内容和文化形态。但伴随着我国人民文化水平、教育水平的普遍提升以及多媒介渠道的发展，其他省区的人们无须专门通过民族自治区的大众传媒即可了解、掌握相关的、感兴趣的一些有关民族地区的知识和内容。因此，民族自治区的大众传媒也很难在文化传播、特色传播方面吸引其他省区人们的注意。再加上民族自治区因经济发展落后、传媒人才缺失、设备条件较弱、专业技能不足等各种条件限制也很难制作出令人耳目一新的、能形成较好口碑和较大影响力的栏目或者节目，因此也很难吸引全国人民的更多关注。一以概之，民族自治区因种种因素影响，大众传媒的影响力大多局限于本地，对周边地区和全国其他地区的影响力十分有限。这将影响到民族自治区大众传播网络在未来的媒介化社会中的地位和影响力。

### （二）民族自治区传统媒体的影响力开始下降

以上是指民族自治区大众传播网络在全国的影响力。同时也要看到，近年来，民族自治区大众传播网络内部的影响力也开始下降。民族自治区传统媒体影响力下降的表现既是指媒体市场萎缩，广告商不断迁移，广告收入出现断崖式下滑，也指媒体市场的占有率不断收缩，受众不断流失，小众化、分众化的趋势开始出现。

#### 1. 民族自治区报刊的普及率始终不高，一直具有小众化特征

民族自治区分别、独立地形成了较为成熟的报刊传播网络，但民族自治区平均每百人每年订报刊数量还有较大提升空间。近年来出现的新变化是，民族自治区平均每百人每年订报刊数量出现了缩减或者停止增长状态。2010 年，新疆平均每百人每年订报刊数是 14.06 份，至 2013 年攀升至最高峰 15.71 份，此后每年缩减，至 2018 年缩减至 12.62 份；内蒙古、广西、宁夏的情况也大致如此。2010 年，内蒙古平均每百人每年订报刊数为 7.71 份，至 2015 年达到最高峰 15.33 份，后逐年缩减，至 2018 年缩减至 8.06 份；广西同年平均每百人每年订报刊数为 7.83 份，后每年既有不同程度的小幅增长，也有小幅的回落，至 2018 年平均每百人每年订报刊数为 8.48 份，增长趋势放缓；宁夏 2010 年平均每百人每年订报刊数为 4.09 份，后开始不断增长，至 2014 年达到最高峰 9.49 份，之后开始小幅降落，至 2018 年缩减为 6.95 份。唯有西藏地区平均每百人每年订报刊数自 2010 年开始不断增长，至 2018 年已增至 34.13 份，增长幅度较快。

以上数据可以看出，民族自治区平均每百人每年订报刊数量大多徘徊在10份左右。这样的数据表明，民族自治区报刊的普及率、市场占有率、覆盖范围、影响力都比较有限。虽号称大众传播媒体，实则是“小众”读者群体。近几年来，民族自治区报刊传播网络的读者群体也出现了萎缩态势。民族自治区报刊传播网络的未来发展令人担忧，阵地在读者群体却流失的现象有待深究。

2. 民族自治区广播电视受众的流失率较高，致使其影响力不断下滑

近年来，我国民族自治区广播电视节目覆盖率不断攀升。可以说，只要有收听、收视设备，大多数人都能够收听收看中央及本地的广播电视节目。我国已是世界上名副其实的广播电视大国，广播电视基础设施也成为我国信息基础设施的重要组成部分。然而，节目覆盖率不等于节目的实际收听收视率和实际的市场占有率。近年来，民族自治区广播电视受众的流失率不断增高，实际收听收视率不断下降，行业市场大幅萎缩，广告营收断崖式下滑，实际影响力不断萎缩。这一现象主要是由内部和外部两种因素导致而成。

内部因素包括：（1）广播频率和电视频道求大求全，分散了地区内的新闻资源和受众市场，也分散了媒体组织有限的人力、物力和精力，使民族自治区广播电视节目栏目的实际影响力受损。2000年以来，民族自治区不断在广播频率和电视频道的存量上做加法。广播电台纷纷兴办除新闻频率以外的都市、经济、音乐、交通等专业频率，电视台也在新闻频道的基础上不断兴办各类专业频道，可谓是应有尽有。这在满足了不同听众、观众不同的信息需求的同时，也造成了广播频率电视频道过多过滥的现实。这种摊大饼式的做法分散了地区内的新闻资源和受众市场，也分散了媒体组织有限的人力、物力和精力，又由于频率频道专业性不够强等问题，实际上造成了广播电视的影响力不断下降。（2）地区内广播电视节目内容同质化现象较为严重，对受众的影响力和吸引力不断下降。民族自治区广播电台和电视台在层级上有所不同，覆盖范围上也有差别，也都在追求差异化的定位和功能。但是同一层次、同一类型的广播电视却经常出现节目内容相似或者雷同的现象。同一家广播电台或者电视台内部由于拥有不同的频率和频道，相互之间抢夺同一新闻资源，重复采访和播出同一内容的现象也屡有发生。这既浪费了有限的媒体资源，造成了新闻内容的同质化，还使节目的影响力不断下降。有限的地域内对同一新闻资源的过多过滥开发和利用，容易造成受众的审美疲劳，也影响了媒体本身的公信力和传播力。（3）创新能力有限，难以留住固定、忠诚的媒体受众。民族自治区广播电视节

目或者栏目也不乏充满创意和新意的优秀广播节目、电视节目，也涌现了一批深受受众欢迎的、受众口碑和经济效益都较好的广播电视节目。但整体上这类节目的占比较小，吸引受众的数量和规模有限。大多数广播电视节目都缺乏个性和创新性，流于简单的模仿和机械化制作层面，策划能力有限，创新能力不足，节目制作手法雷同，叙事语态陈旧。这和民族自治区广播电视人才短缺、经济发展能力不足、技术发展滞后、观念理念更新不足等诸多因素有关，也直接造成了民族自治区广播电视节目不能留住和吸引大批固定的、忠诚的、规模化的媒体受众。

造成广播电视媒体实际影响力不断收缩的外部因素主要是新媒体、新新媒体发展带来的冲击。相对于报刊等印刷媒体而言，广播电视都曾经扮演了新媒体的角色。然而，随着网站、微博、微信、移动客户端、移动短视频等新媒体、新新媒体的出现，广播电视已沦为传统媒体，遭受着来自新媒体、新新媒体的强烈的、强大的冲击，这种冲击的主要表现就是广播电视的一部分受众群体迁移、转变成新媒体、新新媒体的用户群体。报刊媒体面临的“阵地在读者群体流失”的现象也一样出现在了广播电视媒体面前。换言之，民族自治区广播电视媒体也同样出现了“阵地在受众大幅流失”的现状。另外，我国迅猛发展的计算机技术、卫星通信技术、网络技术、数据库技术、人工智能技术、人际交互技术、传感技术等不断驱动着新媒体、新新媒体的发展演进，也使广播电视的新闻生产方式与传播手段、方法显得滞后、过时、落伍，面临着被边缘化的危机，迫切需要进行全新的变革和现代化转型。还有，广播电视的音频视频人才也面临着向网络音频、网络视频等新新媒体和自媒体流失的潜在风险，这些都共同影响着民族自治区广播电视媒体的影响力和发展潜力。

### （三）民族自治区新媒体、新新媒体的覆盖范围、影响力等还较为有限

2000年以来，各民族自治区分别、独立地形成了包括以新闻网站、手机报等为代表的新媒体传播网络，和以微博、微信、移动客户端、移动短视频等为代表的新新媒体传播网络。这些大众传播网络都表现出迅猛发展势头，用户群体规模和数量短时间内剧增等特点。然而，深入考察和研究各民族自治区新媒体、新新媒体传播网络的实际运行状况和用户的实际应用状况就会发现，这两大传播网络虽然自身规模庞大，数量众多，拥有的用户群体规模也很大，但实际上民族自治区新闻网站、手机报、媒体微博、媒体微信、移动客户端以及政务头条号等新媒介和新新媒介平台还停留在热热闹闹、轰轰烈烈的建设发展阶

段，实际上的覆盖群体、影响力度都较为有限。

从理念上来看，民族自治区的新媒体、新新媒体平台大多还仅被视为是传统媒体信息传播的二次传播平台。这些新媒体、新新媒体运行的思路和做法还停留在“传统媒体+互联网”的阶段上，还没有完全转变为“互联网+”的思路，也未完全实现“互联网+”的做法。从宏观层面上看，民族自治区新媒体、新新媒体在运行中，大多未曾实现各种媒介资源、生产要素的有效整合，大都没有实现信息内容、技术应用、平台终端、人才队伍的共享和融通。它们在形成一体化的组织结构、传播体系和管理体制方面还任重道远，在媒体融合发展方面才刚刚起步。从微观层面上来看，民族自治区新媒体、新新媒体网络用户的点击率、阅读率、互动率都普遍不高，用户群体的使用黏性普遍不强，参与度较低。也就是说，民族自治区新媒体、新新媒体传播网络在覆盖范围、用户规模以及实际影响力方面都有着巨大的提升空间。

以民族自治区新闻网站的发展和实际应用为例。民族自治区新闻网站的出现很大程度上拓展了传统媒体的传播范围，扩展了新闻信息的覆盖人群，较早地体现出报网融合的时代特征。然而，民族自治区新闻网站在迎来数量和规模上的大发展后，却出现了一些突出的问题，这些问题制约了民族自治区新闻网站的后续发展。这些问题包括内容方面，也包括形式方面，还包括与网络用户的互动方面。内容方面，网站的主要信息内容都来自传统的报刊媒体或者广电媒体，内容同质化明显，缺乏原创性和二次创作的信息内容。制作手段和传播形式方面，网站的制作手段和内容表现形式大多单一、静止，缺乏多媒体形态的丰富性和多元性。更主要的是，民族自治区新闻网站严重缺乏互动性，在对社交媒体的属性开发方面存在着严重不足，地区网络用户的点击率、阅读率、互动率都较低，用户黏性不足。同时，在新新媒体的冲击下，民族自治区新闻网站用户也开始了大规模的迁徙。因此，民族自治区新闻网站有沦为小众传播媒体的危险，发展前景并不乐观，传播力和影响力都在下降。

民族自治区媒体微博、媒体微信、媒体客户端发展等也都存在着同样的问题。民族自治区大多数媒体都开通了微博、微信，一部分媒体还开发了自己的移动客户端。然而，这些媒体微博、媒体微信、媒体客户端上传播的内容主要以转载中央权威媒体和民族自治区本地传统媒体上的新闻信息为主，原创性新闻信息较少，内容同质化明显；表现形式上还主要以文字和图片为主，一些音频、视频、动漫等多媒介形态的作品制作还较为简单、粗糙；互动性同样严重匮乏，“弱社交重媒体”倾向明显；网络用户的阅读率、浏览量、下载量、转载量、互动指数等都普遍偏低。另外，这些新媒体、新新媒体运营方面人力财力普遍不足，且缺乏相应的激励措施和政策保障。

造成这些问题的原因有很多。有民族自治区传媒组织发展观念落后、管理方式滞后、僵化等因素，也有民族自治区传媒人才缺乏，新媒体、新新媒体人才队伍建设薄弱等因素，还有民族自治区经济发展落后，财力难以支撑和保障日新月异的新媒体技术应用和设备发展等因素。然而，最根本的原因在于，以市场和资本为依托的媒介技术和媒介应用形态的不断更新迭代，远远地超越了媒体自身发展演变的速度。被重塑的媒介化社会不断迫使着囿于传统媒体体制中的传媒集团、组织和从业者不断随之起舞。“微博、微信、APP 等都是基于互联网技术生产出来的迭代产品，技术发展的 DNA 决定了迭代产品不断地被颠覆、瓦解、创新和重构。每一种新新媒介的诞生和应用对传统媒体而言都是一个全新而陌生的战场，传统媒体定力不足而随风起舞，只能处于疲于奔命的追赶状态，自身发展明显后劲不足。”①

## 二、民众的媒体参与度不高

民族自治区尽管拥有较大规模和一定数量的大众传播网络，但本地民众的媒体参与度却普遍不高。本研究通过不同时期五个民族自治区千人报纸拥有量、平均每百人每年报刊订阅数量等系列数据和系列受众调查数据详加说明。

### （一）2000—2010 年：民族地区民众的媒体参与度不高

2001 年时，新疆的人口总数为 1925 万，千人报纸拥有量为 83. 6 份；西藏的人口总数为 261. 62 万，千人报纸拥有量为 37. 6 份；内蒙古的人口总数为 2375. 54 万，千人报纸拥有量为 44 份；广西的人口总数为 1925 万，千人报纸拥有量为 64. 4 份；宁夏的人口总数为 561. 55 万，千人报纸拥有量为 77 份。2002 年，在人口总数基本保持不变的情况下，新疆千人报纸拥有量为 81. 4 份，西藏千人报纸拥有量为 71. 5 份，内蒙古千人报纸拥有量为 44. 2 份，广西千人报纸拥有量为 70. 7 份，宁夏千人报纸拥有量为 71. 1 份。2003 年，仍然在人口总数基本保持不变的情况下，新疆千人报纸拥有量为 96. 5 份，西藏千人报纸拥有量为

---

① 张学霞. 宁夏大众传播网络构建研究：1926—2018［D］. 西安：陕西师范大学，2019：166.

71.7 份，内蒙古千人报纸拥有量为 70.1 份，广西千人报纸拥有量为 64.2 份，宁夏千人报纸拥有量为 64.3 份①。这三年的数据表明，民族自治区民众的报纸接触率、占有率和普及率普遍不高，普通民众报纸媒体的参与程度较低。数据还显示，五个自治区中，除了新疆、西藏、内蒙古三个地区千人报纸拥有量在逐年增长外，广西、宁夏地区千人报纸拥有量还出现了下滑。前文中 2010 年至 2018 年间民族自治区平均每百人每年订报刊数的统计表也出现了这一变化趋势：平均每百人每年订报刊数量在 2010 年至 2014 年呈现平缓增长态势，2015 年至 2018 年，有的自治区出现了负增长情况，有的出现了增幅很小的情况。这说明，民族自治区普通民众的报纸接触率、占有率和普及率并非都是随着经济发展、人们生活水平提高以及人们教育水平提升而呈现出正相关增长态势。换言之，地区经济发展、人们生活水平提高以及人们教育水平的提升等并不必然促进和推动该地区民众报纸接触率、占有率、普及率的提高。媒介化社会的形成使人们拥有了更多的媒体使用选择权，但却未必直接促进了人们的媒体参与程度。

相关研究也证实了民族自治区普通民众媒体参与程度不高。截至 2003 年年底，新疆大多数哈萨克族家庭都有能力购买电视机和收音机。但由于交通不便，投递报纸困难，因此导致居住在山区、牧区的占一半人口的哈萨克族农牧民订阅报纸不便，加之一些人对本民族文字使用不熟练，因此造成报纸的接触人群有限。新疆哈萨克族家庭电视的拥有率为 75%，收音机的拥有率为 79%，报纸的订阅率为 21.8%。有 15%左右的哈萨克族群众几乎不看报纸，有 12.8%的人只是偶尔接触报纸②。理论上而言，民族自治区普通民众都能收听收看到中央和地方的各级各类节目，但并非人人都实际接触和愿意使用这一媒介。这两者之间还存在着一定的差异。研究还发现，哈萨克族群众的意见、呼声、愿望和需求等信息由于自身民主意识淡薄，文化素质低等因素，很少能向外输出，甚至根本没有向外表达的愿望③。实际上，不仅少数民族受众较少参与媒体内容制作、媒体自我表达和传播中，其他民族的受众也很少参与传统媒体内容制作、媒体自我表达、传播等环节。其实质是由传统媒体一对多的属性特征和严格的把关人制度决定的。传统媒体的属性特征和把关人制度决定了大多数受众的媒

① 李文．中国西部报业发展状况分析［J］．兰州商学院学报，2005（6）：101-102.

② 赛来西·阿不都拉，阿斯玛·尼亚孜．新疆哈萨克族受众分析［J］．当代传播，2004（1）：36.

③ 赛来西·阿不都拉，阿斯玛·尼亚孜．新疆哈萨克族受众分析［J］．当代传播，2004（1）：37.

体参与程度十分有限。

以上是新疆哈萨克族群众的媒体接触、使用情况的部分调查。新疆伊犁地区锡伯族受众媒体接触行为的调查显示，截至2006年4月，新疆伊犁地区锡伯族受众电视稳定接触率（稳定接触率是指每天都接触同一媒体）为69.4%，广播和报纸的稳定接触率仅为37%和11.1%。69.4%的观众每天都接触电视，37%的听众每天都接触广播，11.1%的受众每天都接触报纸。其中，有14.3%的锡伯族民众从不接触报纸，有45.4%的锡伯族民众偶尔接触报纸①。“受众整体经济状况较好，82.9%的受众家庭收入在5000元以上”；“80.8%的锡伯族受众已经把电视当作获取各类信息的最主要途径”②，但仍然有一部分锡伯族民众缺乏媒体接触和媒体使用、占有等行为。其中，具有媒体接触、使用的民众的媒体参与度依然较低，大多数都是被动接收、获取相关信息，很少有主动参与媒体的行为。

2006年6月至7月，在对我国主要少数民族地区的调查中发现，截至2006年6月，电视是大众传媒中影响少数民族农民思想观念的首要因素，占比为33%；而广播、报纸、网络的占比仅为5%、2%、1%③。这说明，电视在少数民族农村占有强势地位，而广播、报纸已被边缘化，“印刷媒介在少数民族农村处于萎缩状态”，“生存空间较小”；网络占1%的选项是因为电脑与网络在少数民族农村普及程度很低，也有使用上的障碍④。这次调查还显示，大多数少数民族农村对大众媒介内容的真实度，大众媒介干预与解决现实问题的能力，持一种将信将疑的态度，处于一种对媒介内容认识的“模糊化”状态，这“反映出少数民族农民对媒介认识能力、利用能力较差，媒介素养有待提高。”⑤

上述研究有四个共同之处。首先，2000年至2010年间，电视是少数民族地区拥有率和使用率最高的大众传播媒体，但是人们的拥有率和使用率并未达到100%；广播有一定的拥有率，但使用率不断下降；报纸处于萎缩化和边缘化的状态，拥有率和使用率很低；网络刚刚兴起，普及率较低。其次，少数民族地

① 杜松平．新疆锡伯族受众媒体接触行为分析［J］．新疆社科论坛，2007（4）：92-93.

② 杜松平．新疆锡伯族受众媒体接触行为分析［J］．新疆社科论坛，2007（4）：92.

③ 林晓华，钟熠．大众传媒对少数民族农村的影响度分析［J］．西南民族大学学报（人文社科版），2008（9）：191-192.

④ 林晓华，钟熠．大众传媒对少数民族农村的影响度分析［J］．西南民族大学学报（人文社科版），2008（9）：191-192.

⑤ 林晓华，钟熠．大众传媒对少数民族农村的影响度分析［J］．西南民族大学学报（人文社科版），2008（9）：193.

区人们使用电视的首要功能或者第二大功能是“获取娱乐”，而不是很多人想象中的“获取新闻信息”。“对于生活在山区、牧区的哈萨克族受众而言，电视是一种娱乐媒介，电视提供的最大用处就是娱乐”①；“64.4%的锡伯族受众首选新闻联播，其次娱乐新闻占50.7%，科技新闻、经济新闻次之”②；“农民主要以收看电视剧为主，收看新闻则居于次席”③。再次，调查还显示，少数民族地区民众的媒体参与度较低。要么是民众对大众媒体内容持将信将疑的态度，“利用能力较差”④，要么是“大众传媒对哈萨克族受众的观念已产生较大影响，但他们在实际行为、价值取向等方面却表现得很弱”⑤。同时，少数民族民众对大众媒介使用存在着矛盾心理。一方面，大多数农村民众对媒体内容持将信将疑态度，另一方面，“很多受访者明确表示，在农村，大众传播媒介在帮助发家致富方面有很大作用，应尽快发展大众媒介。”⑥

（二）2010年以后：民族地区民众的媒体参与度依然不高

2010年后，对少数民族地区大众传播媒介的使用情况、发展状况以及受众情况的调查研究结果，同之前相比，既有了一些新变化，也保持了一定的延续性。

2011年至2012年间在新疆、西藏、内蒙古、广西、宁夏、云南、贵州、青海、甘肃、湖北等少数民族地区的调查显示，电视还是少数民族农村地区最强势的媒体。98%的少数民族家庭拥有电视，89%的农（牧）民在空闲时间看电视⑦。这一数据和2006年的数据相比，少数民族家庭电视的拥有率、使用率大幅提升。但和2006年的调查相一致的是，少数民族家庭的主要收视内容以电视剧、综艺节目为主，最贴近百姓生活的乡镇、村一级的实用信息没有进入电视

---

① 赛来西·阿不都拉，阿斯玛·尼亚孜．新疆哈萨克族受众分析［J］．当代传播，2004（1）：36.

② 杜松平．新疆锡伯族受众媒体接触行为分析［J］．新疆社科论坛，2007（4）：92.

③ 林晓华，钟熠．大众传媒对少数民族农村的影响度分析［J］．西南民族大学学报（人文社科版），2008（9）：192.

④ 林晓华，钟熠．大众传媒对少数民族农村的影响度分析［J］．西南民族大学学报（人文社科版），2008（9）：193.

⑤ 赛来西·阿不都拉，阿斯玛·尼亚孜．新疆哈萨克族受众分析［J］．当代传播，2004（1）：37.

⑥ 林晓华，钟熠．大众传媒对少数民族农村的影响度分析［J］．西南民族大学学报（人文社科版），2008（9）：193.

⑦ 林晓华，邱艳萍．手机出版：突破少数民族农村信息传播瓶颈的最优选择［J］．出版发行研究，2013（1）：47.

传播系统。此次调查的新发现是，手机已成为少数民族农（牧）民的日用品，90%的少数民族家庭都拥有手机。但是手机出版还未能在少数民族农村的经济发展中扮演重要的信息传播角色，手机报、手机广播这些在城市中较为普及的手机出版业务，在少数民族农村中并未得到广泛运用。其中，有 34.7%的手机用户很少接收新闻、实用信息，有 14.7%的手机用户基本没有接收过新闻或实用信息。也就是说，虽然手机拥有率高，但是对于少数民族农村地区多半的手机用户而言，手机仅仅是作为一种通信工具，尚未能利用其媒体功能。

2014 年对西藏、新疆所属的 14 个地区的少数民族受众对母语媒介的接触与使用等情况进行的调查表明，西藏已进入媒介化时代。西藏地区藏族受众接触、使用最多的大众媒介是电视。其中，电视的接触率是 39.1%，广播是 24.5%，网络是 20%，报纸是 16.4%。① 同时，通过手机客户端和车载广播收听的趋势在增加，使用手机收听广播的比例达 18.4%。手机已成为年轻一代藏族群体接触偏好较高的新兴媒介。多数受访者尤其是年轻受访者表示，他们主要是使用手机玩游戏、上微信。也就是说，手机对部分年轻群体的主要功能是提供娱乐。另外，“在西藏，报纸基本上被称为是市民报纸和公务员报纸。在农区和牧区只说藏语的藏民占主体，他们藏文识读水平较低，不乏藏文文盲，因此藏文报纸即便是免费发放，阅读率和传阅率也不高。”② 调查还发现，西藏、新疆地区少数民族受众在电视媒介和广播媒介的接触偏好上出现出了明显的本地化倾向和母语接触倾向③。调查认为，西藏、新疆媒体发展滞后，受众媒体选择性不高，媒体内容供给不足，媒体信息传播与信息服务内容所占比重较小，受众大多属于知足类型，媒介参与能力较弱。

2015 年 2 月至 3 月，在新疆、宁夏、甘肃、青海四省区进行调查后的数据表明，截至 2015 年 2 月，四省区内电视的媒体接触率最高，其次是广播，最后是报纸。其中，电视的稳定接触率是 90.2%，报纸为 34.2%，广播为 30%，“广播已经在该地区发生了收听危机。”④ 调查还显示，四省区内“受众对媒介的参

---

① 赵丽芳．西藏、新疆少数民族受众对母语媒介的接触与使用研究［J］．中国广播电视学刊，2015（8）：57.

② 赵丽芳．西藏、新疆少数民族受众对母语媒介的接触与使用研究［J］．中国广播电视学刊，2015（8）：58.

③ 赵丽芳．西藏、新疆少数民族受众对母语媒介的接触与使用研究［J］．中国广播电视学刊，2015（8）：58.

④ 李克．西北少数民族地区新闻事业现状及对策［J］．青海师范大学民族师范学院学报，2016（5）：21.

与率较高”，转型期的少数民族受众显示出更多的主动意识。在接触大众媒介时，他们不再满足于被动接受，他们不仅仅是受众，而且是媒介内容的创造者①。除此之外，调查还发现，在甘肃、宁夏、青海三省区拥有民族语言的受众在接触和使用媒体时是以汉语为主、民族语言为辅。新疆少数民族受众在接触和使用媒体时却以民族语言为主，汉语为辅。

对广西地区媒体受众的调查同样表明，广西地区的人们的媒体参与程度也有较大提升空间。调查显示，51.3%的少数民族村民没有读报习惯或较少阅读报纸，25.8%的人认为没必要再读报纸；78.5%的农民不常听广播；91.2%的少数民族农民居住区已接入有线电视网络，73.4%的农民自己家中也开通了有线电视网，17.9%的农民未入网；81.8%的农民已拥有手机，55.2%的农民家里都安装了固定电话，即手机和电话已在少数民族乡村得到了广泛应用；40%的农民家庭已拥有电脑，在拥有电脑的大部分家庭中，79.2%的家庭电脑能联网②。同时，社会新闻是少数民族农村中村民最为关注的媒介内容。尽管广西少数民族地区大众传媒在人们的生活中占有着重要的地位，普及率也较高，但“民众的媒介素养程度尚需提高”③。媒介素养包括媒体接触、使用、参与、批判和分析等能力。由此可以看出，广西地区内民众的媒体参与程度也有一定的提升空间。

综上，民族自治区在2010年以后基本已进入媒介化社会。传统媒体、新媒体、新新媒体传播网络基本都已构建生成，但它们在城乡地区的影响力和发展情况并不均衡。显然，大众传播网络在民族自治区城市的普及率较高，影响力和传播力也最大，但首府城市和其他城市的普及率和影响力依次递减。民族自治区大众传播网络在农村的普及率相对较低，影响力相对较弱。其中，民族自治区内电视的拥有率、普及率和使用率最高；广播的拥有率、普及率次之，但使用率和接触率开始不断下滑，已沦为边缘化状态；报纸的普及率、拥有率和接触率一直偏低。值得注意的是，民族自治区民众尤其是农村民众接触和使用电视的首要动机是为了满足娱乐功能。近年来也出现了从娱乐功能向获得新闻、

① 李克．西北少数民族地区新闻事业现状及对策［J］．青海师范大学民族师范学院学报，2016（5）：22.

② 商娜红，江宇，刘晓慧，等．媒介化社会：当局与旁观——基于广西少数民族地区传播媒介使用与接触状况的调查［J］．文化与传播，2016（6）：4-7.

③ 商娜红，江宇，刘晓慧，等．媒介化社会：当局与旁观——基于广西少数民族地区传播媒介使用与接触状况的调查［J］．文化与传播，2016（6）：8.

实用信息转变的趋势。近年来，民族自治区网络媒体的普及率逐渐升高，手机逐渐成为人们的日常生活用品，但很多民众还是把手机当作一般的通信工具和娱乐工具，尚未充分地发掘和利用手机的媒体功能和社交媒体功能。总之，民族自治区内大众传播网络虽然庞大，但影响力还较为有限；受众对大众传媒有一定的媒体参与意愿，但实际上的媒体参与度还较低；受众对大众传媒并未持完全信任的态度，却又期待和渴望通过大众传媒改善自身的生活现状。

## 三、发展传播研究相对薄弱

民族自治区不同媒介形态的大众传媒研究，以及新闻传播研究、少数民族新闻传播研究都已取得一定的进展，出现了一些学术研究高地，涌现出一批有代表性的学者，研究态势是遍地开花、繁荣发展。其中，民族自治区的新闻传播史研究、新闻业务研究、少数民族文化传播研究、少数民族形象建构研究、媒介素养研究、少数民族新闻语言规范等研究进展较大。尤其是少数民族文化传播研究占的研究比重最大，成果也最丰硕。但是民族自治区新闻传播研究也存在着一定的薄弱研究。民族自治区的新闻理论研究、对外传播研究、国家认同研究以及发展传播研究等都相对薄弱。民族自治区的发展传播研究是其中最薄弱的一环。

### （一）民族自治区发展传播研究缺乏社会背景、政治结构等宏观层面的研究

我国发展传播研究虽滞后国外发展传播研究近三十年，却也具有“起步晚、起点高、持续推进”的研究特色。自 20 世纪 70 年代至 80 年代起，我国涌现出了一批发展传播学的研究学者和研究论述，并出现了两种不同的研究取向：一种主要以介绍、阐述、分析国外发展传播理论为主，一种主要以国内不同地区发展的量化实证研究为主。民族自治区发展传播研究也呈现出这两种不同的研究取向。然而，这两种不同研究取向共同存在的不足是，大多都缺乏对国内外的社会背景、政治结构等宏观层面上的研究。另外，有些研究一方面缺乏对文化霸权的批判，另一方面也缺乏对国家的制度自信和文化自信。

首先，我国对以美国为首的发展传播学理论的介绍、阐释和引用大多缺少对其理论背景和政治结构的批判分析。实则引领美国发展传播主导性范式的勒纳、施拉姆和罗杰斯等人是以现代化理论为圭臬，试图解释传媒在国家发展中的角色和功能。现代化理论是美国社会科学家在政府的支持下建构的，认为经

济成长是促进政治民主化的关键，完全符合美国二战后外交政策的思路。① 勒纳认为，现代化进程是直线发展的，美国走在了中东前头，中东必然会步美国后尘，“美国是怎么样，中东追求现代化，就是希望变成美国那样”②。也就是说，勒纳认为，美国模式是世界上其他国家发展应该学习的标准模式，应该放之四海而皆准，在全球都行之有效。这体现出明显的文化中心主义和文化霸权的思路，“其所倡导的传播与现代化框架是美国冷战意识形态的一部分”③。罗杰斯的创新扩散研究源自发展中国家，但整个文献既缺乏“比较的”视野，也不是真正意义上的“跨文化”研究，而是径自在海外前哨复制美国的理论预设、框架及世界观，“他们都映照了美国主流的意识形态，理论框架的‘跨文化’的意义是枯竭的”④。施拉姆的大众传播与社会发展研究也是基于美国自由主义经济的立场，倡导一种精英式的、垂直式的、单向的传播模式，把经济发展视为促进大众传播发展的核心要素，把美国的发展视为标杆，希望非西方国家的发展也能沿着美国的发展路径尽快进入现代化发展行列。这种忽视非西方国家独特的社会背景、社会结构、政治结构和文化特色的发展思路，体现了西方文化中心主义的一贯思维和潜在的西方价值观的输出。我国的部分研究者在介绍、阐释、引用西方发展传播理论时，缺乏对西方社会应有的社会背景、政治结构的分析。这是一种文化自觉的缺失，也彰显了学术霸权的根深蒂固。“我们不全盘接受西方支配性的观点，也反对抱残守缺的本土观点”⑤，西方国家发展传播学的一些主张和注重理论指导实践的研究倾向，和我国马克思主义的指导观有一些共同之处。国外发展传播学关于大众传媒一些积极功用的研究也有一定的说服力，我们对此应该加以批判地借鉴、吸收和学习。

其次，发展问题一直是我们国家的重要政治议题，也是民族自治区长期面临的严峻课题。它并未贯穿民族自治区新闻传播研究的始终，也未能发挥引领

① 李金铨. 在地经验，全球视野：国际传播研究的文化性［J］. 开放时代，2014（2）：135.

② LERNER D. The Passing of Traditional Society：Modernizing the Middle East［M］. New York：The Free Press，1958：59.

③ 赵月枝，石力月. 历史视野里的资本主义危机与批判传播学之转机［J］. 新闻大学，2015（5）：2.

④ 李金铨. 在地经验，全球视野：国际传播研究的文化性［J］. 开放时代，2014（2）：138-139.

⑤ 李金铨. 在地经验，全球视野：国际传播研究的文化性［J］. 开放时代，2014（2）：135.

作用。

1949年以后，如何建设社会主义、如何发展社会主义成为党和国家的工作重点。随着社会主义改造的完成和社会主义制度的基本确立，国家提出了“实现四个现代化”的战略目标和“两步走”的发展战略。第一步是建立独立的、比较完整的工业体系和国民经济体系，第二步是全面实现农业、工业、国防和科学技术的现代化，使我国国民经济走在世界前列①。党的第一代领导集体制定的发展战略为后续的发展奠定了基础。邓小平在总结历史经验的基础上开始强调发展生产力的重要性，他提出的“发展才是硬道理”的论断从社会主义本质要求的高度强调了发展生产力的重要性。

十一届三中全会确定了改革开放的总方针，党的十二大提出建设有中国特色的社会主义，十三大确立了社会主义初级阶段理论，制定了“一个中心、两个基本点”的基本路线，确立了经济层面的五大发展任务；十四大确立了社会主义市场经济体制改革目标，十四届三中全会作出了《中共中央关于建立社会主义市场经济体制改革若干问题的决定》后，社会主义市场经济体制初步建立，以公有制为主体、多种所有制经济共同发展的基本经济制度基本确立，对外开放格局基本形成。这些方针政策促进了国家生产力、综合国力和人民生活水平的大幅提高，国家的大众传媒也随之获得了飞速的发展。

十五大确立了邓小平理论的指导思想地位，制定了社会主义初级阶段的基本纲领，明确了我国跨世纪发展的奋斗目标和任务。十六大确定了全面建设小康社会的奋斗目标，把“三个代表”重要思想写入党章。在十六大出现次数最多的十个词语中，排在首位的是“发展”，共出现239次，比历届党代会任何词语的出现次数都要多②。十六届三中全会提出“坚持以人为本，树立全面、协调、可持续的发展观，促进经济社会和人的全面发展”，提出“五个统筹”的目标和任务；十六届五中全会进一步指出“科学发展观是指导发展的世界观和方法论的集中体现”，“科学发展观统领经济社会发展全局”。③

十七大提出中国特色社会主义理论体系，对“科学发展观”这一战略指导思想进行了全面论述，并提出贯彻落实科学发展观。报告中提出，科学发展观

---

① 张学凤，吕原生．十七大报告中的“变”与“不变”［J］．新长征，2008（4）：8.

② 村田忠禧．从改革开放以来的党代会政治报告的词语变化来看中共十六大的特点［J］．中共党史研究，2003（1）：80.

③ 张雷声．关于科学发展观的科学地位及意义［J］．毛泽东邓小平理论研究，2007（12）：26.

的第一要义是发展，核心是以人为本，基本要求是全面协调可持续，根本方法是统筹兼顾。必须坚持把发展作为党执政兴国的第一要务。发展对于全面建设小康社会，加快推进社会主义现代化，具有决定性意义①。坚持以发展的办法解决前进中的问题，是实行改革开放以来党和国家的一条主要经验，强调用发展的办法解决前进中的问题这个思想始终没有改变②。

十八大对中国特色社会主义内涵进行了全面阐释，强调全面建成小康社会和"五位一体"的总体布局，提出推进社会主义文化强国建设，提出道路自信、理论自信和制度自信，把科学发展观列为党的指导思想。在中国共产党第十八次全国代表大会上的报告指出，全党必须更加自觉地把推动经济社会发展作为深入贯彻落实科学发展观的第一要义，牢牢扭住经济建设这个中心，坚持聚精会神搞建设，一心一意谋发展，着力把握发展规律、创新发展理念、破解发展难题，深入实施科教兴国战略、人才强国战略、可持续发展战略，加快形成符合科学发展要求的发展方式和体制机制，不断解放和发展社会生产力，不断实现科学发展、和谐发展、和平发展，为坚持和发展中国特色社会主义打下牢固基础。③

党的十九大报告指出，中国特色社会主义进入新时代，中国社会主要矛盾已经转化为人民日益增长的美好生活需要和不平衡不充分的发展之间的矛盾。因此要在持续推动发展的基础上，着力解决好发展不平衡不充分问题，大力提升发展质量和效益，更好满足人民在经济、政治、文化、社会、生态等方面日益增长的需要，更好地推动人的全面发展、社会的全面进步④。党的十九大作出了中国特色社会主义进入了新时代和中国特色社会主义主要矛盾已经转化的重大政治论断，这两个重大论断，一个是确定了中国社会发展所处的历史方位，一个是明确了中国现阶段所要解决的主要矛盾⑤。"人民日益增长的美好生活需要和不平衡不充分的发展之间的矛盾"这一重大判断，既从当前我国社会发展

① 胡锦涛．高举中国特色社会主义伟大旗帜 为夺取全面建设小康社会新胜利而奋斗［M］．北京：人民出版社，2007：15.

② 张学凤，吕原生．十七大报告中的"变"与"不变"［J］．新长征，2008（4）：8.

③ 坚定不移沿着中国特色社会主义道路前进 为全面建成小康社会而奋斗：在中国共产党第十八次全国代表大会上的报告［EB/OL］．中国文明网，2012-11-19.

④ 习近平．决胜全面建成小康社会 夺取新时代中国特色社会主义伟大胜利：在中国共产党第十九次全国代表大会上的报告［N］．人民日报，2017-10-28（1）.

⑤ 邸乘光．具有划时代意义的马克思主义纲领性文献：解析习近平在中国共产党第十九次全国代表大会上的报告［J］．黑龙江社会科学，2018（1）：1-3.

现实存在的各种错综复杂的具体问题中分辨出根本问题，又在艰巨繁重的改革发展任务中抓住了发展的核心要点①。归根结底，中国现阶段所要解决的主要矛盾还是要解决发展的问题。

综上，1949 年以来，中国共产党和中国政府一直致力于解决发展问题，持续强调用发展的方法解决前进中的问题，以全面发展为目标，突出强调科学发展和可持续发展。这应该成为我国民族自治区新闻传播研究，尤其是发展传播研究的底色和背景，也应该成为民族自治区发展传播研究的重点之一。然而，我国民族自治区的发展传播研究大多局限于“传播中心主义”“媒介中心主义”这一单一叙事，更擅长就事论事，过多停留在对传媒现象、现状的描述和概括层面，停留在对媒介技术的分析和研究上，停留在传媒与经济发展的简单互动上，较少采用马克思的政治经济学视角透视民族自治区大众传媒发展的根本和制度特色，也很少指出中国特色社会主义制度的保障作用和制度本身的优越性。纵观有关民族自治区发展传播研究的论著，很难在其中看出特定历史时期的特色和当时的社会背景，也很少见到对政治结构、经济结构的分析。这样的研究是局限于“新闻传播学”这一单一学科体系，过于强调新闻传播的本位主义和专业主义，从而忽视了新闻传播与政治、经济、文化、社会等方面的互动。有些民族自治区发展传播研究看到了新闻传播与经济发展的互动性，不断强调民族自治区新闻传播发展的不平衡性特征和落后现状，却没有认识到不平衡发展是我国长期存在的社会现实，从而就缺少对民族自治区大众传媒发展以及大众传播网络构建在纵向历史时段内的发展变化的揭示。仅以进步和落后的单一视点和发展不平衡的角度阐述、分析、研究民族自治大众传媒发展和大众传播网络构建是不够的，应站在国家发展的大格局中，结合民族自治区纵向发展的时间周期，全面审视民族自治区大众传媒发展和大众传播网络构建的情状。不能仅看到民族自治区少数民族文化传播的不足，仅关注差异性，更应该增强对共同性的研究，要研究民族自治区大众传媒在国家认同方面发挥的作用，在铸牢中华民族共同体方面意识发挥的作用，在共有精神家园建设方面的作用，要研究民族自治区大众传播网络如何更好地发挥提升中华民族凝聚力的作用，以及如何更好地促进民族团结、社会发展、国家稳定。

---

① 朱菊生，郭广银．我国社会主要矛盾的科学概括及其划时代意义［J］．南京社会科学，2019（4）：2.

## （二）民族自治区发展传播研究缺乏对国家制度层面的深度研究

民族自治区大众传媒行业和大众传播网络是在国家行政手段的推动下逐步建立的，制度在民族自治区大众传媒行业和大众传播网络的发展过程中起到了关键性的主导作用。因此，应结合新闻传播学的独特性和中国特色社会主义制度的独特性，研究、分析不同的制度对民族自治区大众传媒行业以及大众传播网络发展的作用和影响。这可以从对民族自治区近七十多年来大众传播网络发展过程中制度的变化路径与规律方面进行洞察。

1. 对制度本身的考察

对“制度”的关注和研究几乎贯穿人文社会科学研究的所有领域。不同学科的研究者受不同的学科背景、研究旨趣和知识框架的影响，对制度本身的界定和认知是不同的。以康芒斯为代表的旧制度主义学派对“制度”的界定更接近于“组织”，即把“制度”和“组织”两个概念混为一谈，以组织作为用于制度分析的单位，认为制度是约束个人行为的集体行动①。从现实情况来看，有些组织可以用作制度分析的单位，但现实中也存在一些非组织形式的规则。如中国国家领导人发表的有关某一产业、行业发展的、具有代表性的系统讲话，这些讲话远未达到规章和法律的级别，也不属于正式规则，但是由于中国社会特殊的国情以及民主集中制的政治体制特点，这些领导人的讲话依然被视为行业发展准则，被人们学习和遵守，也被视为是规则的产物。因此，从这个意义上讲，将制度等同于组织的理解有点失于狭隘。以诺思和科斯等为代表的新制度经济学派则认为，“制度”与“组织”是两个有差别的概念。制度是社会的博弈规则，组织则是社会博弈中的博弈者，组织的出现某种程度上是源于制度的诱因。“制度是一个社会的博弈游戏规则，是一种‘规范个人行为的规则’，或者更规范地说，制度是一种人为设计的、形塑人们关系的约束。”② 以美国经济学家舒尔茨和中国经济学家张培刚等为代表的发展经济的研究者，则把制度当作一种静止的状态进行分析，将其定义为是管束人们行为的一系列规则。规则本身是静态的，因此制度也是静态的。但其他学者认为，制度是一种动态的状态，具有以下三个维度：其一是制度是对人类的思想乃至行为活动发生实质作用的；其二是制度在实际的操作中存在着灵活的状态，存在着非正式规则；

---

① 宋玉玉．对发展广告学中制度的阐释理路［J］．广告大观（理论版），2019（12）：5.

② 德勒巴克，奈．新制度经济学前沿［M］．张宇燕，等译．北京：经济科学出版社，2003：32.

其三是制度本身并非一成不变，伴随着时代的发展，制度的边界实质上是在被渐进性调整。① 除此之外，马克思制度经济学也对制度进行了界定，认为，完整的社会制度是由经济基础和上层建筑两个相关联的层次组成的。②

以上是国内外旧制度经济学、新制度经济学、发展经济学以及马克思制度经济学对制度本身的理解和界定。对制度作用的理解也存在着分歧。韩东屏甚至提出了"制度决定历史论"。认为制度决定社会历史，有什么样的制度，就有什么样的社会历史，就有什么样的社会形态和被这种社会形态所总体性塑导的人类活动。当制度发生变化时，社会历史也会随之发生变化，由制度建构和决定的社会形态和被制度总体性塑导的人类活动的方式方向也会随之发生变化。③"制度决定论"存在着较大争议。鲁鹏认为，从制度的作用推导不出历史决定论，制度的作用是有范围和条件的。制度是思想—行为的中介，虽然作用巨大，却也是影响人的活动的要素之一，受制于其他要素并随其他因素的变化而变化，故不能简单地认为制度决定历史。④

本研究无意对制度的内涵和外延做精准区分，主要采取马克思制度经济学对制度的界定，即完整的社会制度是由经济基础和上层建筑两个相关联的层次组成的，社会制度是生产关系的总和。制度是产生推动作用或者制约作用的，一系列用于规范、形塑个人和集体的，正式的、非正式的规则和实施机制。制度既包括正式的规则和实施机制，也包括非正式的规则和实施机制。本研究认同制度具有巨大的推动或者制约作用，但不认同"制度决定历史"的观点。制度的作用应该是有范围和条件的。前文已经指出，中国特色社会主义制度是民族自治区大众传播网络得以生成、发展、演进的根本。它发挥了关键性和主导性的作用。这是从宏观制度层面进行的分析。实际上，民族自治区大众传媒业的发展和大众传播网络的构建也受微观层面制度的影响和制约。简而言之，中国独具特色的正式的规则和非正式规则都对我国民族自治区大众传播网络的发展、演进起到了巨大的推动作用。

2. 1949 年以来，有关大众传媒发展的相关制度

1949 年以后，对之前遗留下来的新闻事业实现了人民民主专政和社会主义

① 宋玉玉．对发展广告学中制度的阐释理路［J］．广告大观（理论版），2019（12）：5.

② 曾兰平．中国广告产业制度问题检讨［M］．北京：经济科学出版社，2009：2.

③ 韩东屏．制度的威力［M］．武汉：华中科技大学出版社，2018：411-412.

④ 鲁鹏．制度与历史决定论［J］．东岳论丛，2020（6）：47.

改造，分别形成了新的报刊传播网络、广播传播网络和电视传播网络。1950 年 4 月 14 日，新成立的新闻总署发布了《关于建立广播收音网的决定》（以下简称《决定》）。实践证明，其效果是显著的。据 1952 年 12 月统计，《决定》公布后的两年多时间内，全国建起县区收音站 20519 个，有 4.2 万多收音员活跃在广大城乡，建起县区镇的有线广播站 575 个，人民广播事业有了初步的群众基础。① 1954 年 7 月，《中共中央关于改进报纸工作的决议》指出，各少数民族地区有条件的就应创办民族文字报纸。1955 年 10 月，毛泽东在关于在西藏创办报纸的指示中强调："在少数民族地区办报，首先应办少数民族文字的报。"② 此后，我国创办了许多新的少数民族报纸，少数民族报纸的发展规模超过了新中国成立前的任何一个时期。③《内蒙古日报》成为最早创办的省级少数民族文字报纸，于 1948 年 1 月 1 日创刊。1949 年 12 月 6 日创刊于乌鲁木齐的《新疆日报》初为汉文版，后又陆续创办了维吾尔文版、哈萨克文版、蒙古文版。新疆还创办了较多的州、地、县级少数民族文字报纸。在少数民族报纸中，新疆还较早地创办了专业报纸和对象性报纸。新中国成立后最早创办的第一份藏文报纸是《青海藏文报》，于 1951 年 1 月 16 日创刊。当时全国最大的藏文报纸是《西藏日报》（藏文版），于 1956 年 4 月 22 日在拉萨创刊，同时出汉文版。全国唯一的一份壮文报纸——《壮文报》于 1957 年 7 月 1 日创刊于南宁，为周刊。

同时期还制定了有关新闻出版的单行法规。主要有：《全国报纸杂志登记暂行办法草案》（1950 年公布），《期刊登记暂行办法》（1952 年 8 月 16 日由中央人民政府政务院公布），《中共中央关于报纸和期刊的创办、停办或改刊的办理手续的几项规定》（1956 年 2 月公布），《管理书刊出版业印刷业发行业暂行条例》（1952 年 8 月 16 日由中央人民政府政务院公布）。此外，在其他法规中也制定了有关新闻事业活动应该遵循的条文。主要有：《保守国家机密暂行条例》（1951 年 6 月 8 日由中央人民政府政务院公布）、《中华人民共和国惩治反革命条例》（1951 年 2 月由中央人民政府公布）、《中共中央关于在报纸刊物上展开批评和自我批评的决定》（1950 年 4 月 19 日）、《中共中央关于改进报纸工作的

---

① 方汉奇．中国新闻事业通史：第 3 卷［M］．北京：中国人民大学出版社，1999（2）：47.

② 周德仓．西藏新闻传播史［M］．北京：中央民族大学出版社，2005：151.

③ 方汉奇．中国新闻事业通史：第 3 卷［M］．北京：中国人民大学出版社，1999（2）：19.

决议》(1954 年 7 月 17 日),这些条例实际上起了新闻法规的作用。①

1955 年 3 月,国务院发布《关于在农业、畜牧业、渔业生产合作社重点建立收音站的指示》和《关于边远省份和少数民族地区建立收音站的通知》,推动了农村和少数民族地区广播事业的发展。1956 年年初,中共中央制定了《全国农业发展纲要》,规划了发展农村广播网的蓝图,农村广播站迅速发展,农村的收听条件得到大幅改善。

上述这些《决定》《决议》《草案》《办法》《条例》《指示》《通知》以及领导人的批示等,共同形成了我国民族自治区大众传播网络生成、发展的规范,它们在形成民族自治区最初的大众传播体系、结构、面貌等方面都发挥了积极作用。尤其在为发展民族自治地区少数民族文字报刊、广播等方面提供了强大的支撑和保障,奠定了后期发展的格局和体系。显然,1949 年至 1956 年,我国民族自治区的大众传播网络发展得到了党和国家的高度重视和政策保护,垂直式的管理体制和发展模式较好地推动和促进了民族自治区大众传播网络的演进。之后我国的新闻事业经历了曲折发展,但是我国各地区新闻事业的发展格局、体系以及传播网络已基本成形,虽在这期间不断遭受冲击,但基本的发展格局、发展体系和传播网络已趋稳定。

1983 年 3 月底至 4 月初,我国第十一次全国广播电视工作会议确定实行中央、省(自治区、直辖市)、市(地、州)、县四级办广播电视、四级混合覆盖的方针,以及加强边境、沿海地区和少数民族地区的广播电视建设等的决定。至此,我国民族自治区在总体上形成了稳定的、四纵三横的媒体发展格局,横向上报刊、广播、电视三分天下,纵向上中央、省、地(市)县四级传播网络确立。此后,各个类型的传播网络开始多元化发展。

民族自治区新闻网站、媒体微博、媒体微信等新媒体、新新媒体也大致按照上述的体系和格局发展开来。不过互联网扁平化、网络化的属性特征和传统媒体垂直纵向的管理体制之间充满了张力。总之,在民族自治区大众传播网络 70 多年的发展征程中,国家区域内大众传媒均等化发展的理念以及垂直纵向的制度安排切实地为民族自治区大众传播网络的发展提供了坚实的保障。

3. 民族自治区发展传播研究中,对中国国家制度方面的深入研究不多

很长一段时间以来,一些经济发达地区的学者在研究和反思国家的传媒政

---

① 方汉奇. 中国新闻事业通史:第 3 卷 [M]. 北京:中国人民大学出版社,1999 (2):50-52.

策时，肯定了改革开放前三十年区域传媒分别、独立发展的必要性以及纵向垂直管理的必要性，也指出了各区域独立、分别发展的弊端和垂直管理的弊端。这种肯定和相应的反思都十分必要。经济较发达地区，市场环境较为宽松，经济实力较为雄厚，资本运作和经营的空间较大，在企业化经营方面进行了更充分的探索。条块分割式的媒体发展格局和垂直管理的制度安排一定程度上阻碍了经济发达地区资本的自由流动和整合发展，也阻碍了企业化运营跨地域跨行业跨集团运作的规模扩大和集中效果。不过，对经济基础薄弱、地理位置占有劣势、先天发育不足的民族自治地区而言，如果没有国家区域内大众传媒均等化发展的理念，没有对少数民族地区照顾发展的思路，以及垂直纵向管理的制度安排，民族自治地区全媒介形态发展的大众传媒格局以及大众传播网络是很难和其他地区一样得到快速、全面发展的。因此，民族新闻传播研究的学者和区域新闻传播研究的学者应对此保持自己的认识和判断。

一些学者坚定支持和认可企业化经营的管理体制，却对事业化管理带来的制约和束缚作用持批判态度。事业化管理确实存在僵化、教条、滞后管理、观念守旧、专业性不强、职业化能力不足等种种弊端，也在很大程度上制约和束缚了传媒业的自主发展和规模化经营。不过，应对事业化管理持一分为二的观点和看法。在敦促事业化管理提高管理质量和水平的同时，也要看到“事业化管理”这一制度首先确保了国家的意识形态安全，使新闻媒体的党性原则和人民性原则得到了保障和体现，也使党和国家的声音得以传递到每一个地域。这一体制在维护国家统一、民族团结和社会稳定方面，在铸牢中华民族共同体意识方面发挥了独特的作用。垂直式管理、条块分割的媒体体制的优势是，使不同媒介形态的媒体发展获得了相对的独立性，报纸传播系统、广播传播系统、电视传播系统都各自成长为相对独立、相对多元的主体。这些分散性的组织机构避免了高度集中和垄断，条块化、分割式的管理为不同传媒的各自发展提供了诸多的保护。① 就民族自治区不同传媒的发展而言，条块状、垂直式的管理制度保障了本区域内不同传媒的各自发展，最大程度上满足了本区域内人们信息获取的权利和媒介接触、使用的概率。

民族自治区的大众传播网络在国家统一性传媒制度的保障下，在国家发展政策的倾斜和照顾下，在民族自治区传媒行业和传媒人的不懈努力下，获得了

① 张学霞．宁夏大众传播网络构建研究：1926—2018［D］．西安：陕西师范大学，2019：144.

快速、全面的发展。然而，民族自治区发展传播研究中，对国家相关的制度研究却比较匮乏，既缺乏全局的、宏观的视野，也缺乏独特的观点和思考。民族自治区的发展传播研究，应结合国家统一的部署和制度安排，在保持同一性的前提下进行宏观的社会背景、政治结构、制度和政策等研究，也要结合不同地区的区情，在和其他地区做横向间的对比研究中，独立思考，提出有独到见解的理论和主张。

### （三）民族自治区发展传播研究中，缺乏全面、深入的受众研究

1949 年以后，媒体为贯彻“全党办报、群众办报”的方针，十分注重加强媒体与受众之间的联系。很多媒体机构都设置了联系受众的群众工作部。一些媒体还设置了“读者来信”栏目。1956 年以后，媒体与读者的联系日益减少。1956 年 7 月 1 日，《人民日报》改版，改版后取消了“读者来信”栏目。直至 1976 年 1 月 19 日，才恢复了“读者来信”专栏，全国各报的“读者来信”专栏也纷纷复刊，广播电台和电视台也恢复了听众信箱、观众信箱节目。① 这一时期，国内还未出现系统的受众研究。也就是说，我国媒体与受众的联系、互动出现得较早，但学界对受众的系统化、规模化的研究却出现得较晚。

1. 我国受众研究现状

我国首次受众学术研究会议是 1981 年 5 月 12 日由北京新闻学会召开。1982 年 4 月 9 日，北京新闻学会受众调查组成立。同年 6 月至 8 月，在北京地区开展了我国首次大规模受众抽样调查。共调查 295 个单位共计 2430 人，有效问卷为 2423 份。② 调查结果公示后，收到很多好评。1995 年 1 月，《北京读者听众观众》出版。这本著作分析了北京受众的现状、接触媒介的行为特征以及对新闻媒介的评价和期望，推动了我国新闻传播学实证研究的发展。1983 年，祝建华进行了规模为 1500 人的“上海郊区农村传播网络的调查分析”。1985 年，他又做了规模为 1500 人的“上海市区新闻传播受众调查”。这些研究带动了我国新闻传播学的受众研究的发展。

受众调查的视角也扩展到了少数民族群体。1987 年 5 月，由新疆广播电视学会牵头，与中国社会科学院新闻研究所、新疆新闻学会和新疆大学中文系新闻专业合作，在乌鲁木齐地区组织了我国首次民族受众调查。接受调查的 602 人中，少数民族占 52.2%。调查发现，民族文化传统和宗教观念对少数民族受

① 陈崇山．中国受众研究之回顾：上［J］．当代传播，2001（1）：12.

② 陈崇山．中国受众研究之回顾：上［J］．当代传播，2001（1）：13.

众的思想观念和媒介偏好都呈显著相关关系，少数民族受众对本民族语言的广播电视节目情有独钟。①

受众研究在经历了20世纪80年代的初始发展后，渐入佳境，研究成果不断涌现，研究队伍不断壮大，研究组织纷纷成立，专业调查公司也不断涌入。受众研究已是中国传播学开展较早、成果较丰富的研究领域，也是传播学本土化的重要切入点。② 当然不仅仅是传播学，宽泛地说，受众研究是我国新闻传播学开展较早、成果较丰富的领域。值得关注的是，早期的受众研究中，民族地区的民族受众研究也同步开展了。此后，一些学者也对民族地区大众传媒实践与媒体受众进行了研究。研究者们选取的研究地点和研究对象相对丰富和多元，其中不乏对新疆、西藏、内蒙古、广西、宁夏等民族区域自治地区的研究。

2. 民族自治区受众研究中的问题

尽管民族自治区受众研究与全国其他地区的受众研究基本同步，也取得了较大的发展成就，但是它还存在着以下三方面的问题。

（1）受众研究总体薄弱，处于边缘、冷门的研究状态

学者选取了国内新闻传播学界6本核心期刊《新闻与传播研究》《新闻大学》《国际新闻界》《现代传播》《新闻记者》《当代传播》中于2000年至2010年发表的有关受众研究的论文进行量化分析后发现，从研究总量上看，新媒体受众研究与传统媒体受众处于“并肩齐飞”的状态。在新媒体对传统媒体造成冲击的情况下，传统媒体尤其是电视媒体的受众依然是非常受重视的群体，对新媒体（包括网络博客、QQ、MSN、手机短信等）的受众研究自2007年以来有了显著的提高，在2008年首次超过传统媒体受众研究，这种上升趋势连续保持了3年，这表明传播学者们越发重视对新媒体受众的研究。③ 调查还发现，自2005年以来，实证研究方法在受众研究中发展迅速，大学生、青少年、农民工、城市受众等特定群体成为受众研究的主要关注群体，除了在对受众与媒体关系的研究方面取得一些成果外，还在受众地位和权利、受众心理与认知结构、传统理论的验证等重要领域也有不错的进展。此外，受众素养、受众研究方法也是热门研究领域。

---

① 陈崇山．中国受众研究之回顾：中［J］．当代传播，2001（3）：12.

② 梅琼林，胡力荣，袁光锋．关于受众的表述：中国传播学受众研究回顾（2000—2010）［J］．河南社会科学，2011（1）：177.

③ 梅琼林，胡力荣，袁光锋．关于受众的表述：中国传播学受众研究回顾（2000—2010）［J］．河南社会科学，2011（1）：178.

然而，这十年间，这 6 本核心期刊上却很少出现少数民族受众群体的研究。或许这十年间研究的这些特定群体大学生、青少年、农民工、城市受众等身份和少数民族受众的身份有重合和交叉，但学者们的研究中没有提及少数民族受众这一特定群体。虽然 6 本核心期刊的受众研究还不足以代表少数民族受众研究的全貌，但以点带面，也可以看出，少数民族受众研究还处于边缘、冷门的研究状态。另外，上述研究中，也没有提及少数民族受众群体研究缺失的情况。这表明，少数民族受众研究的缺失已是常态，很难引起学者们的重视。

（2）少数民族受众研究规模小，数量少，代表性不强

一些学者的调查发现，少数民族地区媒体受众研究的样本普遍偏少，整体的受众研究比较薄弱。宫京成、苗福成采用深度访谈的研究方法对宁夏电视观众的收视取向、收视愿望、收视评价等进行了调查，其中访问样本 83 人。张学霞对宁夏兴泾镇新媒体应用情况进行了调查，有效问卷 272 份。赛来西·阿不都拉、阿斯玛·尼亚孜对新疆哈萨克族群众媒体接触、使用情况进行了调查，有效问卷 156 份。杜松平对伊犁地区锡伯族受众媒体使用和媒体接触情况，进行了问卷调查，有效问卷为 83 份。林晓华、焦若薇对内蒙古、新疆、西藏、宁夏、广西、云南、贵州、青海、甘肃、湖北十个省、自治区少数民族地区的居民手机媒体使用情况及网络应用情况进行了调查，有效问卷 230 份，平均到每个省份的话，每个省份的有效问卷数量偏少。赵丽芳对西藏、新疆 14 个地区的少数民族语言受众媒介使用、媒介需求和媒介认知等情况进行了调查，新疆地区的问卷材料 103 份，西藏地区的有效问卷 394 份，有效访谈材料 24 份，和前述研究者们的研究样本相比，在数量上增加了很多，但是和新疆、西藏整体的媒体受众规模相比，受众调查的规模偏小，数量仍然偏少。李克对甘肃、青海、宁夏、新疆四省区的 11 个市、22 个县进行了调查，有效问卷 411 份，平均分配到 4 个省区的话，每个省区 100 份问卷左右……以上数据表明，民族自治区受众调查研究的数量和规模还较少较小，代表性还存在着不足，少数民族受众的全貌还未被全部揭示出来。

（3）少数民族新媒体用户研究稀缺

一般传统媒体的接收群体被统称为“受众”，新媒体、新新媒体的使用者则被称为“用户”。从“受众”到“用户”这一名称上的变化显示出新媒体、新新媒体用户的心理和行为上的主动性和时代性。本研究不对“受众”和“用户”的称谓做严格意义上的区分，为了统一行文，将媒体的接受者、使用者以

及自媒体用户都泛称为受众。在涉及传统媒体时，统称为“受众”，涉及新媒体和新新媒体时，统称为“用户”。本研究中两者的内涵和外延相同，可以相互指代。

前面的研究已表明，民族自治区传统媒体的受众研究还处于边缘化、冷门的状态，已有的一些民族受众研究的规模较小，数量偏少，整体代表性和说服力还有待提高。另外，少数民族新媒体用户研究相对稀少。《关于受众的表述：中国传播学受众研究回顾（2000—2010）》一文指出，自 2007 年以来有关新媒体受众研究的论文开始增多，2008 年后，连续 3 年新媒体受众研究的论文数量都超过了传统媒体受众研究的论文数量。但文中没有提到少数民族新媒体受众研究的情况，由此可以推断，在 2000 年至 2010 年，少数民族新媒体用户的研究是缺失的。

其他学者的研究指出，对少数民族新媒体使用的研究和对少数民族用户群体的研究也存在着较多的问题。陈嬿如、石迪在对 2016 年 11 月之前国内外有关移动媒介和少数民族农村社区的文献进行检索研究后发现，截至 2016 年 11 月，传播学学者对少数民族移动媒介使用与影响的关注和研究不足，还未从本质上考察少数民族群体使用移动媒体和其他群体有何异同以及成因，还缺乏从研究者和被研究者双方视角对移动媒介使用和影响的长期的质化研究。① 研究者认为，移动媒介的使用改变了少数民族农村信息与通信技术的图景，也引起了少数民族群体的人际交往范围、交往方式、经验基础、社会时空、权力结构等方面的变迁，扩大了少数民族群体社会关系的圈子，提高了社会资本获取的可能性。② 但是总体而言，少数民族农村社区的移动媒介研究还不尽如人意。缺乏规范的研究方法，量化研究很少，质化研究使用不够规范，最大的遗漏在于没有从本质上考察少数民族群体移动媒介的使用和影响和其他的群体有何异同，原因何在，以及使用的逻辑和规律又是什么。③ 说到底，还是少数民族新媒体用户研究的缺失。

受众概念的衍变经历了漫长的时间，但它在新闻传播学研究中的核心地位

---

① 陈嬿如，石迪．移动媒介与少数民族农村社区变迁研究述评：一个全球化的视角［J］．厦门大学学报（哲学社会科学版），2017（4）：8.

② 陈嬿如，石迪．移动媒介与少数民族农村社区变迁研究述评：一个全球化的视角［J］．厦门大学学报（哲学社会科学版），2017（4）：10.

③ 陈嬿如，石迪．移动媒介与少数民族农村社区变迁研究述评：一个全球化的视角［J］．厦门大学学报（哲学社会科学版），2017（4）：13.

一以贯之。因为新闻传播就是以广大受众作为对象的社会活动，受众与传媒是信息传播过程的两极，离开了受众就无所谓信息传播活动。所以，对受众的研究自然就是新闻传播研究的一项基础性工作。① 部分少数民族受众因为语言、文字等与汉族受众的差异，他们在媒体接触、使用、满足等方面以及对媒体的期望和评价方面是有不同的，不能笼统地将一般性的受众研究结论直接套用到少数民族受众研究中。少数民族受众研究中，发现了明显异于其他受众研究的一些突出问题。比如，早在 1987 年，新疆广播电视学会牵头的民族受众调查组在乌鲁木齐进行民族受众调查中就已经发现，民族文化传统和宗教观念对少数民族受众的思想观念和媒介偏好的影响较大，少数民族受众比较偏爱本民族语言的广播电视节目。② 2004 年，赛来西・阿不都拉和阿斯玛・尼亚孜在对新疆哈萨克族群众媒体接触、使用情况进行调查时也发现，70%的新疆哈萨克族群众会选择收听收看本民族语言的节目或报刊，只有 1/4 的受众选择汉语语言节目或汉语语言书刊。③ 2014 年，赵丽芳在对西藏、新疆 14 个地区的少数民族语言受众媒介使用、媒介需求和媒介认知等情况进行调查时发现，西藏、新疆少数民族受众在电视、广播媒介接触偏好中具有明显的本地化倾向和母语媒介接触倾向。④ 2015 年，李克对甘肃、青海、宁夏、新疆进行调查时也发现，新疆少数民族受众听广播看电视是以民族语言为主，汉语为辅。其中，新疆少数民族受众年龄偏高者使用民族语媒介的比例较高，汉语次之。⑤

综上，自 1987 年起，有关少数民族受众的调查已显示出少数民族受众更偏好本民族语言的媒体。此后，不同学者在不同时间段，在对少数民族受众进行调查时都发现了这一特征。历经 30 多年的发展，部分少数民族受众依然首选本民族语言的媒体内容，日常的媒体接触仍然是以民族语言为主，汉语为辅。这本无可厚非。不过由此揭示出来的问题是，如何看待和处理少数民族文化传播和中华民族文化传播之间的关系？是要大力发展少数民族语言媒体来满足少数

---

① 张小平，蔡惠福．新传播格局下受众理论的重思与重建［J］．传媒观察，2020（2）：12.

② 陈崇山．中国受众研究之回顾：中［J］．当代传播，2001（3）：12.

③ 赛来西・阿不都拉，阿斯玛・尼亚孜．新疆哈萨克族受众分析［J］．当代传播，2004（1）：35-37.

④ 赵丽芳．西藏、新疆少数民族受众对母语媒介的接触与使用研究［J］．中国广播电视学刊，2015（8）：58.

⑤ 李克．西北少数民族地区新闻事业现状及对策［J］．青海师范大学民族师范学院学报，2016（5）：22.

民族受众的信息需求和民族的心理需求，还是要大力推行双语教育以便能为少数民族受众提供更多媒体内容上的选择？国家通用语言在少数民族地区的推广和普及是否还有着较大的提升空间？如何在保护少数民族语言文化的同时推行双语教育？少数民族语言媒体在促进国家认同、民族认同和铸牢中华民族共同体意识方面发挥了哪些作用？如何看待和处理少数民族民众的国家认同和民族认同？以上这些问题都是在对少数民族受众进行调查时衍生出来的新问题。还有，新媒体、新新媒体迅猛发展，获得技术赋权赋能的现代少数民族受众，其身份又发生了怎样的变化？他们已由过去“被动的存在”变成了“主动的存在”，当他们的自我表达意愿不断增强，也成为信息传播的主导力量之一时，又将对大众传播产生哪些影响？这都是接下来需要进一步研究的新问题。

## 第二节 民族自治区大众传播网络的发展机制

1949 年之前，新疆、西藏、内蒙古、宁夏等地区的大众传播网络普遍稀少、结构单薄、脆弱，普及程度和覆盖范围极为有限。1949 年之后，尤其是改革开放 40 多年来，我国五个民族自治区大众传播网络均获得了全面、充分的发展，已形成了前所未有的，多层次、多类别、多媒介形态，多语种的全景式大众传播网络。每个民族自治区均已形成包括报纸传播网络、期刊传播网络、广播传播网络、电视传播网络、新闻网站传播网络、微博传播网络、微信传播网络等在内的现代化大众传播网络。民族自治区大众传播网络的发展和中国特色社会主义、国家统一的传媒制度以及技术的发展创新普及应用都有着密切的联系。而这正是与以美国为首的一些西方发达国家地方媒体发展的根本区别之一。

### 一、中国特色社会主义制度是推动民族自治区大众传播网络发展的核心

1949 年之后，中国共产党对社会主义道路进行了不懈的探索。十一届三中全会以后，中国共产党在总结国内外社会主义建设经验基础上形成了中国特色社会主义道路。中国特色社会主义给我国政治、经济、文化、社会、生态文明建设等都带来了巨大的发展奇迹，也使我国的方方面面都发生了巨变。尤其是民族自治地区，受益于中国特色社会主义制度，在 1949 年后发生了翻天覆地的变化。民族自治区这些年来的成就和变化充分彰显了中国特色社会主义的优越

性和生命力，也表明中国特色社会主义制度是推动民族自治区发展变迁的核心。

中国特色社会主义是中国共产党把马克思主义普遍真理同我国具体实际相结合，在总结我国长期历史经验基础上得出的基本结论。坚持走自己的道路，不照搬照抄他国的经验和模式，植根于中华文化沃土。习近平总书记在2013年6月中共中央政治局第七次集体学习时指出，中国特色社会主义道路是在改革开放30多年的伟大实践中走出来的，是在中华人民共和国成立60多年的持续探索中走出来的，是在对近代以来170多年中华民族发展历程的深刻总结中走出来的，是在对中华民族5000多年悠久文明的传承中走出来的，具有深厚的历史渊源和广泛的现实基础。① 也就是说，中国独特的国家起源，独特的政治文化，独特的经济形态和独特的文明特征，决定了中国独特的社会制度。中国特色社会主义的根本是坚持中国共产党的领导，坚持人民利益高于一切，广泛动员和组织最广大人民参与到社会主义建设中来。它来源于实践，也来源于人民，致力于中华民族伟大复兴，致力于国家富强、人民幸福、社会和谐和可持续发展。

在中国特色社会主义制度的根本引领和主导下，民族自治区生产总值不断增长。2019年，新疆地区生产总值达到13597.11亿元，西藏地区生产总值达到1697.82亿元，内蒙古地区生产总值达到17212.53亿元，广西地区生产总值达到21237.14亿元，宁夏地区生产总值达到3748.48亿元。和2000年相比，20年间，新疆地区生产总值增加了12233.55亿元，年均增速达到8.97%；西藏地区生产总值增加了1580.02亿元，年均增速达到10.87%；内蒙古地区生产总值增加了15673.41亿元，年均增速达到10.18%；广西地区生产总值增加了19157.1亿元，年均增速达到9.21%；宁夏地区生产总值增加了3453.46亿元，年均增速达到11.71%。也就是说，20年间，五个民族自治区生产总值年增速均达到了8%以上，地区生产总值翻倍10倍以上。其中，内蒙古地区在2000年至2010年间连续9年经济增速位居全国第一，人均地区生产总值也逐年上升。2019年，新疆人均地区生产总值达到54280元，西藏人均地区生产总值达到48902元，内蒙古人均地区生产总值达到67852元，广西人均地区生产总值达到42964元，宁夏人均地区生产总值达到54217元。居民人均可支配收入普遍大幅提高。2019年，新疆地区居民人均可支配收入达到23103.88元，西藏地区居民人均可支配收入达到19501.30元，内蒙古地区居民人均可支配收入达到30555.03元，广西

① 习近平在中共中央政治局第七次集体学习时强调　在对历史的深入思考中更好地走向未来　交出发展中国特色社会合格案卷［N］. 人民日报，2013-06-27（1）.

地区居民人均可支配收入达到 23328.21 元，宁夏地区居民人均可支配收入达到 24411.89 元。

中国特色社会主义制度的根本性引领和主导作用也使民族自治地区基础设施和生态环境得到了根本改善。2018 年，新疆地区铁路营业里程达到 6000 公里，西藏地区铁路营业里程达到 800 公里，内蒙古地区铁路营业里程达到 12800 公里，广西地区铁路营业里程达到 5200 公里，宁夏地区铁路营业里程达到 1400 公里。

2000 年至 2018 年，五个民族自治公路里程数也在大幅增加。新疆地区公路里程达到 18900 公里，西藏地区公路里程达到 97800 公里，内蒙古地区公路里程达到 202600 公里，广西地区公路里程达到 125400 公里，宁夏地区公路里程达到 35400 公里。交通基础设施的发展对于促进民族自治区经济增长、社会发展、信息传播、交流沟通等都发挥了重要的作用。民族自治区的生态环境也得到根本改善。在坚持绿色发展、保护生态，正确处理经济发展与生态环境保护方面，民族自治区取得了较大的进展。2018 年，新疆地区森林覆盖率达到 4.9%，西藏地区森林覆盖率达到 12.1%，内蒙古地区森林覆盖率达到 22.1%，广西地区森林覆盖率达到 60.2%，宁夏地区森林覆盖率达到 12.6%。同时，新疆地区造林总面积达到 243.79 千公顷，西藏地区造林总面积达到 75.04 千公顷，内蒙古地区造林总面积达到 599.98 千公顷，广西地区造林总面积达到 247.80 千公顷，宁夏地区造林总面积达到 100.06 千公顷。

中国特色社会主义制度也支撑和保障了民族自治区的教育得到巨大发展。民族自治区地方财政教育支出金额和比例逐年增加，教育经费来源日趋多元化，已形成多元化办学格局和现代化、规模化、普遍化的教育体系。2016 年，新疆地方财政教育支出金额达到 664.93 亿元，年增长率为 8.82%；西藏地方财政教育支出金额达到 169.64 亿元，年增长率为 15.76%；内蒙古地方财政教育支出金额达到 554.97 亿元，年增长率为 5.98%；广西地方财政教育支出金额达到 854.55 亿元，年增长率为 9.74%；宁夏地方财政教育支出金额达到 152.57 亿元，年增长率为 9.42%。民族自治区的教育经费也较为多元。除国家财政性教育经费外，民族自治区的教育经费还包括民办学校办学经费、社会团体和公民个人办学经费、社会捐赠经费、学费和杂费、其他教育经费等。不过，国家财政性教育经费占主导。也就是说，国家财政性教育经费是支撑和保障民族自治区教育发展的根本。同时，我国五个民族自治区已形成现代化、规模化、普遍化的教育体系。这一综合教育体系包括学前教育、义务教育、高中阶段教育、高等教育、特殊教育和继续教育等。并且呈现出层次多、模式多、网络化的现代化特征。2018 年，新疆建有高中学校 343 所，初中学校 935 所，小学学校 3368 所。西藏建有高中学校 34 所，初中学校 99 所，小学学校 809 所。内蒙古建有高中学校 299 所，初中学校 691 所，小学学校 1655 所。广西建有高中学校 468 所，初中学校 1743 所，小学学校 8054 所。宁夏建有高中学校 65 所，初中学校 244 所，小学学校 1250 所。2018 年，五个民族自治区学龄儿童净入学率均达到 100%。

民族自治区大众传播网络也同样经历了巨大的发展变迁。民族自治区大众传播网络的建立、健全、发展和变迁，是中国特色社会主义制度主导下的产物，也是民族自治区整体经济发展、基础设施改善、教育普及下系统发展的产物。民族自治区大众传播网络的构建生成、发展完善离不开经济发展的支撑，离不开交通基础设施、通信基础设施配套发展的支撑，也离不开全民教育普及发展的支撑。就世界范围而言，大多数发展中国家文盲人口占总人口的 40%，而中国已经扫除青壮年文盲。全民教育的普及和文盲率的降低都为接触、使用、参与大众传播提供了基础条件。

中国特色社会主义制度的优越性在于，坚持中国共产党的领导，以人民为中心，不断深化改革，不断践行发展理念，始终如一的发展理念指导和促进民族自治区大众传播网络的发展变迁。中国共产党始终认为，发展是解决中国一切问题的基础和关键。① 中国特色社会主义还提出应坚持科学发展观，秉持创新、协调、绿色、开放、共享的新发展理念。在中国共产党发展理念的指导下，我国各地区包括民族自治区方方面面都获得了充分的、长足的发展。大众传播网络的发展变迁是国家和地区发展的重要表征之一。大众传媒的发展是民主政治发展的三阶段之一。从普遍意义上讲，一个国家和地区的经济发展和它的大众传播网络的发展是呈正相关关系的，即经济越发达的国家和地区，它的大众传播网络越多元、立体和完备，反之亦然。正如施拉姆所言，传播发展的某种水平与阶段必须伴随着社会发展的某一水平和阶段。② 这和马克思“经济基础

---

① 习近平．决胜全面小康社会 夺取新时代中国特色社会主义伟大胜利：在中国共产党第十九次全国代表大会上的报告［EB/OL］．新华网，2017-10-27.

② 施拉姆．大众传播媒介与社会发展［M］．金燕宁，蒋千红，朱剑红，译．北京：华夏出版社，1990：41.

决定上层建筑”的著名论断如出一辙。大众传播的发展影响着社会和经济的发展，社会和经济的发展也主导着大众传播的发展。我国民族自治区大众传播网络从单薄、脆弱的二元网络结构发展到拥有报纸传播网络、期刊传播网络、广播传播网络、电视传播网络、网站传播网络、微博传播网络、微信传播网络以及客户端传播网络等复杂、多元、全景式的多元网络结构，充分体现了中国特色社会主义制度的注重发展、以人民为中心的优越性。

中国特色社会主义制度的优越性还在于，在人民民主专政的国体和人民代表大会制度的政体下，在中国共产党领导的多党合作和政治协商制度以及民族区域自治制度和基层群众自治制度的保障下，注重公平公正，坚持把扶贫攻坚和共同富裕放在国家发展的重要位置上。这一制度优势在支撑和保障经济落后地区、民族地区、民族自治地区的经济、社会、文化、教育、传媒发展等方面至关重要。这也是国家的发展能切实促进所有地区传播发展的主要原因。

勒纳、罗杰斯、施拉姆等学者开启的发展传播学研究都看到了经济发展、文化、教育等和传播的相互影响关系，但他们把美国传播的模式视为主要榜样试图在非洲等发展中国家进行推广和复制时却大多遭遇了失败。根本原因在于，勒纳、罗杰斯、施拉姆等学者较少结合当地的社会环境和社会制度结构来进行发展传播学研究，更多是把希望寄托在经济发展、市场力量和少数精英、专家的身上。较少提到有为政府和集体行动的重要性。虽然勒纳、罗杰斯、施拉姆等学者也认识到了参与式传播的重要性，但是他们尚未认识到，缺乏有为政府有效引领和指导的、自发自觉的民众的参与式传播，缺乏以人民为中心的发展理念的参与式传播，很难实现可持续性发展，也很难得到公平、有效的发展。

我国在中国共产党的领导下实行人民民主专政。在人民代表大会制度、政治协商制度、民族区域自治制度等保障下，人民当家作主，因此具有广泛的动员性和积极性。在效率优先，兼顾公平的原则下，在扶贫攻坚和共同富裕的目标中，民族自治区的经济、文化、教育、大众传播网络等和其他地区一样都获得了巨大的发展，并享受到了政策扶持和照顾的红利。也就是说，中国特色社会主义制度，“有利于保持党和国家活力、调动广大人民群众和社会各方面的积极性、主动性、创造性，有利于解放和发展社会生产力、推动经济社会全面发展，有利于维护和促进社会公平正义、实现全体人民共同富裕，有利于集中力量办大事、有效应对前进道路上的各种风险挑战，有利于维护民族团结、社会稳定、国家统一”①。

民族自治区大众传播网络的发展演变表明，中国特色社会主义制度在构建和生成民族自治区大众传播网络方面发挥了主导性作用。这一传播网络的构建生成也体现了中国特色社会主义制度的优越性。

## 二、统一的传媒制度是民族自治区大众传播网络普遍发展的保障

如果说中国特色社会主义制度是当代中国发展进步的根本性制度保障，那么中国统一的传媒制度的建立、发展、改革和完善则为推动和促进民族自治区大众传播网络普遍快速发展提供了更具体的制度保障。换言之，中国特色社会主义制度事关全局和整体，中国特色的传媒制度则对传媒业的发展、对大众传播网络的构建生成更具针对性和指导性。我国统一的传媒制度主要包括：党媒通讯员制度的确立与发展；“四级办广播、四级办电视、四级混合覆盖”的制度安排；事业化管理、企业化经营的媒体体制的确立；以及就此形成的条块分割、垂直式的管理制度的创建和普及。

### （一）通讯员制度扩大了民族自治区大众传播网络的覆盖范围

我国通讯员制度的创立与发展有着鲜明的中国特色，是中国共产党实现“全党办报”“群众办报”的实现路径之一，也是“群众路线”的实现路径之一，是参与式传播的典范。它在促进和推动民族自治区大众传播网络的生成与发展，尤其是扩大民族自治区大众传播网络的覆盖面和影响力方面发挥了重要的作用。广大人民群众通过参与新闻采访、新闻写作活动，了解党的方针政策，响应党的号召，潜移默化中宏观的意识形态深深嵌入人们的日常生活，也推动了军事、生产以及其他各方面的实际工作，对中共领导下的革命进程起到了巨大的催化作用。人民群众也通过新闻写作初步改变了“无法表述自己”“只能被别人表述”的被动文化地位，获得了表达的权利并增强了文化和政治上的自信，逐步走向社会的中心位置。②

我国最早的通讯员制度由《申报》创建。《申报》于1872年创刊不久后，在杭州设置了第一个外埠通讯员。至1895年，已在北京、南京、苏州、宁波、

---

① 庆祝中国共产党成立90周年 胡锦涛同志“七一”重要讲话辅导读本［Z］. 北京：学习出版社，2011：9-10.

② 田中初. 鼓励群众成为新闻传播者：革命根据地时期党促进通讯员事业发展的相关实践［J］. 新闻记者，2011（7）：37.

扬州、汉口、武昌等26处都设置了通讯员。① 徐宝璜在其著作《新闻学》中专门设一节来论述“通信员与其通信法”。不过，这时期的通讯员制度尚在探索中，通讯员人数少、规模小。1925年6月25日，中共六届二中全会宣传工作有关决议指出，“训练工农通信员是组织党报的重要条件之一”②。1929年12月，党中央委员会发布了《关于中央党报通信员的条例》。1930年5月10日，中共中央党报委员会制定了《中共中央党报通讯员条例》《国际工人通讯运动的任务与工人通讯员之国际关系》，规定了党报工作和通讯员的任务。③ 此后，从20世纪20年代后期一直到20世纪40年代，党的文件中、报纸上不断出现发展通讯员、开展通讯员工作的内容。党的新闻媒体也在实践中不断开展吸纳发展通讯员、指导培训通讯员等工作。媒体中涌现出了大批的通讯员。由广大通讯员建立起来的信息传播网络在传播传递党的信息，响应党的号召，团结更广大人民，传达民情和民意等方面发挥了重要的作用。

延安时期，通讯员队伍建设成为我国通讯员建设的典范，这一时期涌现了数量众多的通讯员，也刊登了大量的通讯员稿件。1931年，《红色中华》创刊不久后即发展了200多名通讯员。两年后，《红色中华》已发展400多名通讯员，形成了党报最初的通讯员网络。《红色中华》于1937年1月29日改名为《新中华报》。除《新中华报》外，《解放日报》《边区群众报》等众多报刊也同样组建了通讯员网络。《解放日报》《边区群众报》组织了千人以上的通讯员队伍，他们大多数是县、区、乡的干部，师范生和中小教员，剧团、工厂和军队的干部。④《边区群众报》的通讯员主要是基层干部、学校教员、学生和识字能写的普通群众，其中较为稳定的通讯员队伍是各县委、区委的通讯干事、文教干部。⑤ 1942年，《解放日报》改版时，通讯员制度已较为成熟。通讯员不仅供稿，还组织或主持读报。在全边区各县、区、乡组织了大量的大众读报组，由

① 辛皎佼．延安时期通讯员队伍建设的历史语境与现实启示研究［D］．西安：陕西师范大学，2015：6.

② 辛皎佼．延安时期通讯员队伍建设的历史语境与现实启示研究［D］．西安：陕西师范大学，2015：6.

③ 辛皎佼．延安时期通讯员队伍建设的历史语境与现实启示研究［D］．西安：陕西师范大学，2015：7.

④ 高西莲．陕甘宁边区新闻广播事业发展概述［C］//齐心，张馨．陕甘宁边区政府成立五十周年论文选编．西安：三秦出版社，1988：52.

⑤ 乔巧海．值得回味的往事［C］//五十年华．西安：陕西日报社编印，1990：201.

通讯员主持，吸收广大群众有组织地读报。[①] 1945年年初，《盐阜报》和《盐阜大众报》的通讯员已近2000人，工农通讯员有400余人，每月写稿2000多件。报上所刊登的新闻、通讯、文艺作品中80%~90%都是工农通讯员来稿。[②] 盐阜地区拥有3000多名通讯员，形成了一支能够配合专业办报人员完成宣传报道任务的队伍。通讯员采写的稿件经常占地方新闻的70%左右。[③] 新华社到1945年抗战胜利的时候，已经拥有近3万名通讯员。[④] 1948年仅在华中解放区的通讯员已经有4.6万多人，每月平均投稿约3万篇。[⑤] 1946年，《晋绥日报》的通讯员人数由最初创刊时的50多人发展到1210人，每天收稿件30~40篇，每个月收到的稿件多达千件。[⑥] 在当时的社会背景下，发动工农通讯员、刊发工农通讯员的稿件尽管也有一定的运动色彩，但工农通讯员制度的建立和通讯员队伍的发展对于开发当地的新闻资源，扩大和传播党的信息，弥补新闻稿源的不足，动员更广泛的群体参加党报的信息传播，扩大人民群众对信息传播的参与度，以及传达民意、反映民情等方面都有着重要作用。

1949年以后，全国各省区都延续了党媒的通讯员制度。在民族自治区，通讯员制度继续发挥广泛的社会动员作用，解决了民族自治区报纸稿源短缺问题，也为社会培养了人才。同时，还扩大了民族自治区新闻信息写作队伍，更好地推动了“全党办报”和“群众办报”的实行，也使报纸本身更好地发挥了组织与扩散的功能。本研究以宁夏回族自治区通讯员制度和通讯员队伍发展为个案，对此相加说明。

1950年年初，宁夏日报社在各县设立了通讯干事，6月普遍建读报组，大力发展通讯员。1950年9月6日至15日，宁夏日报社共有通讯员700多名，每月平均来稿500来篇。1953年，宁夏日报社有通讯员1400多名，每月平均来稿

---

① 高西莲．陕甘宁边区新闻广播事业发展概述［J］．延安大学学报（社会科学版），1988（3）：47.

② 周峰．新民主主义革命时期中共工农通讯员制度的生成与运作［J］．中共党史研究，2017（1）：52.

③ 王维．革命战争年代江苏盐阜地区的通讯工作［C］//中国社科院新闻研究所．抗日战争时期的中国新闻界．重庆：重庆出版社，1987：24.

④ 刘云莱．新华社史话［M］．北京：新华出版社，1988：32.

⑤ 田中初．鼓励群众成为新闻传播者：革命根据地时期党促进通讯员事业发展的相关实践［J］．新闻记者，2011（7）：37.

⑥ 刘慧珍．对工农通讯员制度的传播学解读：以延安时期革命根据地的实践为视界［J］．编辑之友，2012（11）：113.

近2000篇。1958年《宁夏日报》二次创刊初期，平均每月收到通讯员来稿2000篇左右。1959年1月到1960年6月平均每月收稿3122篇，平均每天收稿100篇左右。① 1958年，宁夏各地各部门都成立了以党委书记为首的通讯写作小组。1962年，宁夏在各县市均配备一名通讯干事。宁夏广播电台也于1958年后逐步在各县市各行各业普遍建立通讯组。宁夏各市、县广播站开始通过各种途径和形式发展通讯员，建立各地区的通讯网。各市、县广播站的通讯员队伍基本上由下列人员组成：一是乡（镇）广播放大站的编辑、播音员；二是市、县直属机关各部门、各系统有写作能力、热爱广播的人；三是聘请一些有见解、有文字修养的人做骨干通讯员。各市、县一般有通讯员100~200人。② 到20世纪60年代初期，宁夏通讯员制度日趋健全。1978年至1981年，宁夏电视台聘请了4名通讯员，由他们向电视台提供本单位和当地新闻。

从全国范围来看，1958年，全党办报运动进一步开展，普遍建立了党委通讯组（写作组、报道组）……不少省、地市、县都建立起党委通讯组，它一般由各级党委书记挂帅，吸收各方面负责人参加，经常给党报写评论和报道……党委通讯组还建立通讯员网，具体工作多由党委宣传部负责。③ 这一时期以后，“工农通讯员”的“工农”成分已在下降，党委成员逐渐成为通讯员的主力。

改革开放以后，通讯员制度和通讯员队伍仍在发展中，但是通讯员数量大幅缩减，刊登的稿件数量也在下降，基层通讯员的比例不断降低。1985年至1987年间，宁夏日报社平均每月通讯员来稿3660多篇，平均每天来稿118篇。④ 1994年5月，宁夏日报社重新制定了《通讯员稿件处理暂行规定》，确保通讯员制度有序有效进行。2013年5月，宁夏日报社在贺兰县开展“编辑与通讯员手拉手结对传帮带”活动。这一活动初见成效后，宁夏日报社在五个地级市建立了试点后逐渐全面推广。同时，还在要闻版开设了“通讯员特区”专栏，刊发来自基层通讯员采写的报道，力争使基层通讯员（含记者采写）稿件的采用量

---

① 张学霞．宁夏大众传播网络构建研究：1926—2018［D］．西安：陕西师范大学，2019：92.

② 宁夏通志编纂委员会．宁夏通志（十九）：文化卷下［M］．北京：方志出版社，2009：830.

③ 方汉奇．中国新闻事业通史：第3卷［M］．北京：中国人民大学出版社，1999：229-230.

④ 张学霞．宁夏大众传播网络构建研究：1926—2018［D］．西安：陕西师范大学，2019：121.

达到50%以上。① 其他民族自治区通讯员制度和通讯员队伍的发展情况也大抵如此。

综上，中国共产党通讯员制度的创立、发展、实践推动了中国共产党“全党办报”“群众办报”理念的贯彻、执行，也起到了社会动员和政治组织的作用。同时，还弥补了职业记者短缺，新闻稿源不足，以及传播范围有限、覆盖群体不广泛等新闻信息传播等方面的缺陷。

通讯员有以下三种功能。其一，在新闻宣传和信息传播层面，通讯员一方面弥补了职业记者数量短缺、新闻资源开发不足以及媒体报道全面性不足等问题；另一方面，他们成为民众和新闻媒体之间的信息纽带，在传达民意、反映民情方面发挥着重要作用。通讯员来自各行各业，能接触到社会的底层，能给媒体提供最真实的民意信息。他们维系着媒体与读者、媒体与生活、媒体与信息来源的联系，是民众和媒体之间的信息纽带。其二，通讯员具有社会动员和政治组织的功能。遍布各个行业的通讯员是媒体忠实的受众，他们参与媒体的新闻制作后就成为媒体信息传播网络中的一员，在促进信息传播网络横向到底、纵向到边的流通过程中具有信息节点的重要作用。也能够发挥信息传播链中“舆论领袖”的作用，动员工农参与政治传播，有效激发了工农的政治参与热情，改造并巩固了党的组织基础。② 也就是说，通讯员们通过参与新闻信息制作和新闻信息传播，在动员和组织身边的群体和关系网络了解党的方针、政策，响应党的号召，在潜移默化中将宏观的意识形态嵌入人们的日常生活中发挥了重要作用。其三，通讯员扩大了新闻传播网络的覆盖面和覆盖范围。通讯员加入新闻信息制作和进入传播过程中，体现了“群众办报”的内涵。群众办报是一种广泛的社会动员机制，吸收了大批有文字表达能力的基层群众进入新闻信息的写作与传播中，使通讯员本身也成了大众传播网络中的信息传播节点，从而有效地扩大了新闻传播网络的覆盖面和覆盖范围。通讯员的这些功能和作用在民族自治区表现得尤为明显。

### （二）四级办媒体制度保障了民族自治区民众的基本信息权

1949年以后，我国逐步建立了与行政区域划分相对应的中央、省、地

① 张学霞．宁夏大众传播网络构建研究：1926—2018［D］．西安：陕西师范大学，2019：149.

② 周峰．新民主主义革命时期中共工农通讯员制度的生成与运作［J］．中共党史研究，2017（1）：45.

(市)、县级建制的报、台体制。1949年至1999年，我国已形成了“四级办广播、四级办电视、四级混合覆盖”的媒体体制。这一体制的特点是：实行国家所有制，以国家财政拨款为主，主要依靠行政手段建立各级媒体，全国统一媒体建制。按照这一媒体建制，民族自治区根据中央、省、地（市）、县这样的行政等级纵向分布建立起各级报纸、电台、电视台、网站、微博、微信等。这一集中的、统一的、全国性的媒体体制具有鲜明的行政色彩和纵向分布垂直管理的特征，也使这一时期的新闻媒体“宣传”的属性特征更加明显。这一媒体体制安排具有独特的时代特色和深刻的社会背景。

首先，巩固新成立的国家政权需要建立自上而下的媒体体制。党和国家通过行政组织的形式自上而下建立各级新闻媒体，有助于党和国家的政策、方针、主张、意志等逐层逐级地得到扩散、传播，并得以贯彻执行，也有助于人们通过各种渠道接收到有关党和国家的相关信息。

其次，国家以财政拨款为主实行全国统一的媒体体制保障了各地区基本的、平等的传媒发展权。中华人民共和国成立之初，各地区经济发展水平、文化教育水平等参差不齐，差异性较大，发展不平衡现象特别明显。国家实行以财政拨款为主四级办媒体的媒体制度保障了各地区基本的、平等的媒体发展权利。各地区都初步形成了一报两台的媒体格局，即至少拥有一家党报、一家电台和一家电视台。后来各地区又逐步形成了四纵三横的媒体格局——横向上是报纸、广播、电视三分天下，纵向上是中央、省、地（市）、县四级大众传播网络。这在当时体现了社会主义制度的优越性，也和当时实行的经济体制相呼应。

最后，四级办媒体的制度保障了民族自治区民众也拥有基本信息权。民族自治区由于地理环境、历史沿革等多种因素影响，经济上大多处于积贫积弱状态，仅凭自身的经济能力、发展水平很难在依靠媒介自身的发展规律和市场作用下于短时间内发展起媒介形态齐全的大众传播网络。在国家统一的、集中的、全国性的四级办媒体的制度安排下，新疆、西藏、内蒙古、广西、宁夏等民族自治区和全国其他地区一样，都在30多年的时间内，拥有了报纸传播网络、广播传播网络和电视传播网络。其中，国家“四级办广播”的制度安排使宁夏自1951年起就逐渐建立起省级广播电台、市级广播站和县级广播站，广播的线路铺设也逐渐从市、县、乡、镇一路延展到村。国家四级办广播的制度充分地保障了广播传播网络的覆盖率和渗透力，使全国和地方的新闻信息传播畅通起来。① 同时，国家“四级办电视”的制度安排使宁夏电视台的数量猛增，也使电视传播网络的覆盖面和渗透力不断增强。四级办电视的制度安排也使国家和地方之间、地方和地方之间信息的传播、交流与沟通更为通畅。西藏当代新闻事业的发展也得益于此。西藏当代新闻传播事业以 1956 年 4 月 22 日《西藏日报》的创办为标志。到 20 世纪 50 年代末 60 年代初，报纸的性质和内容发生了质变，成为一种比较规范的省级综合报纸。同时，西藏广播事业也基本建立，这标志着西藏当代新闻传播事业格局基本确立。毫无疑问，西藏当代新闻传播事业起步较晚，但起点并不低，同时呈现出复杂而独特的状态。② 这一复杂和独特的状态是指，西藏当代新闻传播事业拥有突出的政治地位，强烈的统战色彩，“藏汉双壁”的办报格局，形象化的传播方式和民族团结、国家统一的优势。③

周德仓认为，就广播而言，西藏在 1953 年、1959 年分别建立了有线、无线广播。在 20 世纪 60 年代初，伴随着工作机构和基础设施的初步建立，在中央和全国的大力支持下，西藏广播的覆盖面由拉萨扩展到西藏若干重要城镇。至此，西藏当代新闻事业确立的使命基本完成。④ 以上不一而足，以点带面，通过概述宁夏、西藏新闻媒体发展历程和发展格局表明，正是国家集中的、统一的四级办媒体的制度安排，才保障了民族自治区大众传媒发展的基本格局，才使民族自治区拥有了和其他地区同等的、平等的传媒发展权，才使自治区的民众拥有了基本的信息权。

当然，每一种媒体体制都植根于特定的历史情境中，并没有任何一种媒介体制堪称完美。⑤ 和当时国家计划经济体制相匹配的，以行政组织为主，按照地区和行政级别进行的纵向布局的四级传媒体制也存在着明显的弊端。它的弊端在于：形成了单一性质的媒体结构和条块分割、垂直式管理的体制结构。新闻媒体很自然地成为国家的宣传性机构，从属于政府行政机关，以政策宣传、指

---

① 张学霞．宁夏大众传播网络构建研究：1926—2018［D］．西安：陕西师范大学，2019：201.

② 周德仓．西藏新闻传播史［M］．北京：中央民族大学出版社，2005：149.

③ 周德仓．西藏新闻传播史［M］．北京：中央民族大学出版社，2005：158-160.

④ 周德仓．西藏新闻传播史［M］．北京：中央民族大学出版社，2005：157.

⑤ 秦汉．媒介体制：一个亟待梳理的研究领域——专访加利福尼亚大学圣地亚哥分校传播学院教授丹尼尔·哈林［J］．国际新闻界，2016（2）：73.

令传达为第一位的主功能，并在整体格局分布上体现出鲜明的行政分割性。① 行政权力分割下的区域壁垒和部门壁垒从此深深制约着我国媒体格局的变化。同时，就媒体自身而言，由于功能相对单一，又缺少自我发展的决定权，它们普遍缺少主动、强烈的发展欲望和动力，结果难以形成多层次、多品种的媒介结构。② 另外，国家有限的财力也越来越难以支撑日益扩大的媒体群的发展。改革开放之前，全国广播电视系统的事业经费是 222 万元，1977 年已达到 3.9 亿元，财政压力之大可见一斑。③

### （三）事业化管理、企业化经营的媒体体制使民族自治区大众传播网络获得了强劲的发展动力

20 世纪 80 年代以来，我国在改革开放方针政策指引下，计划经济体制开始转型。1992 年，党的十四大确立了建立社会主义市场经济体制目标，我国进入经济体制全面转轨的新时期，市场机制在社会各领域的作用更加深入、明显。在这样宏大的社会背景下，我国 1949 年至 1979 年间确立的完全行政主导模式的媒体体制开始转变为行政主导为主、企业化运营为辅的媒体体制。这一事业化管理、企业化运营的媒体体制为传媒业的市场化发展奠定了基础。此后，产业化、市场化数年来成为我国大众传媒发展最强劲、持久的动力，也是民族自治区大众传播网络发展最强劲、最持久的动力。民族自治区涌现出了一大批面向市场、注重信息传播和娱乐内容的大众化、通俗化的媒体。

事业化管理、企业化经营的媒体体制是国家依然采用之前行政管理在业务层面的管理方式，但传媒的经济来源除部分来自政府补贴以外，还要依靠大众传媒自身进行企业化运营来自负盈亏。④ 企业化运营是以营利为目的，通过传媒本身的市场化运作维持生存并从中获利。也就是说，在传媒业除了出版社可以成为企业以外，报社、期刊、电台、电视台、网站等传媒单位依然属于事业单位，需要进行事业化管理，但可以采用开放、竞争、有序的市场化运营模式。

---

① 林晖，李良荣．关于中国新闻媒介总体格局的探讨：关于二级电视、三级报纸、四级广播的构想［J］．新闻大学，2000（1）：21-25.

② 林晖，李良荣．关于中国新闻媒介总体格局的探讨：关于二级电视、三级报纸、四级广播的构想［J］．新闻大学，2000（1）：21-25.

③ 张学霞．宁夏大众传播网络构建研究：1926—2018［D］．西安：陕西师范大学，2019：143.

④ 张学霞．宁夏大众传播网络构建研究：1926—2018［D］．西安：陕西师范大学，2019：142.

显然，“企业化管理”撬动了行政主导下的媒体一元管理格局，使充斥在国家和地方空间内的行政管理权力开始变得松动，使大众传媒的商业属性得以释放和激活。实质上确认了媒介产业属性，媒介市场化浪潮从此蓬勃而起。①

事业化管理、企业化经营的媒体体制是改革开放这一大时代背景下的孵化物，也是社会主义市场经济体制确立后的催生物。这一体制的确立认可并释放了传媒业的商业属性，调和了党和媒体、媒体和市场的关系，使大众传媒在经营层面跨入市场参与竞争成为可行。② 资本的介入使我国的一些媒体突破了原有的行业界限和区域壁垒，尝试建立全国统一的新闻大市场，通过市场手段实现规模效益和资源整合，探索打造全国统一、开放、竞争、有序的传媒市场体系。这一体制创新为我国传媒业带来了巨大的发展机遇。我国的大众传播媒体从内容生产到流通，从版面到栏目设置，从广告经营、技术引入到资金的管理与使用等都不同程度地面向市场。这种相对自由与充满竞争的市场体验，培育了传媒业的市场意识和创新精神，锻造了传媒业的产业品格。与世界上其他国家的传媒业相比，中国传媒业也具备了一定的可比性。③

在这一体制的激励下，民族自治区的晚报、都市报相继崛起，获得了较大的经济效益；广播方面，以经济台为主导的各专业台不断涌现，也带来了可观的经济收入；电视方面，有线电视、卫星电视开始迅猛发展，教育台也开始兴起，均实现了一定规模的盈利；网站方面，涌现了大批的新闻网站，也都推出了手机报业务，盘活了资源，增加了产出，扩大了传播范围；新媒体、新新媒体方面，大多开展微博、微信、客户端、短视频、头条号、抖音等，不断借助资本运营做大做强，开拓进取，在实现跨媒体、跨行业、跨地区的传播发展方面不断前行。整体而言，在事业化管理、企业化经营的媒体体制下，民族自治区整个媒体数量、类型、媒介形态开始激增。民族自治区开始形成多元且强劲，多层次、多种类、多语种，充满竞争和发展动力，更能满足普通民众多样化信息需求的大众传播网络。

但事业化管理、企业化经营的媒体体制也并非完美。当然没有任何一种媒

---

① 林晖，李良荣．关于中国新闻媒介总体格局的探讨：关于二级电视、三级报纸、四级广播的构想［J］．新闻大学，2000（1）：20-25.

② 张学霞．宁夏大众传播网络构建研究：1926—2018［D］．西安：陕西师范大学，2019：143.

③ 张学霞．宁夏大众传播网络构建研究：1926—2018［D］．西安：陕西师范大学，2019：143-144.

介体制堪称完美。这一体制中“事业单位”“企业化管理”的双向定位充满了内在张力。这种内在张力主要表现为：作为“事业单位”，传媒的所有权、人事权、财务权均属于党政机关，重要的人事任免、投资决策、改版甚至连报刊的发行定价、版面增减都需由党政领导批准。但它作为事业单位却得不到政府财政拨款，一些财政补贴也是象征性的，主要靠媒体自负盈亏。进行“企业化管理”却享受不到企业的权利，不能自主经营与决策，具有产业属性却不能实行产业化，实行企业化管理却不能企业化，是独立法人但不能独立行事。① 这样的内在矛盾从这一媒体体制诞生之日就存在并延续至今，一直制约着我国大众传媒业的发展。同时，尽管这一体制是改革开放以后的媒体体制创新，但它没有突破具有行政隶属性质的四级报、台格局，仍然是条块分割、垂直式管理的事业化管理模式。

条块分割、垂直式管理的事业化管理模式的延续确保了意识形态安全，也使具有不同媒介形态的媒体发展获得了相对独立性。在这一管理模式下，民族自治区内部报纸传播系统、广播传播系统、电视传播系统以及新媒体、新新媒体传播网络都各自成长为相对自主、相对多元的主体。这一管理模式虽然肢解了传媒资源，使各地域市场与行业间行政壁垒依然森严，但也避免了高度集中和垄断，为不同传媒的发展尤其是民族自治区的大众传媒发展提供了诸多的保护，使这一时期民族自治区的传媒业都获得了较高的经济收益和较快发展。但是条块分割、垂直式管理的事业化管理模式的制约和束缚作用也已经显现。这一体制使不同传媒组织的管理者和经营者无法共享资源，节约成本，也无法相互进入对方领域和市场，并购、重组、跨媒体合作等市场行为和管理行为难以发生。这就使传媒组织之间实现融合、进行资源互补整合、价值链接、共享等困难重重。

综上，我国统一性的传媒制度的创建和普及强有力地支撑着民族自治区大众传播网络的构建与发展，同时也保障着民族自治区大众传播网络的构建、发展与其他区域空间保持着基本的同步。

### 三、技术的发展创新普及应用是民族自治区大众传播网络发展的底架

媒体是技术发展的产物，也是文化传播、政治传播、知识传承、思想传递

---

① 张学霞．宁夏大众传播网络构建研究：1926—2018［D］．西安：陕西师范大学，2019：143.

等的重要载体，技术是推动媒介发展的源动力。传播科技是传播发展的第一推动力。传播科技的每一次突破性的进展，通常都伴随着一种新的传播媒介的诞生，并导致传播水平的相应提高和传播观念的相应变革。① 民族自治区报纸、期刊、电台、电视台、新闻网站、微博、微信、客户端、短视频等不同媒介形态的媒体发展都离不开媒介技术的催生作用和底架作用。媒介技术在媒体发展的不同阶段发挥的作用各不相同。在媒介发展的早期阶段，媒介技术往往起着巨大的支撑作用，也起着巨大的制约作用；在媒介发展的中后期阶段，媒介技术的底架作用往往隐匿不见。唯有在这一种媒介面临重大危机、挑战甚至消亡时，这一媒介技术的作用才能再次凸显出来。每一种媒介技术的诞生在当时都被视为划时代的大事，在这种媒介技术普及以后又被人们视为稀松平常，直至另一种媒介技术的诞生。以此循环反复，较少有例外。

### （一）我国印刷术的发展和普及应用促进了民族自治区报刊业的发展

我国印刷术源远流长，对中国文明的发展和文化的传播具有不可磨灭的贡献。“最初的印刷形式木版印刷在 6—7 世纪隋末唐初（590—640）已在中国出现，活字印刷出现于 10—11 世纪。”② 我国印刷术历经了雕版印刷、泥活字、木活字、金属活字、套版印刷等多种形式。它的传播范围和普及区域东至朝鲜、韩国、日本，西至西非、北非、欧洲，对世界文明的保存和传播都有着重要的贡献。印刷术作为人类文明史不可分割的一部分，使社会发生了翻天覆地的变化。通过机械手段将同一作品不计其数地复制，社会获取知识的途径因而由有限变为无限。印刷术开创了现代文明。可以毫不夸张地说，它对人类的重要性绝对不亚于内燃机。③ 毫无疑问，印刷术、造纸术等技术的发明为文字提供了传播载体，而基础设施和交通工具的发展促进了印刷媒体的流通和传递，使印刷媒体能够突破时空限制，使人类跨时空交流成为可能。

在 1949 年之前，我国已出现铅活字技术和半机械化印刷技术，但新疆、西藏、内蒙古、宁夏等民族地区印刷技术应用尚未完全普及，印刷设备十分短缺，印刷能力和纸张生产能力严重不足。这些都严重制约了民族自治区传媒业的发

---

① 吴廷俊．科技发展与传播革命［M］．武汉：华中科技大学出版社，2002：10.

② 潘吉星．中国金属活字印刷技术的起源及其在东亚各国的传播［M］//韩琦，米盖拉．中国和欧洲：印刷术与书籍史．北京：商务印书馆，2008：21.

③ 费希尔．阅读的历史［M］．李瑞林，贺莺，杨晓华，译．北京：商务印书馆，2009：196.

展。1949 年之后，民族自治区首先涌现了大批的印刷厂。除了国营印刷厂开始快速发展外，个体经营、公私合营的印刷厂也获得了一定程度上的发展，政府机构、学校、企业等也纷纷成立印刷厂。其次，民族自治区的印刷工艺、印刷技术、排版技术不断更新发展。印刷工艺经历了从石印到铅印再到胶印的不断演进，铅活字排版技术、铜芯制版、烫金工艺、装订技术的自动化等都在不断地被普及应用。

至 20 世纪 80 年代初，民族自治区的印刷技术已从半机械化阶段过渡到机械化阶段，造纸工业基本实现了机械化，实现了和全国其他地区印刷技术、排版技术和出版技术的基本同步应用。其中，我国自主研发的国产激光照排系统使我国传统出版印刷行业从铅字排版技术直接跨越到激光照排技术，为我国新闻、出版全过程的计算机化奠定了基础，使我国报业和印刷出版业从此“告别了铅与火，迈入了光与电”，同时也引发了我国印刷业的又一次技术革命。“数字化工作流程”将印刷过程整合成一个具有统一数据格式的不可分割的系统；编辑技术趋向于数字化、自动化和一体化；各种适合海量存储的磁、光等新型出版介质的问世使信息存储不再局限于单一纸介质；出现了风格迥异的数字出版技术；出版发行和销售环节的信息化管理成为现实。① 1988—1993 年，我国中央到省、市、地县近 1800 家报纸已全部淘汰了铅作业。1994 年 4 月 22 日，《西藏日报》采用方正系统出报。至此，省级以上大报均实现了计算机编辑、激光照排。

国家统一性的制度安排和技术推广应用促进了民族自治区报刊事业的发展。1978 年以后，随着国家发展战略的调整，出版技术创新开始由政府推动向市场推动转变，结果是技术进步的速率加快，周期变短，对产业发展的推动作用增强。随着我国体制改革的不断深入，市场为主导的出版业多维整合效应已经逐步显现。② 我国印刷技术的诞生、发展、演进是一个长期的、复杂的历史过程，具有独特的进化规律。改革开放以后，在市场作用机制和文化产业化发展的体制下，民族自治地区和全国其他地区一样，印刷技术、出版技术等发展都呈现出加速性、累积性、一体化和数字化等特征，都在推动和促进着民族自治区印刷行业和传媒行业的发展。

我国印刷术、出版术等技术变迁的历史经验表明，在经济、技术全球化的

---

① 匡导球．二十世纪中国出版技术变迁研究［D］．南京：南京农业大学，2009：2.

② 匡导球．二十世纪中国出版技术变迁研究［D］．南京：南京农业大学，2009：2.

背景下，吸收、借鉴国外先进技术成果，推进我国印刷、出版等技术创新是应有之义。但一味引进成套设备，实行以市场换技术的方针，会在一定程度上形成对西方国家的技术依赖，一定程度上会制约民族工业的发展。更需注意的是，在出版这样一个特殊行业，缺乏技术自主性，稍有不慎将危及国家信息安全。因此，我国印刷技术、出版技术应在原创、引用等发展阶段后，更要注重技术的自主创新。

### （二）广播电视技术的发展保障了民族自治区最大范围的人群覆盖

广播是借助电波来实现声音信息传输的电子媒介。世界范围内的无线电广播于20世纪初诞生。无线电广播的问世加快了人类信息的传播速度，促进了人类社会的发展和进步。我国广播技术的应用可以追溯到清朝。1906年，清朝开始采用无线电台，设立专门电政司负责电话、电报、无线电传输等事宜。1923年1月，美国人奥斯邦在上海创办了我国第一座广播电台；1926年10月1日，中国人自办的第一座广播台哈尔滨广播电台开始正式播音；1927年3月19日，中国人自办的第一座私营广播电台上海新新公司广播电台开始播音，都是商业信息和娱乐内容；1928年8月1日，国民党中央广播电台在南京开始播音，之后陆续在杭州、北平、广州、上海等地办起20余座广播电台；1932年，国民党中央广播电台增强发射功率，成为远东第一、世界第三大功率电台；1940年12月30日，中国共产党建立的第一座人民广播电台延安新华广播电台开始播音，它的创建揭开了新中国广播史上的新篇章。① 后来解放区先后建立了46座人民广播电台。②

1946年7月1日，吉林延吉新华广播电台的朝鲜语节目开播。1947年8月15日，牡丹江广播电台的朝鲜语节目开播，它们是我国解放区最早建立的少数民族语言广播。③ 20世纪40年代至50年代，新疆、西藏、内蒙古、广西、宁夏等民族地区也相继出现了无线广播活动，但覆盖范围十分有限，接收群体也十分有限。同时各民族地区电台设备和电力设备十分短缺，严重制约了各地区广播电台的发展。1949年以后，广播成为我国重点发展的大众媒介之一，国家兴建了一批大功率的中、短波以及调幅广播发射台、转播台。截至1949年年底，

---

① 刘洪才，邸世杰．广播电影电视专业技术发展简史：上册（广播电视）［M］．北京：中国广播电视出版社，2007：1.

② 赵玉明．中国广播电视通史［M］．北京：中国传媒大学出版社，2006：275.

③ 林青．中国少数民族广播电视发展史［M］．北京：北京广播学院出版社，2000：绪论．

包括接管及经过改造的旧中国留下的广播电台，中国（不包括港澳台）共有49座广播电台。其中，中央台1座，地方台48座。① 20世纪60年代，我国的农村有线广播进入稳定发展时期。民族自治区也逐步建成了独立的以县广播站为中心的农村有线广播网。

我国广播技术的不断发展创新推动着民族自治区广播事业不断飞速发展。在广播发展进程中，民族自治区始终注意因地制宜地采用无线、微波、电缆、光缆、卫星等各种较为成熟的技术。我国广播技术在经历了调幅、调频两个发展阶段后，已进入数字音频广播阶段。广播传输技术已从音频电缆、短波传输、微波传输、光纤传输发展到卫星模拟、卫星数字传输等，逐步实现了网络同步直播。2000年以来，民族自治区大多数广播电台都创建了网站。电台网站的出现实现了网络同步直播。另外，大多数广播电台用数字音频广播技术代替了传统的短波调幅广播和FM音频广播。播出效果大幅提升，覆盖范围更为广泛，逐步实现了广播技术的现代化。

经过70多年的发展，在广播技术的不断驱动发展下，在国家统一性的制度保障下，民族自治区已形成了系统化、规模化的广播体系，已形成了覆盖城市和农村的、广泛的广播传输覆盖网络。与其他大众传播网络相比，广播传播网络具有投资小、覆盖人口多、社会效益大等优势，它很快成为1949年至1978年间民族自治区大众传播网络中的核心力量。在印刷媒体没法实现大范围覆盖之前，在电视媒体尚未普及发展之前，民族自治区的广播传播网络直达分散而众多的听众，在宣传党和国家的方针、政策、法律、法规，在传播新闻信息以及提供生活服务和休闲娱乐等方面发挥了重大的作用，而这一切的实现都有赖于我国广播技术的迅猛发展和不断驱动。

同样，我国电视技术的发展也不断驱动着民族自治区电视事业的发展。“由于历史的原因，我国少数民族聚居的地区与沿海和内地其他地方相比，多数处于相对落后状态。这些地区经济不发达，信息传播手段落后，文盲、半文盲所占比例较大，特别是受交通、自然环境等诸多因素制约，那里的各族群众更加渴望科技信息和文化生活。而广播电视的传播具有不受地域阻隔、群众收听收看受文化水平限制较小等特点。因此在少数民族地区大力发展广播电视事业就具有特殊的重要意义。”② 我国电视技术的发展保障了民族自治区的电视事业的

① 方汉奇．中国新闻事业编年史：中［M］．福州：福建人民出版社，2000（9）：1605.

② 林青．中国少数民族广播电视发展史［M］．北京：北京广播学院出版社，2000：1.

意义得到了最大程度的呈现。

电视技术已历经近一个世纪的发展、演进，已趋向成熟和稳定。它经历了无线电通信技术、有线电通信技术、卫星通信技术、数字技术等技术变迁过程。其中，无线电通信技术是人类传播史上最重要的发明之一。无线电报、无线电话、无线传真、无线电广播和无线电视等都是运用无线电通信技术的成果。① 无线电通信技术自电视诞生之日起就开始应用于电视图像和伴音信号传输，它是早期电视最主要的信号传输技术，但它的不足在于抗干扰性差，信号传输不稳定，图像清晰度不高。因此，有线电通信技术凭借着不易受干扰、可靠性高、保密性强等优点开始应用于电视信号传输。它是我国主要采用的电视信息传输方式。

我国卫星通信技术起步于 20 世纪 70 年代。卫星通信技术传播电波会更加稳定。它不受距离和地理条件限制，通信质量更好，可靠性更高。同时，工作频带宽，通信容量大。1984 年，我国第一颗实验通信卫星东方红 2 号发射成功，标志着中国进入卫星广播时代。随着我国网络及计算机的发展、普及，数字技术开始在我国广播电视领域应用。数字技术能够在广播电视领域迅速得到推广，主要得益于数字信号所具备的诸多优点：数字信号性能优于模拟信号；数字信号能够拓展信息广播，增加广播电视节目的多样性；能使广播电视具有数字广播、标准数字电视（SDTV）、高清晰度电视（HDTV）的传送能力。②

在电视技术的不断演进和驱动下，民族自治区的电视事业经历了从黑白电视到彩色电视，从虚拟信号电视到数字电视，从低清晰度电视到高清晰度电视，再到现在的有线电视、卫星电视、移动电视、网络电视、3D 电视、数字电视，等等。截至 2018 年，新疆数字电视用户数 312.9 万户，西藏数字电视用户数 21.5 万户，内蒙古数字电视用户数 216.1 万户，广西数字电视用户数 605.7 万户，宁夏数字电视用户数 104.6 万户。2020 年 7 月，我国有线电视和直播卫星用户分别达到 2.1 亿户和 1.3 亿户，5000 余座发射台上万部数字电视发射机能够覆盖广大城乡地区。这标志着我国广播电视基本公共服务标准化、均等化取得重大进展。③

民族自治区报刊传播网络、广播传播网络、电视传播网络在早期生成和前

---

① 龚文英．我国电视技术的革新对电视媒体发展影响研究［D］．郑州：河南大学，2013：6.

② 龚文英．我国电视技术的革新对电视媒体发展影响研究［D］．郑州：河南大学，2013：8.

③ 我国将全面进入数字电视时代［N］．人民日报，2020-07-23（6）．

期发展阶段，主要依靠国家统一性的制度安排和行政力量的推进。在改革开放及社会主义市场体制建立以后，市场的力量、资本的作用以及技术的更迭在民族自治区大众传播网络的构建和发展阶段起到了加速和催生的作用。其中，技术的发展与国家统一性的制度安排和行政主导力量共同保障了民族自治区和其他地区一样，享受到了国家基本公共服务标准化、均等化的权利。

### （三）网络技术的发展驱动着民族自治区迈入数字化大众传播网络时代

互联网发端于20世纪60年代后期的美国。它最初用于军事和国防，进入民用领域后在世界范围内迎来了快速持续发展。1987年9月14日，我国发送了第一封电子邮件，由此拉开了中国人使用互联网的序幕。1994年4月，中国正式接入国际互联网。1995年1月12日，《神州学人》杂志连入国际互联网，成为国内首家上网的中文媒体。同年10月29日，《中国贸易报》首开网络版。1995年起，国内的报刊社、广播电台、电视台和通讯社等新闻媒体纷纷上网建站。

1997年1月1日，《人民日报》开通了人民网。同年，新华网上线。在它们的带动和示范作用下，我国于1998年、1999年出现了中央媒体和地方媒体上网的热潮。到2000年年底，我国10000多家新闻媒体中，已有2000多家媒体上网，媒体网站达到2000多家。新疆、西藏、内蒙古、广西、宁夏的部分新闻媒体也于2000年开通了网站。也就是说，民族自治区网络媒体的发展和全国网络媒体的发展同步。

我国互联网应用与发展至今已有30多年的历程。网络媒体的发展也有25年的历程。民族自治区网络媒体的发展也与之同步。民族自治区网络媒体的发展、壮大不仅仅是网络技术、数字技术等单一作用的结果，也是我国政治、经济、文化等诸多因素共同作用的结果。我国网络媒体发展在经历了Web 1.0、Web 2.0、Web 3.0阶段后，即将进入Web 4.0阶段。

Web 1.0阶段是以门户网站、新闻网站、政府网站等为代表的第一代互联网信息应用。这一阶段互联网信息应用的特点是一对多的单向信息传播方式。网站统一向大规模的用户提供统一而多元的信息，用户们通过拉取的方式被动地阅读和获取相关信息。与传统媒体相比，Web 1.0时代的互联网信息应用能够提供更多的信息，信息传播的速度也更快，用户们也可以通过跟帖回复、评论以及通过社区、论坛等形式进行一定程度的互动。但Web 1.0阶段的互联网信息应用主要还是一对多、单向的信息传播方式。网站与用户们之间有一定的互动性，但互动性相对较弱。这期间搜索引擎的出现改变了用户被动获取信息的使用方式，但搜索引擎获取信息的源头依然是传统媒体和其他网站，因此没有改变这一阶段单向传播的使用特征。显然，这一阶段的互联网信息应用依然延续了传媒媒体信息传播的思维方式。

Web 2.0 阶段是以博客、播客、微博、微信等为代表的网络信息应用阶段。这一阶段的特点是网络用户们由单纯、被动的受众转变为信息的生产者、参与者和传播者。用户们不仅通过以上渠道和平台获取信息，还可以轻易地、便捷地参与到这些渠道、平台的内容创建过程中。用户们可以在这些平台上自己生产内容，并参与互动与分享，从而打破了 Web 1.0 阶段单向传播的信息模式。Web 2.0 阶段的互联网平台更具有开放性、社区性和参与性，与用户们形成了双向、互动、可参与的信息传播模式。人们可随时将自己在事件现场所获取的新闻传播出去，可生产、分配、采集和再利用信息，打破了只有专业人员才能进行新闻传播的传统格局。①

Web 3.0 阶段是以“今日头条”等移动客户端为代表的互联网信息应用阶段。这一阶段网络信息应用的特点是：网络平台提供一个共同的框架，使不同的数据、信息能够跨越多种应用程序，跨越企业、政府机构、社区等不同使用主体的边界，实现信息共享和再利用。Web 3.0 阶段网络信息应用不断探索多种小型应用程序的组合和融合，具有可定制性强、运行速度快、数据以云形式存储、可在任何设备上运行等特点。

Web 3.0 强调数据的标准性、解释性、通用性和跨平台性。它致力于以下两个目标：其一，是对不同来源的数据进行通用格式的整合，以实现跨平台的交互和共享；其二，是建立数据与真实世界的关系，使数据具有可解释性，可以和意义紧密连接。力图将分散于各平台的信息、资源、知识以内容关联的形式连接成网，从而进行最大化的交互传播。② 也就是说，第三方信息平台能够同时对多家网站的信息以及不同媒介上的网络数据信息进行整合、聚合，并利用获得的用户数据进行深度分析和挖掘，从而为用户提供更具针对性的、一体化的信息聚合服务。用户可以在一个媒介融合平台上获取自身需要的相关信息，无须在不同的媒介上登录、浏览和获取，实现了全媒体使用的功效。2012 年 8 月，我国移动客户端“今日头条”上线。“今日头条”是针对媒体组织、国家机构、

① 党东耀．互联网进化路径与媒介融合模式的变迁［J］．编辑之友，2015（11）：74.

② 党东耀．互联网进化路径与媒介融合模式的变迁［J］．编辑之友，2015（11）：73.

企业以及自媒体等不同使用主体推出的信息发布平台，是基于数据挖掘的推荐引擎产品，能够为用户推荐信息，主要提供连接人与信息的服务业务。2019 年，我国 31 个省（区、市）均已开通政务头条号，各级政府共开通政务头条号 82937 个。其中，民族自治区政务头条号的数量也和其他地区一样处于不断增长状态。2016 年，新疆政务头条号为 940 个，西藏政务头条号为 210 个，内蒙古政务头条号为 727 个，广西政务头条号为 1083 个，宁夏政务头条号为 179 个。2019 年，新疆政务头条号达到 1479 个，西藏政务头条号达到 396 个，内蒙古政务头条号达到 4108 个，广西政务头条号达到 3136 个，宁夏政务头条号达到 697 个。政务头条号通过精准推荐的方式向不同地域不同偏好的用户进行个性化的新闻推送，体现了 Web 3.0 阶段网络信息应用的新特征。

Web 4.0 目前正处于探索和发展阶段。它可能是互联网信息应用的一个新方向。Web 4.0 通常被定义为消费电子产品向智能互动方向演变，它追求网络设备使用的智能化、个性化和泛终端化。“其核心是加大人机对话力度，实现数据输入输出即交互模式的多元化。机器可识别人类多种符号的信息形式，而不管是来自什么样的输入端。用户能够超越文字输入等用机方法，且不需依赖特定终端，更加接近计算机和网络。”① 也就是说，Web 4.0 阶段互联网发展的总体趋势是智能化、数据化、用户化。互联网信息应用主要是围绕智能互动系统与用户之间的关系展开，用户无须手触电子产品终端，通过语音输入等外围设备就可发布信息和指令。Web 4.0 阶段互联网应用的特点是共享性更强，参与性更广泛，智能化特征更明显。显然，Web 1.0、Web 2.0、Web 3.0、Web 4.0 等阶段之间的网络信息应用并不是相互替代的关系，也不是能截然分开、泾渭分明的关系，而是相互衔接、逐步过渡、交织缠绕、共存发展的关系。它们对于后期可能出现的、深度的媒介融合发展奠定了基础。

我国网络媒体在近 30 年的时间内经历了上述的发展阶段，是我国互联网发展基础环境得到极大改善，国家网络媒体发展政策不断优化，以及网络媒体信息传播能力不断进步等共同作用的结果，也是我国互联网技术、数字技术飞速发展的结果。中国迅猛发展的计算机技术、卫星通信技术、网络技术、数据库技术、人工智能技术、人际交互技术、传感技术等不断驱动着国家网络媒体的发展演进，也带动着民族自治区进入数字化大众传播网络发展时代。随着我国 5G 这一具有超高速传输、超大容量、低延时等特点的新一代移动通信技术的推

---

① 党东耀．互联网进化路径与媒介融合模式的变迁［J］．编辑之友，2015（11）：73.

广、普及，我国包括民族自治地区在内的新媒体传播网络、新新媒体传播网络必将迎来新一轮的发展。

与报刊、广播、电视等传统媒体发展不同的是，“中国网络媒体的起步是一种媒体的自发行为。在 1995 年一些媒体上网时，国家还没有任何相关政策。到 1997 年，国家有关部门开始出台相关文件。此后，国家对于网络媒体的重视程度不断提高”①。对比来看，我国报刊、广播、电视等传统媒体的发展体系、发展格局以及技术应用更迭几乎都是在政府主导下进行的。政府的主导力量推动和促进了传统媒体的技术创新和发展更迭。因此，在传统媒体相对漫长、缓慢的发展过程中，政府的管理水平几乎和传统媒体的发展水平同步。也就是说，行政力量在传统媒体发展过程中起到了更大的促进和支撑作用。而以网站为代表的新媒体传播网络和以微博、微信、移动客户端等为代表的新新媒体传播网络则是在较短的时间流内迅速地成长、迭代，又迅速地大规模广范围地分散，甚至出现了一定程度上领跑政府的管理观念和认知范畴的发展趋势，因此对政府的治理能力、治理水平都提出了新的挑战。

媒介环境学派对媒介、技术与文化、传播之间关系的研究，尤其是对技术如何并在多大程度上产生形式的、环境的和结构性的影响性研究，引起了人们对媒介如何塑造环境的思考和关注。以互联网技术为主要催动力之一的互联网新媒介、新新媒介的不断涌现和应用，使人们更深刻地认识到技术发展在塑造现代社会形态方面的重要性。然而人们更倾向于仅以经济学或经济史的角度来看待技术发展的问题，对蕴含其中的关于技术发展与政治之间的关系问题，还存在着轻视或者漠视的问题。② 而无论是在实践层面还是理论层面，马克思都是现代批判传播学的奠基者，他的许多著作中都有关于社会交往形式、传播技术、知识和意识形态等问题的论述。③ 因此，如何在马克思主义的指导下，看待有关技术自主性、技术泛灵性、技术决定论等的讨论，看待技术赋权带来的去中心化的倾向等，都是一个严峻的命题。

---

① 彭兰．中国网络媒体的变革轨迹［M］//郑保卫．新闻学论集（第 21 辑）：纪念改革开放 30 周年特辑．北京：经济日报出版社，2008：81-82.

② 张学霞．宁夏大众传播网络构建研究：1926—2018［D］．西安：陕西师范大学，2019：188.

③ 福克斯，莫斯可．马克思归来：上［M］．“传播驿站”工作坊，译．上海：华东师范大学出版社，2017：2.

# 第四章

# 民族自治区大众传播网络发展与参与式传播模式构建

当前，世界百年未有之大变局加速演进，新一轮科技革命和产业变革深入发展，国际力量对比深刻调整，我国发展面临新的战略机遇。① 我国社会主要矛盾已转化为人民日益增长的美好生活需要和不平衡不充分发展的矛盾。我国民族地区是资源富集区、水系源头区、生态屏障区、文化特色区，也是边疆地区、贫困地区，发展不平衡不充分的问题格外明显，发展的复杂性和艰巨性更加突出。同样，民族自治区大众传播网络看上去虽然繁花似锦，但存在的问题、发展的困境也一样突出。参与式传播模式也许能更好地促进民族自治区大众传播网络发展和区域社会发展。

## 第一节　大众传播网络构建与参与式传播

民族自治区大众传播网络在中国特色社会主义制度的保障下，在全国统一性的媒体制度的支撑下，在技术不断发展创新普及应用的驱动下，获得了长足的、充分的发展，形成了包括报刊传播网络、广播传播网络、电视传播网络、新闻网站传播网络、媒体微博传播网络、媒体微信传播网络、政务微博传播网络、政务微信传播网络以及包括移动客户端和政务头条号等在内的多元化、立体式、全媒介形态的、全景式的传播体系和传播格局。这些大众传播网络在促进国家统一、民族团结、社会稳定以及民族地区社会发展等方面发挥了重要的作用，在满足少数民族地区少数民族民众的基本信息权，以及反映民族地区受众的意愿、心声和诉求等方面也具有不可替代的作用。不过，民族自治区大众传播网络在经历了蹒跚起步、曲折发展、改革创新和繁荣发展的 70 多年的发展

① 党的二十大报告辅导读本［M］. 北京：人民出版社，2022：23.

后，也出现并面临着一些严峻的问题。首先，民族自治区大众传播网络的影响力仅局限于本省区；其次，民族自治区传统媒体传播网络的影响力已经大幅下降，除了电视还在坚守阵地发挥着大众媒体的作用外，报纸、期刊、广播开始有沦为小众媒体的倾向，受众流失现象比较明显；最后，民族自治区新媒体、新新媒体的覆盖面、影响力等都很有限。另外，民族自治区虽然大众传媒林立，已形成多媒介形态的传播网络，但民众的媒体参与度还不高。民族自治区已进入媒介化社会，但仍有部分民众既渴望通过大众传媒来改变自身的生活际遇、生活水平，实现个人的现代化，也对媒体持将信将疑的态度。人际传播、亲朋好友的意见以及其他环境因素仍对他们有着重要的影响。还有部分少数民族民众仍将民族语言文字媒体作为他们首选的媒体。同时，民族自治区发展传播研究还比较薄弱。因此，在世界经历百年未有之大变局之际，在中国处于实现中华民族伟大复兴的关键时期，通过参与式传播模式来促进民族自治区大众传播网络向纵深发展，或许能够解决上述大众传播网络虽庞大但影响力不足，民众媒体参与度不够，以及发展传播研究不足等问题，从而推动和促进民族地区和少数民族的全面发展，尽早实现中国式现代化。

## 一、民族自治区的参与式传播

参与式传播模式是针对自上而下的、精英式的、单向传播模式而提出的一种新型传播模式。以往的大众传播模式主要是线性、单向的扩散模式，传播的重点是说服、灌输，是对现实和事实做出反应，而不是对话和调动多数人的参与。而参与式传播模式倡导平等、民主、参与和对话。它将发展视为一个整体、多维和辩证的过程，强调发展的可参与性和可持续性。在参与式传播中，传播被视为一种赋权工具，所有利益相关者在决策过程中都能够发挥积极作用。① 它要主动发现民众的需求，强调大众的决定作用。传播的目标是允许地方社团交流他们的观点和意见，促成彼此在目标和方法上达成一致。在这种建立对话原则上的传播模式中，传媒成为社会群体交流的手段，而不再是将群体看作目标对象。② 实现参与式传播有两个途径：一是对话教育，二是媒体使用的接近、参

① 韩鸿．参与式传播：发展传播学的范式转换及其中国价值：一种基于媒介传播偏向的研究［J］．新闻与传播研究，2010（1）：41.

② 斯巴克斯．全球化、社会发展与大众媒体［M］．刘舸，常怡如，译．北京：社会科学文献出版社，2009：62.

与和自我管理。[①]

## (一) 中国参与式传播的实践

参与式传播具有以下特征：它倡导参与者之间的横向传播；强调用横向传播替代纵向传播；用对话式传播方式替代唱独角戏式的传播方式，追求让利益相关者共同参与、设计、决策和发布信息；倡导多元化的发展框架和发展模式；强调草根民众基于对话原则和自身需求进行参与式横向传播，平等分享人群中的观点和经验，促进群体间、社团组织间、社区内的交流；强调过程导向、内生性驱动，并同时反映当地价值和环境。参与式传播概念起源于西方发展传播学理论，但我国传统的新闻媒体早已开展过类似的参与式传播实践，且成效显著，不过方式方法各异。遗憾的是，传统媒体后期的参与式传播逐渐发展式微。其中，“工农通讯员”的出现以及参与新闻制作和传播可被视为我国参与式传播的一种雏形。

20 世纪《申报》开始探索的通讯员制度，通过积极吸纳、吸引非专业人士参与报纸的采访、通讯和供稿等活动，就是一种“中国特色”的、广泛的人员动员方式和非专业人士参与的大众传播方式。后来，中国共产党开创的“工农通讯员”通讯制度可被视为“中国版”的参与式传播模式的制度雏形。在“工农通讯员”通讯制度的保障下，延安时期共产党发展了人数众多的、规模较大的工农通讯员队伍，动辄几千人甚至上万人。这些通讯员包括县、区、乡的干部、师范生、中小学教员，剧团、工厂和军队的干部，学生，识字能写的普通群众等。当时通讯员队伍的组成十分多元，几乎来自各行各业。“工农通讯员”制度的建立和通讯员队伍的发展，扩大了人民群众对信息传播的参与度，动员了更广泛的群体参与到党报的信息传播中来，在传达民意、反映民情等方面也有着重要的作用。可以说是中国特色的参与式传播模式的探索和实践。虽然就传播模式而言，通讯员还是垂直式的单向传播，但传播过程中，党报重视了传播人员的多元化组成，也尽力组织和动员了基层的群众力量参与报纸内容的制作和传播。来自基层的稿件弥补了新闻稿源的不足，同时传播和反映了多样化的现实环境和价值取向。“工农通讯员”制度以及它的实行，体现了中国共产党“群众办报”的思路。

1949 年以后，为贯彻“全党办报，群众办报”的方针，全国各省区都延续

---

① 瑟韦斯，玛丽考．发展传播学［M］．张凌，译．武汉：武汉大学出版社，2014：135.

了党媒的通讯员制度，但“工农通讯员”的比例在不断下降，普通民众的参与度逐渐降低。1958年，不少省、地市、县都建立起党委通讯组，它一般由各级党委书记挂帅，吸收各方面负责人参加，经常给党报写评论和报道。① 这一时期以后，“工农通讯员”的“工农”成分已在下降，党委成员逐渐成为通讯员的主力。也就是说，尽管党媒的通讯员制度还在延续，但通讯员队伍组成的丰富性和多元性开始减少，组成人员开始单一起来，各行各业的非专业人士和基层人员的数量不断下滑，普通民众的参与性也随之降低。20世纪50年代前期各报在工农积极分子中建立的通讯员队伍，1958年后被很多官办的通讯组、报道组所取代，通讯组、报道组的任务实际上是以稿邀功，甚至不惜弄虚作假。② 人民群众的参与式传播也遭到了一定程度上的破坏。1976年后，党报通讯员制度得到恢复和延续，但多元化人士参与党报传播的模式却没有再确立和延续开来。

这些年来，传统主流媒体的权威性和公信力一直较高，这毋庸置疑，但它的影响力、引导力以及覆盖面在逐渐萎缩也是事实。造成这一局面的原因有很多。有体制的僵化原因，有选题的狭窄原因，有话语符号使用过于严肃、陈旧的原因，有过于注重宣传而轻视了信息传播的原因，有不遵守新闻传播规律的原因，等等。但普通民众的参与度过低，也是传统主流媒体影响力、吸引力不断下滑的重要原因之一。部分传统主流媒体模糊和淡化了“群众路线”的理念，以前和群众密切联系的通讯组带已经松动，这造成了民众的流失，也使党报传统主流媒体的传播效果大打折扣。在新的媒介环境下，传统主流媒体也出现了生存危机。受众的纷纷离场使传统主流媒体坚守阵地的意义大打折扣。因此，传统主流媒体比以往任何时候都更需要人们的参与式传播。

### （二）民族自治区的参与式传播

民族自治区在70多年的发展历程中已经形成了规模化、多元、立体的大众传播模式，但民族自治区民众的参与度并不高，参与式传播模式并未建立和形成。如今，以党报党刊为首的报刊传播网络还没有解决传播的“最后一公里”问题，它的覆盖面和影响力也一直有限，还属于精英化、小众化的传播状态，城乡二元差异化结构的传播模式已经形成，农村报刊传播的空心化、边缘化情况十分突出。民族自治区广播传播网络覆盖面广泛，但它在媒介自身发展演变

---

① 方汉奇．中国新闻事业通史：第3卷［M］．北京：中国人民大学出版社，1999（2）：229-230.

② 陈崇山．中国受众研究之回顾：上［J］．当代传播，2001（3）：12.

的过程中，也已成为“小众化”“分众化”媒体，甚至已经退出了一部分群体的日常生活，有沦为边缘媒体的危险。民族自治区电视传播网络的覆盖面和影响力较大，依然坚守着大众传播的阵地，电视依然是大多数家庭首选的大众传播媒体。但传统媒体囿于媒体自身属性特征，以及长期形成的线性、单向的大众传播模式，为普通民众能够从事的参与式传播制造了较高的条件要求和较高的门槛。同时，传统媒体也很少在尊重和了解民族自治区民众自身需求的基础上，促进群体间、社区内、社团间的沟通和交流。传统媒体的受众很难在接收信息的同时，给予及时的反馈和互动，也很难从接受者的身份转变为真正的参与者和传播者。民族自治区传统媒体的受众人数众多，分布广泛，层次参差不齐，横向间的联系和连接相对较少，有参与媒体传播的热情和意愿，却缺少参与的机会和渠道。通过村民共建以及培育内生性媒介来促进村民们的参与式传播，有一定的参照意义和指导价值，但实践起来困难重重。因为在行政力量和市场力量双重缺失或者都不足的条件下，村民自发自觉的媒体共建以及内生性媒介如何发生，如何可持续性发展都将成为严峻的现实问题。

不过，互联网的发展能够对新媒体、新新媒体的信息传播进行赋权和改造，手机媒体的出现为民族自治区的人们进行参与式传播提供了新的渠道和平台。媒介演进遵循两大规律：一是人性化趋势，二是会出现补救性媒介。前者是指技术的发展是在不断模仿、复制人体的认知模式和感知模式，后者是指人类在媒介演进时会进行理性选择，任何后续媒介都是一种补救性措施，是对以往某一媒介功能的补救或补偿。① 从这个意义上讲，新媒体、新新媒体通过功能优化和拓展，不断适配用户的生理和心理特性，不断适应用户需求，能够为用户参与式传播提供更多的便利和支持。如今，传统媒体的影响力已经下滑，传统媒体的受众已经开始大规模地向新媒体、新新媒体迁移，新媒体、新新媒体的用户规模已经成型，平台使用基础和条件已经具备。

国家制度层面的鼓励和支持也能够促进民族自治区新媒体、新新媒体的进一步普及应用和发展。2015 年 9 月 5 日，国务院发布了《关于印发促进大数据发展行动纲要的通知》，将数据资源定位为国家基础性战略资源，为全面推进我

---

① 莱文森. 软利器：信息革命的自然历史与未来［M］. 何道宽，译. 上海：复旦大学出版社，2011：3.

国大数据发展和应用做了战略部署。[①] 2017 年 7 月 20 日，国务院发布了《新一代人工智能发展规划》，将“人工智能”发展提升至国家战略层面[②]，也为我国智媒发展提供了政策依据。这些行动纲要、发展规划为促进和发展民族自治区的互联网发展提供了有力的政策保障。2020 年 5 月 17 日，国务院关于《新时代推进西部大开发形成新格局的指导意见》提出，要完善西部地区公共文化服务设施网络，强化数字技术运用。同时，推进县级融媒体中心建设，推动广播电视户户通，建立健全应急广播平台及传输覆盖网络。也就是说，要大力推进西部地区的数字技术应用和县级融媒体中心建设。[③] 2016 年，新疆的互联网普及率达到 54.9%，西藏的互联网普及率达到 46.1%，内蒙古的互联网普及率达到 52.2%，广西的互联网普及率达到 46.1%，宁夏的互联网普及率达到 50.7%。同一年，新疆互联网上网人数达到 1296 万人，西藏互联网上网人数达到 149 万人，内蒙古互联网上网人数达到 1311 万人，广西互联网上网人数达到 2213 万人，宁夏互联网上网人数达到 339 万人。这些都为民族自治区人们进行参与式传播奠定了基础，提供了条件。

## 二、参与式传播在大众传播网络构建中的作用

参与式传播在中国共产党传媒发展的历程中发挥着重要的作用。在共产党早期的新闻传播中，工农通讯员的参与式传播奠定了党报“人民性”的基础，巩固了党的组织基础，动员和组织了更多的工农大众积极参与政治传播。工农通讯员的参与式传播是“全党办报”“群众办报”的重要实现路径，有力地推动了中国共产党传播体系的建立和扩散。在新媒体、新新媒体时代，参与式传播也有力地促进了新媒体、新新媒体的飞速发展。

### （一）参与式传播奠定了党报人民性的基础，铸造了大众传播网络发展的底色

中国共产党开创的新闻事业从诞生之日起就高度重视普通民众的参与式传播。它不仅把党报作为重要的宣传工具，也把党报作为重要的组织工具来开展工作，十分注重发挥党报的组织功能。在新民主主义革命时期，中国共产党就

---

① 国务院关于印发促进大数据发展行动纲领的通知［EB/OL］. 中国政府网，2015-09-05.

② 国务院关于印发新一代人工智能发展规划［EB/OL］. 中国政府网，2017-07-08.

③ 中共中央 国务院关于新时代推进西部大开发形成新格局的指导意见［EB/OL］. 中国政府网，2020-05-17.

对党报十分重视。抗战爆发后，全国性党报创办，党越发注重利用党报来统一思想、发展组织，进行上传下达和下情上送，来实现其宣传教育和组织功能。在这一信息链中，一个十分关键却又常常被忽视的角色——工农通讯员发挥了重要的作用。

工农通讯员的作用主要体现在以下三方面。其一，能将党的意志、理念传播到工农大众中去，弥补了职业记者与工农大众有所隔离的不足；其二，能够动员工农积极参与政治传播，从而激发了工农的政治参与热情，改造并巩固了党的组织基础；其三，能够发动工农进行自下而上的监督，有效克服了官僚体系的诸多弊病。由此观之，工农通讯员运动又具有群众运动的一般特质。① 群众运动的实质是动员群众。因此，党报通讯员制度实质上也是一种社会动员机制。

早期党报的主要受众是党内同志或者党外知识分子群体，主要任务是宣传马克思主义，并没有深入工农群众。也就是说，党报并未在指导工农斗争实践中直接发挥作用，而是经由党员干部的再阐释，因此党报的组织作用、动员作用并没有得到更好的发挥。1926 年，党注意到了党报宣传工作中存在的问题，开始特别强调工农通讯员问题。从 1928 年开始，党关于建立工农通讯员问题的指示、决议和通知越来越多，这既反映了领导层对这一问题的重视，也反映了工农通讯员确实存在问题且能够更好地发挥作用。②

此后，中共中央加强了党报对实际工作的指导作用，致力于使党报成为理论联系实际、党联系群众的纽带，激发并鼓励自下而上对实际问题展开讨论，真正将基层工农、基层党员和党组织的情形反映出来。在这一情势下，工人和农民的力量开始被重视。工农通讯员成为联系领导机关和工农大众的纽带和桥梁。通讯员用群众的语言反映群众的生活斗争情形，反映群众的诉求、斗争情绪和经验，进而带动更多的工农群众关心党报，关心身边的人和事，并动员身边群众参与革命事业。党的各级机关也能通过工农通讯员了解各地群众的生活和斗争情形，为党的决策提供依据。③ 工农通讯员的这种参与式传播方式，将党和群众连接起来，密切了党和群众的关系，促进了党的新闻信息的扩散与传播，

① 周峰．新民主主义革命时期中共工农通讯员制度的生成与运作［J］．中共党史研究，2017（1）：44-45.

② 周峰．新民主主义革命时期中共工农通讯员制度的生成与运作［J］．中共党史研究，2017（1）：47.

③ 周峰．新民主主义革命时期中共工农通讯员制度的生成与运作［J］．中共党史研究，2017（1）：49.

更是在工人和农民中起到了组织和动员的作用。这一时期，尽管党已认识到通过工农通讯员来改造党组织的重要性，但效果并不明显，也受到诸多限制。直至延安整风运动，党报才真正发挥了它的组织作用，进而工农通讯员也充分发挥了组织改造的作用。综上，通讯员制度的确立与实施解决了部分稿源不足的问题，扩大了新闻信息的写作队伍，使通讯员自身也成为新闻信息传播的中间环节之一，并促进了“全党办报”“群众办报”的深入发展，有力地推动了大众传播网络的构建①，成为参与式传播的示范和典型的同时，也奠定了党报“人民性”的基础。

人民性是马克思主义新闻观的基础概念之一。马克思、恩格斯认为，报刊必须依靠民众，民众的承认是报刊赖以生存的条件。自由报刊的人民性使它成为具有独特人民精神的独特报刊。② 中国共产党关于党报人民性的认识则有一个发展变化过程。1945 年 12 月 30 日，《新华日报》内刊《新华报人》第 9 期刊出《人民的报纸》，开始出现“人民报纸的党性也就是人民性”的说法。1947 年 1 月 11 日，《新华日报》发表编辑部文章《检讨和勉励——读者意见总结》，开始使用党性和人民性概念，并阐释了两者之间的关系，这是共产党较早公开提出党性即人民性的主张。至此，党报党性与人民性作为一对党建理论的概念得以成形③，也作为党报办报理念之一得以成形。这时期党报的党性是指，党报是党的报纸，它的党性体现的是宣传党的理论方针、路线、政策、纲领。人民性则有两层含义，首先是强调党报也是人民大众的报纸，人民性的体现是宣传关系人民生活的事情，最大限度地反映人民的斗争生活，使人民感兴趣，爱看；其次人民性的体现是建立人民通讯网、培养人民通讯员，做这些的目的是更好地反映人民生活。

由此观之，为了体现党报的人民性，中国共产党一方面积极开展通讯员运动，确立通讯员制度，建立人民通讯网，培养人民通讯员，使他们参与党报新闻写作和传播信息；另一方面通过职业记者和通讯员们写作的稿件反映人民的现实生活。人民性的理论逻辑是：共产党的立场、利益和人民是完全一致的，所宣传的也正是人民所需要的，人民的生活能在报纸上反映出来，这就是人民

① 张学霞．宁夏大众传播网络构建研究：1926—2018［D］．西安：陕西师范大学，2019：92.

② 陈力丹．马克思主义新闻观思想体系［M］．北京：中国人民大学出版社，2006：134.

③ 陈力丹．党性和人民性的提出、争论和归结：习近平重新并提“党性”和“人民性”的思想溯源与现实意义［J］．安徽大学学报，2016（6）：79.

报纸的党性，也就是人民性。① 综上，通讯员制度下的参与式传播奠定了党报人民性的基础，更有力地巩固和促进了党报传播网络的构建和扩散、传播。

### （二）参与式传播促进了新媒体、新新媒体的飞速发展

促进新媒体、新新媒体飞速发展的因素有很多，被谈论最多的是技术的撬动作用，媒介的演进作用，以及资本的主导作用等。除了上述这些因素外，人们的参与式传播也在推动和促进着新媒体、新新媒体的飞速发展。首先，参与传播的人群基数、群体效应和市场规模是新媒体、新新媒体发展的强劲动力。参与传播的人群越庞大，群体越多元，越能推动和促进新媒体、新新媒体向纵深发展。其次，人们参与大众传播的广度、深度以及传播过程中的强自主性，能够助推新媒体应用的升级迭代，兼容并包。从新闻网站的“无跟帖不新闻”，到微博、微信、移动客户端中的跟帖、转发、评论、在看、点赞、打赏、弹幕等功能的流行，以及自媒体的风起云涌，公民新闻的兴起，社交信息的出现，UGC 的流行等，都助推着新媒体、新新媒体不断迭代发展，并强化着这些新媒介的社交属性。以智能媒介为代表的新媒介，它没有任何形式的内容生产以及与内容制作有关的员工，它只是一个由各种人工智能技术组织起来的空间或者场域。它只负责筛选、推送、管理和维护互联网上生产的内容。它的资本复制模式主要是建立在公众信息的自产自销所带来的巨大流量上。② 从这个意义上讲，用户的参与已成为新媒体、新新媒体发展制胜的法宝。用户自带的信息内容、消费需求、消费习惯造就了互联网功能的开发、应用、创新和推广，用户与互联网平台的强关系、弱关系推动着信息传播方式从传统的中心式走向社交式和智能式。

最后，参与式传播的组织性、异质性和行动性也不断扩大了新媒体、新新媒体的影响力和传播力。马克思认为：“全部社会生活在本质上是实践的。”③“社会生产力已经在多么大的程度上不仅以知识的形式，而且作为社会实践的直接器官，作为实际生活过程的直接器官被生产出来。”④ 这表明，社会实践的工

① 陈力丹．马克思主义新闻观思想体系［M］．北京：中国人民大学出版社，2006：78.

② 胡翼青，李璟．“第四堵墙”：媒介化视角下的传统媒体媒介融合进程［J］．新闻界，2020（4）：59.

③ 中共中央马克思恩格斯列宁斯大林著作编译局．马克思恩格斯文集：第 1 卷［M］．北京：人民出版社，2009：301.

④ 中共中央马克思恩格斯列宁斯大林著作编译局．马克思恩格斯全集：第 8 卷［M］．北京：人民出版社，2009：198.

具、生活过程的工具不断作为生产力的表现方式被生产出来时，它们在本质上都是实践的。这也说明，不同媒介之间的融合在本质上是实践的，它们不是脱离实践进行的不同介质之间的融合，而是不同介质的媒介在实践和行动中的融合，融合它们的不是媒介，而是实践和行动在不同媒介中实现了融合。① 不过行动主体在新媒体、新新媒体上实践和行动是以一种新的景观形式呈现出来的。这种新的景观将人与人连接起来，将人与物连接起来，也将物与物连接起来。换言之，通过人们的互联网实践与行动，出现了万物互联的景观。其中，新媒介技术如大数据技术、物联网技术的发展和应用，强化了工具性和技术化的逻辑，出现了与人们的利益逻辑、情感逻辑不同的行动，增加了人们参与式传播的异质性和行动性，媒介自身焕发出一种新的组织性和行动性。在算法赋能下，媒介具有了建构场景、实现人机互动的行动能力，有能力在不同设备之间转译行动主体的意愿，并且有展开行动、制造关系网络的差异并稳定新的联结的能力。② 这和麦克卢汉的“媒介即延伸”如出一辙。也使媒介生态论的观点大行其道。然而，人们还没有沦为机器的工具，也不会成为被物化的对象，只是人与媒介的关系发生了新的变化。人与媒介的关系从传统的以人为绝对主体的关系转向人机互动、人机共生的新型关系，开始重构人机传播思维，向人机传播的“命运共同体和价值共同体”转变。③

用户们从被动的信息接受者，到主动的信息点餐者、搜集者和定制者，从进行内容生产和传播的受传者，到成为社会互动的参与者和各种信息、服务的提供者，他们的实践和行动翻转了被动的受众的角色定位。网络用户们的面貌日益丰富、多元、复杂且清晰可见，他们不懈地进行着的参与式传播，不断扩大大众传播网络的影响力和传播力。

## 第二节　参与式传播与民族自治区媒体融合发展

中国特色社会主义已进入新时代，区域协调发展已进入新阶段。党的十八

① 韩立新，杨新明．论媒介与行动的融合［J］．出版广角，2020（13）：27.

② 韩立新，杨新明．论媒介与行动的融合［J］．出版广角，2020（13）：28.

③ 喻国明，杨雅．5G 时代：未来传播中“人—机”关系的模式重构［J］．新闻与传播评论，2020（1）：5-10.

大以来，民族自治地区经济社会发展取得巨大成就，但民族自治区发展不平衡不充分问题还很突出，与东部地区发展差距依然明显，仍然是实现社会主义现代化的短板和薄弱环节。民族自治区大众传播网络已经具有规模化、网络化、现代化的特征，但受众和用户媒体参与度不高的问题始终存在。受众和用户参与的广度和深度决定了大众传播影响力的广度和深度。因此，如何通过参与式传播来扩大民族自治区大众传播网络影响力的广度和深度，从而实现和促进人的全面发展，成为一个现实而重要的问题。

## 一、民族自治区媒体融合发展与参与式传播的共容共生性

民族自治区媒体融合发展和人们的参与式传播是一对共生的概念，两者之间有着密切的关联。已进入第二阶段的民族自治区的媒体融合，政府主导的特色越发明显，社会治理的功能需求和促进人的全面发展的目标已越来越清晰。经过新媒体、新新媒体应用的培育和熏陶，人们的参与意识在不断增强，参与能力也越发突出。将两者结合起来，构建媒体融合发展和人们的参与式传播共容共生的传播模式，能够促进民族自治区媒体融合走得更远，也能促使人们的参与式传播落到实处。

### （一）民族自治区媒体融合发展的战略意义

民族自治区大众传播媒体在历经 70 多年的发展中，已形成了规模庞大、数量众多、媒介形态齐全的大众传播网络。这些不同媒介形态的大众传播网络在不同的历史时期都发挥了独特的功能和作用。但也存在诸如规模虽大、影响力较为有限、受众规模萎缩、民众媒体参与度不高以及发展传播研究不足等问题。因此需要积极探索民族自治区大众传播网络纵深发展和创新转型之路。解决策略和方案众多。如探索传媒业的体制变革，加强传统主流媒体的创新，积极开展新媒体、新新媒体实践，加大传媒人才培养力度，以及加大资本投入和国家扶持发展力度，等等。其中，媒体融合发展对于解决民族自治区大众传播网络影响力有限、受众规模萎缩、民众参与度不高以及促进民族自治区和少数民族全面发展等方面更具有现实作用和实际意义。

1. 媒体融合能够巩固和扩大传统主流媒体的传播力、引导力、影响力和公信力

民族自治区的传统媒体发展正面临着较大的困难和挑战。其中受众规模萎缩、受众人口流失、老年受众群体居多，以及广告份额缩减、媒体经营惨淡、

影响力不断下滑等已成为事实。又由于新媒介生态的生成，民族自治区传统媒体独特的优势不断被侵蚀，已出现边缘化的危机。因此，如何重振传统媒体的传播力、引导力、影响力和公信力已成为一个经久不衰的命题。本研究认为，在媒介化社会已然形成，新媒介发展趋势已不可逆转的情况下，以传统媒体技术为依托的传统媒体的发展式微是一种正常的演化现象。正如发展是新事物的产生和旧事物的灭亡，是一个循环往复的过程，传统媒介的衰落也是事物发展的一种必然。因此，一方面可以对传统媒体如何转型、创新继续进行探索，另一方面也要顺势而为，积极探索媒体融合实践。目前，民族自治区都已基本具备了媒体融合的基础。本研究仅以新疆为例。加以说明《新疆日报》《新疆都市报》《喀什日报》《乌鲁木齐市晚报》等都建立了全媒体传播矩阵，可以通过新闻网站、微博、微信、移动客户端等新媒体、新新媒体的传播方式，将报纸的内容通过不同的平台进行同步传播。新疆人民广播电台的新媒体平台系统拥有中亚之声网络电台和维、汉、哈、蒙、柯共 5 种语言新闻客户端；新疆电视台虎鱼网能实现 12 套电视节目全部在线直播、点播。新疆政务类主流媒体也已形成了规模、数量庞大的政务新媒体矩阵。拥有“天山网”“中国喀什网”“最后一公里”等 16 家新媒体平台，1002 家政府网站，864 个政府公众微信平台和 53 个移动客户端。新疆还首创了“区、地、县”三级联动的网络外宣平台“零距离”，形成了区地县三级联动的网络外宣平台。这些媒体融合的探索和实践都较好地巩固和扩大了传统媒体的影响力和传播力。

2. 媒体融合能够更好地引导网络舆论，更好地从事互联网治理

媒体融合的形式和路径目前还在探索中。从理论上讲，媒体融合主要包括媒介形态的融合、媒介功能的融合、媒介文化的融合、媒介组织的融合、媒介资本的融合、媒介机构的融合等。目前，正在探索中的民族自治区媒体融合已初步实现了媒介形态和媒介功能的融合，有些地区如宁夏已经开始了媒介组织、机构和资本的融合。就现阶段民族自治区媒体融合的实践来看，各地区普遍拥有的新闻网站、媒体微博、媒体微信、政务微博、移动客户端等已经初步具备了新闻信息传播、互动和社交连接的功能，已经能够初步满足不断增长的网络用户们的信息需求。截至 2016 年，新疆上网人数达到 1296 万，西藏上网人数达到 149 万，内蒙古上网人数达到 1311 万，广西上网人数达到 2213 万，宁夏上网人数达到 339 万。这些不断增长的网络用户，有可能一部分同时也是传统媒体的受众，但更有可能一部分仅是新媒体、新新媒体的用户。如果不能凭借新媒

体、新新媒体平台给他们提供基本的信息需求，并满足他们的社交渴望，那通过网络平台进行有效的舆论引导和互联网治理就无从谈起。因此，传统主流媒体如何在新媒介平台上吸引、连接这些新锐增长的网络用户，使之成为固定用户和忠诚用户就成为媒体融合的重要课题。

（1）媒体融合能够吸引、连接更多的受众和用户

民族自治区的传统媒体已经拥有一定规模和数量的受众群体，但这些年来它们的受众不断流失，尤其是报刊媒体和广播媒体的受众规模不断缩减，电视媒体的受众也日趋饱和。本研究以宁夏地区为例展开论述。近年来，宁夏有线广播电视用户缴费率逐年下降，退网用户逐渐增多。由宁夏电信运营商主营的IPTV的用户数量在出现一定规模的增长后，开始停滞不前。2017年年初，宁夏有线广播电视用户达到了108万户，市场发展已趋饱和，人口红利和数量优势不断消退；而网络用户的增长却滞后而缓慢，宽带用户仅20万户。也就是说，尽管这一时期宁夏的电视传播依然具有覆盖面最广、受众群体最普遍的优势，但它在发展过程中遭遇了激烈的竞争，发展优势不再，发展前景难测。① 与之相反的是，民族自治区新媒体、新新媒体的用户数量却不断增加。2014年，广西新闻网点击量已突破两亿人次。2018年7月，西藏电视台门户网站“牦牦TV网”访问量达到5100万。同一时期，西藏较有影响力的新闻客户端“快搜西藏”客户端装机量达到111万次，总访问量超过417.6万人次，总浏览量逾598.8万人，日活跃用户超过4万人次。② 同时，西藏74家县级政府新闻网站和综合藏文网站日均浏览量达到7.6万次。截至2020年7月2日，“西藏之声网”手机客户端累计用户总数达到640345人。2017年，新疆地州市117个网络外宣平台“零距离”微信公众号的粉丝数达到500多万。截至2018年年底，内蒙古晨报官方微博粉丝数为454万人，微信公众号的粉丝数为82160人，总阅读量是792万。③ 2019年，宁夏第二季度媒体微信运营榜单中，位列榜首的银川晚报阅读数是7770844，在看数是20262。排行第五的宁夏新闻网阅读数是5573584，在

---

① 张学霞．宁夏大众传播网络构建研究：1926—2018［D］．西安：陕西师范大学，2019：157.

② 詹恂，孙宇．西藏党媒“两微一端”的发展现状及传播力分析［J］．现代传播，2019（6）：145-146.

③ 郭宇皓．《内蒙古晨报》融媒体转型策略研究［D］．呼和浩特：内蒙古师范大学，2019：14-15.

看数是 12797。排行第十的固原发布阅读数为 1131245，在看数为 4484。① 截至 2020 年 8 月 19 日，新疆日报新浪微博粉丝数 49.4 万，关注 426 人；西藏日报新浪微博粉丝数 10.4 万，关注 95 人；内蒙古日报新浪微博粉丝数 166 万，关注 688 人；广西日报新浪微博粉丝数 649 万，关注 1329 人。以上数据表明，处于发展过程中的民族自治区的新媒体、新新媒体已经吸引和连接到大批的网络用户。假以时日，待媒体融合的探索更趋成熟和稳定，就有可能吸引和连接更大规模的用户群体，从而实现更大的传播力。

（2）媒体融合能够更好地促进少数民族地区和少数民族的发展

少数民族地区现代化的大众传播网络经历了从无到有、由弱变强的演进历程。尤其是 1949 年以后，在中国特色社会主义制度的保障下，在国家统一性的传媒制度安排下，少数民族地区的大众传播网络有了飞跃性的发展，成为少数民族地区民众感知外界、认识世界、形成现代化观念的重要工具。少数民族地区的大众传媒在移风易俗、启迪民智、传播思想、文化、满足信息需求、塑造人们的现代化观念等方面发挥了重要的作用。大众传媒一方面有助于更好地促进少数民族地区的信息交流、新闻传播和舆论表达，另一方面则有助于更好地促进少数民族地区的经济发展、文化繁荣和社会稳定。② 大众传媒充当着少数民族社区中“文化修补”的工具角色，通过记录和再现使得当地传统文化得以存续。③ 还有学者以贵州黔东南为例，指出大众传播媒介在贵州民族地区民族文化传播中展现出“文化工具”的功能，为民族原生态文化传播提供了积极的作用。④

已经达成共识的是，少数民族社区不论从存在的地理区域还是从社会发展状况来看，虽然处于弱势的状态，但是它们也不可避免地被卷入媒介化社会中。在绝大多数少数民族的聚居区，村民们对现代传媒的认知、使用和熟悉程度很大程度上不亚于城市人。媒介确确实实地介入到乡村文化形态变迁过程中。传

① 张学霞．宁夏大众传播网络构建研究：1926—2018［D］．西安：陕西师范大学，2019：170.

② 郑保卫．中国少数民族地区新闻传播发展报告［M］．北京：人民日报出版社，2012：5.

③ 张瑞倩．电视对少数民族传统文化的“修补”：以青海“长江源村”藏族生态移民为例［J］．新闻与传播研究，2009（1）：38-46.

④ 刘祥平．论大众传播媒介与贵州民族地区民族文化传播［J］．贵州民族研究，2009（3）：74-77.

播网络和现代传媒无疑成为少数民族社会文化形成与转型变迁的一股重要力量。①“少数民族地区的政治、经济、传统文化观念在发展中均呈现出一定现代化取向。”②

这是从少数民族地区大众传媒促进民族文化传承、传播的角度，以及少数民族地区大众传媒促进少数民族现代化观念的角度，证实了少数民族地区包括民族自治地区大众传媒在促进少数民族民众发展方面的重要性。上述研究也表明，少数民族地区新媒体应用已经普及，与全国其他地区一样，同步进入了媒介化社会。因此有理由相信，由行政力量和传统媒体主导的民族地区的媒体融合也一样能够促进民族地区和少数民族的发展，以及促进少数民族观念的现代化发展。但也要看到，目前有关少数民族地区大众传媒与少数民族文化传承、传播的研究比较丰富和集中，但有关少数民族地区大众传媒与国家认同的研究，与铸牢中华民族共同体意识的研究还比较薄弱。因此，就民族自治区媒体融合发展的前景而言，既要科学地保护、传承、传播各民族文化，也要在基于国家认同的基础上，传播、传递中华文化共同体的意识和观念，更要促进民族地区和少数民族的全面发展。

### （二）民族自治区媒体融合发展的两个阶段

第一阶段是2000年至2013年。这一阶段主要是媒介形态、传播渠道、内容生产以及技术上的初步融合。主要表现有报网融合、数字报业发展、手机报应用、两微一端建设应用等。这一阶段民族自治区的媒体融合探索是一种追随技术发展和媒介演进轨迹的探索，既有主动触网、融网求转型和创新的意愿，也有被动跟风、被迫随之起舞的无奈。主要是从以传统媒体技术为依托的单一媒介传播形态向以互联网技术为依托的多媒介形态的转换和融合。这一时期民族自治区媒体融合的主要目标是，拓展传统媒体的传播平台和传播渠道，扩大传统媒体的影响力和覆盖面，寻找产业的新增长点。因此传统媒体是一种以自我为主的“+互联网”的发展思维和发展模式。这一阶段，民族自治区涌现了大批的新闻网站，开始了手机报应用，几乎全部拥有了微博、微信，有些传统媒体还自建了客户端。

---

① 孙信茹，杨星星．“媒介化社会”中的传播与乡村社会变迁［J］．国际新闻界，2013（7）：92.

② 商娜红，江宇，刘晓慧，等．媒介化社会：当局与旁观——基于广西少数民族地区传播媒介使用与接触状况的调查［J］．文化与传播，2016（6）：15.

第二阶段是2014年至今。这一阶段开始探索媒体体制融合、产业融合、机构融合、人才融合等，媒介形态融合以及技术融合已渐至稳定。并于2018年起积极探索县级融媒体建设和开发。这一阶段的主要表现是组建新的传媒集团，进行新闻生产、传播的流程再造，建立中央厨房、全媒体中心、融媒体中心，构建传播矩阵等。这一阶段的显著特点是媒体融合不再仅仅是传统媒体自发自觉的探索和实践活动，而是国家加大了政策引导、资金扶持的力度，并指出了方向，制定了目标。

2013年11月12日，《中共中央关于全面深化改革若干重大问题的决定》提出："整合新闻媒体资源，推动传统媒体和新兴媒体融合发展。"① 2014年8月18日，在中央全面深化改革领导小组第四次会议上，习近平总书记再次强调推动媒体融合发展。② 会议通过的《关于推动传统媒体和新兴媒体融合发展的指导意见》规制了媒体融合的范围、目标和步骤。2016年，党的新闻舆论工作座谈会上，习近平进一步提出"要推动融合发展"。③ 2018年，全国宣传思想工作会议上，习近平提出："要扎实抓好县级融媒体中心建设，更好引导群众、服务群众。"④ 2019年1月25日，习近平在中共中央政治局第十二次集体学习时发表重要讲话并提出，"推动媒体融合发展，要坚持一体化发展方向"，"各级党委和政府要从政策、资金、人才等方面加大对媒体融合发展的支持力度"。⑤ 也就是说，第二阶段民族自治区媒体融合发展是在国家政策引导下，在行政力量的主导下，开始自上而下地推行和探索，与第一阶段自下而上的媒体融合探索已有根本上的不同，已经从第一阶段的"+互联网"向"互联网+"转变，也是从资本推动的融合向行政力量主导的融合的转变。

民族自治区媒体融合从第一阶段向第二阶段的转变说明了媒体融合的两大主体传统媒体和新媒体、新新媒体之间权力和关系的转化。第一阶段，传统媒体的发展依然强劲，力量依然强大，而新媒体、新新媒体发展则处于起步阶段。

---

① 中共中央关于全面深化改革若干重大问题的决定［M］. 北京：人民出版社，2013：39-50.

② 中央深改小组第四次会议关注媒体融合［EB/OL］. 传媒-人民网，2014-08-18.

③ 中共中央宣传部新闻局 . 习近平总书记党的新闻舆论工作座谈会重要讲话精神学习辅助材料［M］. 北京：学习出版社，2016：7.

④ 习近平 . 举旗帜聚民心育新人兴文化展形象 更好完成新形势下宣传思想工作使命任务［EB/OL］. 中国共产党新闻网，2018-08-22.

⑤ 习近平 . 推动媒体融合向纵深发展 巩固全党全国人民共同思想基础［EB/OL］. 新华网，2019-01-25.

故传统媒体在遭受着来自新媒体、新新媒体的一波波冲击后，还能够固守着“+互联网”的思维和姿势，还希望通过新媒体平台延伸自身发展的生命力。2010年以后，传统媒体和新媒体、新新媒体之间的力量对比已经发生了新的变化，新媒体、新新媒体一跃成为强者，不断跑马圈地，日益发展壮大，甚至构建了一个全新的媒介生态，人们惊呼媒介化时代已经来临。而传统媒体力量式微，效益断崖式下滑，人才队伍不断流失，曾经固有的游戏规则不断被打破，被颠覆，行业发展的冬天真正到来了。从“+互联网”到“互联网+”恰恰说明了竞争主体之间关系和力量的对比和转化。

### （三）参与式传播与媒体融合的共容共生性

以上综述了民族自治区媒体融合的发展历程和发展阶段。显然，民族自治区媒体融合是在行政力量和媒体力量的双重主导下进行的。既有传媒集团、组织、机构之间的融合，也有传媒资产、资金、人才、设备等方面的融合，还有媒介形态、内容生产等多方面的融合。但大多数融合显然都是在传统媒体内部或传统媒体之间进行的，与互联网公司的融合，与技术公司的融合还尚未开始。目前，民族自治区也较少有媒体融合成功的案例。究其根本，传统媒体在我国不仅具有媒体属性、公共属性、商业属性，还具有政治属性；而新媒体、新新媒体被讨论更多的却是政治属性以外的其他属性，如公共属性、技术属性、商业属性、资本属性等。

对传统媒体而言，媒体融合意味着传统媒体应该承担更加宏大的使命。它首先需要担负的使命是要在国际传播格局中做大做强，拥有和国家发展、地区发展相匹配的、与国力相称的国际话语权。其次还需要在国内传播网络中，服务国家发展和地区发展，扩大主流媒体的影响力、引导力和公信力，并引导网络舆论。对新媒体、新新媒体而言，媒体融合往往意味着对传统媒体的融合、改造，或者再媒介化，是用资本逻辑、技术逻辑统摄传统媒体的内容生产逻辑。因此，新媒体、新新媒体不断侵蚀着传统媒体自营的传播平台，又不断吸引着传统媒体到新媒介平台去寻找新的传播渠道。这两种媒体的媒介化融合逻辑有着方向上的不同。新媒体是要开放内容生产边界来赢利，而传统媒体是要关闭内容生产边界来获得关注；新媒体是要打破不同媒体的边界，将不同的传播渠道融合起来才能提升流量，获得更好的生存和扩张，传统媒体是要将渠道管控起来获得垄断才能更好地生存。也就是说，新媒介平台以破坏传统媒体的原有传播硬件基础即传播的物质性为前提。于是它会修正基于原有物质性基础上的传统媒体的媒介逻辑①，而传统媒体一旦脱离原有的媒介逻辑，它的生存法则便面临着巨大的危机。在这两种不同媒介逻辑中，似乎存在着一堵看不见的墙，不过人们的参与式传播能够打通横亘在两种逻辑之间的边界，促进媒体融合更好地向纵深发展。

参与式传播是从“为受众们的传播”转向“受众们的传播”。受众们的内部性、关系性和能动性得到了重视和强调，大众传播的目标、过程、路径也随之发生了变化。新媒介技术的发展、渗透为参与式传播带来了新的研究热潮和拓展空间。参与式传播强调信息的流动性、去疆域性和信息共享，因此有扁平化传播、弥散式渗透、边界模糊和去中心化的趋势。而媒体融合首先强调传统媒体的政治属性以及归属，具有政治化阐述和技术融合的现象前景，是希望通过利用和驯化新媒介技术来强化主流话语权和文化领导权。因此，如将媒体融合与参与式传播结合起来，坚持“从群众中来到群众中去”的群众传播路线，坚持实践取向和情境路径，就有可能重新吸引、连接新用户，与用户们建立新的关系和互动，从而能够更好地起到信息的引导和领导的作用。媒体融合与参与式传播的结合，既要进行一定程度上的结构调整、制度调试，也要突出共享、参与、对话和民主，将人们的意见、建议纳入媒体决策过程，甚至改变一定的决策流程，最终的目的是促进人的全面发展，促进地区和国家的全面发展。

政府倡导、推进媒体融合有很多现实原因。其中的原因之一是传统媒体在国际传播和国内传播上存在着短板和不足。“我国新闻媒体国际传播能力还不够强，声音总体偏小偏弱”，“一些主流媒体受众规模缩小、影响力下降”，“存在受众不爱看、不爱听的问题”。② 习近平总书记在党的新闻舆论工作座谈会上发表重要讲话，提出的问题，都表明一些传统主流媒体与受众们的联系日益减弱，受众们的参与性不断降低。“不爱看、不爱听”便意味着参与性的降低，意味着受众的流失和迁移。因此媒体融合除了坚持马克思主义新闻观，强调意识形态的领导权和文化权外，还要吸引、凝聚、连接受众群体，还要通过人们的参与式传播将意识、观念、理想、文化等以信息符号的方式扩散开来。因此，参与式传播是媒体融合发展中的重要一环。参与式传播意味着受众从作为受动对象

① 胡翼青，李璟．“第四堵墙”：媒介化视角下的传统媒体媒介融合进程［J］．新闻界，2020（4）：62.

② 中共中央文献研究室．习近平关于社会主义文化建设论述摘编［M］．北京：中共文献出版社，2017：39.

和信息客体的地位转向为信息传播中的能动者。所以，媒体融合不能仅仅强调其支配性的一面，还要注意它与受众之间相互影响、交织、交互性的一面。交互意味着相互联系和交往，交往则意味着相互间的传播。只有建立在相互联系、影响、交往和互动的基础上，才能使传播的组织价值、凝聚意识和发展理念得以更大范围地扩散。人们也只有通过获得特定议题的信息和知识，在充分交流的基础上获得共识和凝聚力，才能更好地进行自我决策，并提升个人的发展潜能。

## 二、参与式传播在民族自治区大众传播网络构建中的发展方向

1949年以来，民族自治区在政治、经济、文化、社会、生态文明等各方面都取得了历史性的成就。这一切都是依照中国特色社会主义制度展开的。中国特色社会主义制度是以马克思主义为指导，植根中国大地，具有深厚中华文化根基，深得人民拥护的制度。它能够持续推动国家和地区的进步和发展。中国特色社会主义制度具有诸多优势，主要包括：坚持党的统一领导；坚持人民当家作主，发展人民民主，密切联系群众，紧紧依靠人民推动国家发展；坚持各民族一律平等，铸牢中华民族共同体意识，实现共同团结奋斗，共同繁荣发展；坚持以人民为中心的发展思想，不断保障和改进民生，增进人民福祉，走共同富裕道路等。① 其中，“坚持以人民为中心的发展思想”充分体现了人民当家作主的体制特征，也体现了人民的主体地位。习近平在庆祝改革开放40周年大会上发表重要讲话并指出，必须始终把人民对美好生活的向往作为党的奋斗目标，践行党的根本宗旨，贯彻党的群众路线，尊重人民主体地位，尊重人民群众在实践活动中所表达的意愿、所创造的经验、所拥有的权利、所发挥的作用，充分激发蕴藏在人民群众中的创造伟力。② 这就表明，中国大众传播网络尤其是党媒应该充分地鼓励和支持人们进行参与式传播，从而更好地体现人民的主体地位。

### （一）参与式传播与民族自治区乡村振兴战略

民族自治区大众传播网络已经获得长足的发展，分别拥有报刊传播网络、广播传播网络、电视传播网络和新媒体、新新媒体传播网络。但除广播传播网

---

① 中共中央关于坚持和完善中国特色社会主义制度 推进国家治理体系和治理能力现代化若干重大问题的决定［N］. 人民日报，2019-11-06（1）.

② 习近平：在庆祝改革开放40周年大会上的讲话［EB/OL］. 新华网，2018-12-18.

络和电视传播网络分别拥有97%和98%以上的综合人口覆盖率以外，报刊传播网络和新媒体、新新媒体传播网络的覆盖率还有较大提升空间。同时，城乡二元结构下城市系统向农村系统的单向传播面临的问题，以及民族自治区农村的原子化、空心化、基层组织涣散，社会黏度降低等，亟须参与式传播的重构与介入。

1. 民族自治区城乡的参与式传播

截至2018年，新疆平均每百人每年订报刊数为12.62份，西藏平均每百人每年订报刊数为34.13份，内蒙古平均每百人每年订报刊数为8.06份，广西平均每百人每年订报刊数为8.48份，宁夏平均每百人每年订报刊数为6.95份。这组数据表明，民族自治区印刷媒体的覆盖面、影响力、传播力还比较有限，而以报刊等为代表的印刷术和印刷文化在创造文明的同一性和连续性方面发挥着重要作用。印刷术和印刷文化不仅能够创造和形成统一的文化，还在促进民族融合、区域融合、地方发展以及形成共同的国家心理和国家情感等方面发挥着重要作用。另外，民族自治区互联网的普及率也有着较大的提升空间。2016年，新疆地区互联网普及率为54.9%，西藏地区互联网普及率为46.1%，内蒙古地区互联网普及率为52.2%，广西地区互联网普及率为46.1%，宁夏地区互联网普及率为50.7%。这组数据表明，民族自治区互联网的普及率仅达到1/2，距离实现网络全覆盖还有一定的时日。这也说明，民族自治区以行政力量和媒体力量主导的大众传播和组织传播，尽管已经形成了自上而下的、垂直式的传播体系和条块分割式的传播格局，但依然存在着信息传播的“最后一公里”问题。因此，如何加强人们内部的横向传播和互动就成为发展传播学面临的严峻课题。另外，民族自治区城乡二元信息鸿沟现象也十分突出，城乡信息传播不平衡问题依然明显。

20世纪90年代以来，我国分别开展了广播电视“村村通工程”“西新工程”“兴边富民规划”，旨在加强西部地区、边疆地区、民族地区信息基础设施建设，增强广播电视的覆盖范围和覆盖能力。从效果上来看，成效显著。民族自治区广播、电视的覆盖率分别达到97%和98%以上，乡村信息基础设施得到了较大的改善。然而，随着现代化的发展以及媒介自身更迭的推动，民族自治区广播的使用率和视听率大幅下滑。在广大农村，广播大多已经退出信息传播的舞台，开始沦为边缘性媒体，很难再发挥大众传播的功能和作用。电视成为民族自治区农村地区最主要的大众传播媒体，但电视娱乐化的传播倾向，严肃的新闻信息传播方式，以及精英化、城市化的叙事方式和农村日常生活相距甚远，其单向、线性的传播模式既设置了参与的门槛也难以激发基层民众的参与热情。同时，电视上传播的内容与民族自治区农村民众的信息需求之间有着严重的脱钩，民族自治区乡村内生的多元文化和丰富的群众生活也很难在电视媒体上得到充分的展现。这加剧了民族自治区农村村民对主流媒体的游离状态，既不利于大众信息的传播，也没法进一步促进民族自治区农村村民的现代化意识和发展观念。

目前，手机已成为民族自治区农民的日常生活用品，90%以上的家庭都拥有手机。电脑的普及率也在缓慢增长，网络基础设施建设也在不断地加强中。《国家信息化发展战略纲要》提出“加快建设数字中国”，《“十三五”国家信息化规划》将“数字中国建设取得显著成效”作为我国信息化发展的总目标。“宽带中国”“互联网+”、大数据、云计算、人工智能、数字经济、电子政务、新型智慧城市、数字乡村建设等都在致力于推动信息化发展，从而为全面建设社会主义现代化国家提供强大动力。国家互联网信息办公室发布的《数字中国建设发展报告（2017 年）》指出，我国农村及偏远地区网络覆盖快速提升。2017 年，完成了 3.2 万个行政村通光纤的任务部署，全国行政村通光纤比例超过 95%。网民中农村网民占比 27%，规模达到 2.09 亿，农村互联网普及率上升至 35.4%。贫困村宽带网络覆盖率超过 90%，已提前完成“十三五”规划确定的目标。① 网络基础设施的不断加强和完善，为民族自治区农村村民开展网络应用提供了便利，也为村民利用新媒体、新新媒体开展参与式传播提供了便利。

2. 民族自治区乡村的参与式传播与乡村振兴发展战略的结合远景

20 世纪 70 年代以来，参与式传播理念在亚、非、拉等第三世界国家得到广泛推广和应用，并发展出两种主要模式，即乡村发展传播评估模式和乡村信息传播模式。② 在中国，扫盲运动、水利工程建设、西部大开发、城乡统筹、灾后重建、扶贫攻坚以及民族地区发展都不乏参与式传播的成功案例。如何在农村网络基础设施基本具备的条件下，在农村已出现空巢化、基层组织涣散化的现实中，在自上而下的传统媒体发展日渐疲软的情况下，增强人们发展的自主性、

---

① 国家互联网学信息办公室发布《数字中国建设发展报告（2017）》［EB/OL］. 中国网信网，2018-05-09.

② 韩鸿. 参与式传播：发展传播学的范式转换及其中国价值：一种基于媒介传播偏向的研究［J］. 新闻与传播研究，2010（1）：44.

参与性、内生性和可持续性，增强农村内部信息的横向传播和互动性，使农民也成为互联网络信息传播中的重要节点，成为中国参与式传播面临的重大课题。

参与式传播理论给我们的启示是，应从乡村传播的总体思路上进行调整，从大众媒体的信息前端和终端寻找解决乡村传播问题的突破口。在乡村传播理念上，有必要把重心从告知、劝服转向促进不同利益群体之间的交流，通过共同讨论、参与、行动来解决问题；在乡村媒介的发展思路上，应摒弃现代化范式的大媒介观，重视各种乡土媒介和“适宜技术”的重要性。① 各种乡土媒介包括社区广播、农村戏剧、舞蹈队、秧歌队、歌队、流动电影等媒介。有学者通过分享贵州省榕江县栽麻乡侗寨村民排练侗戏《珠朗娘美》，复兴侗族社区的公共文化生活，并到周边村寨表演的案例；西双版纳勐宋村哈尼族青年采用参与式的绘图方法绘制哈尼族的传统节日和农事历，传承轮歇农业耕作文化，并在周边巡回展示的案例；云南阿子营乡龙嘴石村村民创办苗汉双语《山村小报》，搭建大花苗民追思历史、分享传统知识平台的案例；山东孟金寺村农民自编自拍电视剧《刘氏春秋》，追溯600年村落历史和宗族血源的案例；以及四川古蔺县桂香村村民自建“夫妻广播”的案例来说明在中国广大农村特别是民族地区都存在着一种以参与为特征的、具有本土化特色的自发传播行为。

还有学者以湖南省长沙县乐和乡村社区建设中的参与式传播案例表明，县政府引进的非政府组织开展的新社区建设中，参与式传播发挥了重要作用。对非政府组织而言，参与式传播可以有效解决外来组织与当地社区的观念冲突和融通难题；对当地社区而言，参与式传播可以将外来观念进行内生性转化，通过营造公开空间达到“聚人”功效；在整个乐和乡村社区建设中，参与式传播配合当地既有组织开展工作，形成了一套以内生型自治组织“互助会”为中心，社工站、联席会、村民有效互动的参与式传播流程。②

上述学者及其他学者都看到了中国乡村传播中存在的主要问题：乡村政府的主导作用有所削弱，基层组织涣散特征明显；传统媒体自上而下的大众传播模式没有打通最后一公里；信息基础设施和服务设施没有得到很好的利用；村民自发组织、开展的参与式传播、参与式实践和非政府组织开展的参与式传播

---

① 韩鸿．参与式传播：发展传播学的范式转换及其中国价值：一种基于媒介传播偏向的研究［J］．新闻与传播研究，2010（1）：47.

② 关永凤．长沙县“乐和乡村”社区建设中的参与式传播研究［D］．长沙：湖南大学，2018：2.

和参与式实践也在进行中，为村民进行相互间的横向传播和互动传播提供了新的发展空间和发展可能性等。

本研究认为，针对民族地区乡村政府组织的主导作用被削弱，基层组织涣散，信息传播最后一公里问题难以解决，以及村民们相互之间缺乏横向传播和对话、沟通、互动平台匮乏的现状，依靠村民们自发组织的参与式传播实践，以及非政府组织的介入力量是必要的、有效的。但力量还远远不够，还需要借助和发挥民族自治区乡村政府和基层组织的主导作用，借助新媒体、新新媒体这一新型大众传播媒介平台，来实现更大范围的“纵向到底”和“横向到边”的新型参与式传播。同时，将国家提出的乡村振兴战略和基层治理的方针，和参与式传播有效结合起来，更能促进民族地区的社会发展。

乡村振兴战略是习近平总书记于 2017 年 10 月 18 日在党的十九大报告中指出的战略。报告中提出，“要坚持农业农村优先发展，按照产业兴旺、生态宜居、乡风文明、治理有效、生活富裕的总要求”，“建立健全城乡融合发展体制机制和政策体系，加快推进农业农村现代化”，“加强农村基层基础工作，健全自治、法治、德治相结合的乡村治理体系”。① 乡村振兴战略是实现农村现代化、加强农村治理、促进农村发展的重大战略。它与社会主义新农村建设一脉相承。社会主义新农村建设主要是解决农业基础设施脆弱、农村发展滞后、城乡居民收入差距扩大等问题。新农村战略实施以后，农村地区的道路、交通、水电、通信、卫生、教育等公共设施得到了改善，乡村居民的社会保障、社会服务水平也大幅度提高，一些经济发达地区和城郊农村的农民生产生活条件与城镇对接，基本实现了城乡一体化。② 农村基层组织涣散、政府组织主导作用被削弱等情况也大有改善。

这些变化也表明，乡村治理中，政府的行政力量始终存在。从这个意义上讲，除了倡导、鼓励和支持村民们利用各种乡土媒介和适宜技术进行自发的参与式传播；倡导、鼓励和支持由当地政府主导的非政府组织来带动和促进村民们的参与式传播外，还可以借助国家乡村振兴战略的实施，通过农村地区大众传播的公共性的重构，来激发和促进人们的参与式传播的信心和行为。也就是说，可以发挥行政力量在民族自治区农村参与式传播中的主导作用。乡村振兴战略是国家发展理念中关于乡村发展的体现，本质是发展问题，和发展传播学

① 中国共产党第十九次全国代表大会文件汇编［M］. 北京：人民出版社，2017：25-26.

② 吴业苗 . 乡村共同体：国家权力主导下再建［J］. 人文杂志，2020（8）：108.

的研究主题十分契合。因此民族自治区乡村参与式传播应与国家乡村振兴战略结合起来，更好地发挥大众传播网络对地区发展的促进作用。

### （二）民族自治区参与式传播与县级融媒体建设

民族自治区推动和促进参与式传播从而促进地区发展有诸多保障。首先，中国特色社会主义制度和人民当家作主的国家体制能够保障民族自治区人们实现参与式传播；其次，我国科学发展观、可持续发展理念以及以人为本的发展思想能够引领和指导民族自治区人们积极投身参与式传播；再次，民族自治区多媒介形态、多类别、多层级、多元化的大众传播体系已经为民族自治区的人们进行参与式传播提供了基础条件；最后，社会主义新农村建设、精准扶贫、乡村振兴战略等为民族自治区农村村民进行参与式传播提供了坚实的政策保障，这些乡村振兴战略使民族自治区农村地区的道路、交通、水电、通信、教育等基础设施不断完善。同时，“数字中国乡村建设”使民族自治区互联网的普及率不断上升，乡村宽带网络覆盖率不断扩大，农村网民占比不断增加。这些都为推动和促进民族自治区农村村民从事参与式传播提供了便利。另外，国家倡导的县级融媒体建设也能够促进民族自治区参与式传播的进一步发展。

#### 1. 民族自治区的县级融媒体建设

2018 年，在全国宣传思想工作会议上，习近平提出：“要扎实抓好县级融媒体中心建设，更好引导群众、服务群众。”① 此后，我国县级融媒体建设如火如荼地开展起来。2018 年，北京、福建等地区已实现县级融媒体中心全覆盖；2019 年，全国大多数地区县级融媒体中心建设热潮不断。按规划，2020 年年底县级融媒体基本实现全国总覆盖。本研究中，“融媒体”和“融媒体中心”概念均采用国家广播电视总局《县级融媒体中心升级技术平台规范要求》中的定义。“融媒体”，即融合媒体，指广播、电视、报刊等与基于互联网的新兴媒体有效结合，借助于多样化的传播渠道和方式，将新闻资讯等广泛传播给受众，实现资源通融、内容兼融、宣传互融的新型媒体。②“县级融媒体中心”是指整合县级广播电视、报刊、新媒体等资源，开展媒体服务、党建服务、政务服务、公共服务、增值服务等业务的融合媒体平台。③

---

① 习近平．举旗帜聚民心育新人兴文化展形象 更好完成新形势下宣传思想工作使命任务［EB/OL］．中国共产党新闻网，2018-08-22.

② 县级融媒体中心升级技术平台规范要求［EB/OL］．国家广播电视总局，2019-01-15.

③ 县级融媒体中心升级技术平台规范要求［EB/OL］．国家广播电视总局，2019-01-15.

民族自治区县级融媒体建设正在火热地进行中。2019 年 7 月，新疆 85 个县级融媒体中心挂牌，西藏各地的县级融媒体中心建设也在稳步推进中。2018 年 12 月，拉萨市堆龙德庆区作为西藏首个县级融媒体中心挂牌成立。堆龙德庆区融媒体中心整合了“爱堆龙”客户端、“堆龙发布”“堆龙藏文平台”微信公众号和“微堆龙”微博号，开通了“今日堆龙”抖音账号，初步组建起堆龙德庆区新媒体战线联盟。① 西藏其他地区如山南市乃东区融媒体中心也在陆续建设中。内蒙古地区的县级融媒体中心建设也在稳步推进。2019 年 7 月，内蒙古地区除乌兰察布市以外，11 个盟市已经制订并印发了地区融媒体中心发展方案，81 个旗县（区、市）已挂牌运行。② 广西县级融媒体建设走在了民族自治区县级融媒体中心建设的前列。2018 年 4 月，广西日报客户端升级为广西云客户端，上线当天有 24 个县级代表签订县级分端建设意向书。2018 年 12 月，广西云客户端县级分端已实现广西全覆盖。③ 2018 年 8 月，靖西市率先在广西成立了县级融媒体中心。2019 年 1 月，桂林 17 个县（市、区）融媒体中心挂牌成立，成为广西率先实现县级融媒体中心全覆盖的地级市，构筑了广西体量最大的县级融媒体传播矩阵，成为广西县级融媒体中心建设的典范。其中，平乐县融媒体中心已入驻中央广播电视总台全国县级融媒体智慧平台——央视新闻移动网矩阵。桂林成为广西首个入驻央视县级融媒体智慧平台的地级市。④ 2019 年 9 月，崇左市各县、区均已完成融媒体中心的挂牌和改制。其中，扶绥县、凭祥市是全国首批启动的县级融媒体中心，也是广西先行试点的重点县份。⑤ 2019 年 10 月，广西 71 个县（市）融媒体中心已全部建成运行，提前一年在全区实现全覆盖。宁夏也在不断加大县级融媒体建设的力度。2018 年 12 月 19 日，宁夏首家县级融媒体中心贺兰县融媒体中心挂牌成立。贺兰县融媒体中心建设项目是国家和宁夏回族自治区媒体融合的试点项目，旨在打造新闻+服务、新闻+政务、新闻+电商等一体化媒体服务平台。2018 年 10 月，中宁县融媒体中心建设项目启动。2019 年 1 月 5 日，作为中宣部确定的首批 59 个县级融媒体中心建设的试

---

① 于蕾．我国藏区县级融媒体中心建设研究：以甘孜藏族自治州为例［D］．成都：电子科技大学，2020：16-17.

② 高帆．内蒙古旗县级融媒体建设财务问题探究［J］．新闻论坛，2020（2）：125.

③ 殷乐．2018 年中国媒体融合发展报告［J］．中国广播电视学刊，2019（2）：16.

④ 李丽明．打造“四全媒体”走好媒体融合之路［J］．新闻潮，2019（6）：16.

⑤ 蒋凌昊，莫蓝翔，黄诚．边疆少数民族地区县级融媒体中心建设的现状及对策：以广西崇左市为例［J］．新闻潮，2019（12）：25.

点县之一——宁夏青铜峡市融媒体中心上线运营。经过一年多的发展，青铜峡市融媒体中心已经建立了“三维立体”的全媒体传播矩阵。第一矩阵是以县一级自管媒体为核心的传播矩阵，主要包括新闻网站、电视台、APP、官方微博、微信等，覆盖至全县。第二矩阵是打造云上青铜峡 APP，完善新闻+服务功能，实现移动优先的本地化传播。第三矩阵是利用新华社、中央电视台等主流媒体平台，形成对外传播矩阵，为青铜峡外宣工作服务。

2. 县级融媒体中心的定位、功能和属性研究

全国上下都在积极开展县级融媒体实践，但有关县级融媒体中心的功能、定位、属性以及实现路径等尚未有定论。本研究认为，县级融媒体中心应具有多重功能、定位、属性特征和实现路径，应是“新闻+政务+服务+商务”的新型融合平台，应力争成为深入区县、社区、街道，促进人们广泛参与的信息和服务综合一体化平台，并深度融入国家和地区的现代化发展进程中。

（1）县级融媒体中心应成为县域内意识形态、信息传播、舆论引导的主阵地，成为媒体融合发展的新平台。应以县级融媒体中心为大众信息传播的核心节点，构建起纵向到底、横向到边、全面覆盖的大众信息传播网络。并不断增强平台聚合分发能力，打通乡村信息传播的“最后一公里”，整合不同媒介形态的媒体，通过数据的连接和联通，形成一个新型数字化信息平台和主流舆论阵地，成为基层群众与政府信息沟通的桥梁和当地群众了解本地信息、获取本地服务的窗口。在应对突发公共事件中，县级融媒体中心应能够有效覆盖其他层次媒体的信息传播盲区，对舆情监测、舆论引导具有独特的作用。

（2）县级融媒体中心应成为县域内政务服务平台，具备“媒体+政务”的功能和属性。它应集成党政各部门的服务平台、服务数据和服务业务，融入智慧城市建设，引入本地政务服务、公共服务和便民服务资源，打通政务服务的“最后一公里”，整合各种资源，为当地的人们提供更直接、更便利的政务服务和政务管理，助力基层社会治理和乡村振兴战略。也就是说，县级融媒体中心不仅仅具有媒体的功能，还应该成为县级党委政府提供基层政务服务和政务管理的平台。如北京昌平 APP 中“问政”模块，就是通过融媒体中心与区政府进行联动，在线解决百姓日常生活中遇到的各种问题。其他地区县级融媒体中心建设中涌现出来的“邳州模式”“长兴模式”“项城模式”“玉门模式”等均以向民众提供有效公共服务而著称。

（3）县级融媒体中心应成为综合服务平台，积极打造“媒体+服务”的功

能。国家广播电视总局对县级融媒体中心的总体要求之一是，应按照“媒体+”的理念，从单纯的新闻宣传向公共服务领域扩展，增强互动性，从单向传播向多元互动传播延伸，将媒体与政务、服务等业务相结合，提供多样化综合服务。① 县级融媒体中心可以参与县域内产业互联网平台构建，在用户需求与民生服务、商务服务之间建立精准的匹配连接和互通，从而更好地为群众服务，并促进当地经济发展。如甘肃玉门“爱玉门”APP 平台，人们可以通过使用“打车”“机票”“火车票”“汽车票”等功能来满足交通需求，也可以通过“美食”“招聘”“点播”等功能来寻找美食、找工作、听歌看视频等。县级融媒体中心可以提供县域内公共服务，助力提升县域空间内人们的生活质量。另外，县级融媒体中心还可以充当当地农产品网络销售平台，并引入当地电子商务等垂直服务领域，满足人们的公共服务和商务等需求，让县级融媒体中心真正用起来。还可以传播生态旅游信息和美丽乡村信息，助力当地生态旅游发展，促进美丽乡村建设，利用图片、短视频等多媒体形态，展示特色旅游资源和本地文化特色，促进当地经济发展，助力人们生活水平的提高。县级融媒体中心还可以盘活具有地方特色的长尾资源，一方面能够丰富内容生态，另一方面也可以通过多种路径合作探索更多商业化运作。例如，通过开展农村文化遗产数字化建设，助力农村优秀传统文化保护传承，激发文化活力，助力数字经济。②

3. 参与式传播与县级融媒体中心建设的融通

县级融媒体中心功能多样，发展潜能较大，能较好地解决基层媒体欠缺、发展动力不足、公共性和服务性不足等问题，也应该在促进和激发人们参与式传播的意识和热情方面发挥更大的作用。县级融媒体中心建设是国家媒体融合战略中的重要组成部分，应在国家媒体战略中发挥基础性作用。同时，也应该在促进人们的参与式传播，促进当地的经济发展，促进人们的现代化方面发挥重要作用。县级融媒体中心作为平台型媒介，主要任务不是充当表达和内容生产的主体，而是作为新一代传播生产力的表达和内容生产平台，提供一系列连接、整合、激活和基础条件构建的服务，通过刺激基层用户与组织的内容生产热情，提升 UGC（用户生产内容）、PGC（专业生产内容）、OGC（职业生产内容）的内容产品质量，以此激活基层区域内更多的社会资源、商业资源、生活

---

① 《县级融媒体中心建设规范》[EB/OL]. 国家广播电视总局，2019-01-15.

② 耿晓梦，方可人，喻国明. 从用户资讯阅读需求出发的县级融媒体运营策略：以百度百家号“用户下沉”调研分析结论为启示 [J]. 中国出版，2020（10）：7.

资源的流通。① 也就是说，县级融媒体中心建设成功与否的关键还在于连接、整合、激发基层用户与基层组织的参与热情和参与能力。

县级融媒体中心建设需要技术、资金、资源、基础设施、人员队伍、体制机构、经营管理以及信息内容等多方面的整合和创新。同时，县级融媒体中心的建设、应用以及后续的可持续发展还需要大量基层群众的参与和拥护。县级融媒体中心建设是手段、渠道和路径，“引导群众、服务群众”才是县级融媒体中心建设的根本。因此，县级融媒体中心重在近用和亲民，只有不断吸引吸纳人们关注和参与使用，才能充分发挥“媒体+政务”“媒体+服务”“媒体+商务”等多功能平台作用。一个县级融媒体中心，至少要拥有当地常住人口10%以上的关注和参与。只有拥有大规模、多样化、黏性高、活跃度高的用户群体，才能有效发挥传播信息、引导舆论、筑牢意识形态阵地、服务群众等作用。县级融媒体中心应该深耕基层群众的需求，与广大人民群众建立广泛的连接，确保乡村受众参与到信息传播和公共服务中。这样才能夯实县级融媒体中心自下而上的群众基础和广泛的连接功效。

当下正在建设中的县级融媒体中心已经出现“过半的平台用户数或粉丝数不足1万，影响力极为有限”等问题，以及“用户实际需求为主导的原创内容偏少导致传播效果不甚理想”② 等问题。针对这些问题，县级融媒体中心可以明确“服务本地群众”的核心目标，通过促进人们的参与式传播，将基层群众的声音、生活面貌、基本需求反映出来。只有紧密联系群众，连接群众，将群众作为信息传播和基层治理的主体，才能真正体现县级融媒体“引导群众、服务群众”的根本要求。县级融媒体中心可以提供一个具有公共对话功能的平台，作为中介连接党和人民、政府和群众，即谓平台化；县级融媒体中心的定位还可以从宣传过渡到组织，致力于把民众组织起来参与公共事务的讨论，即谓组织化。③ 不管县级融媒体中心是平台化还是组织化，人民群众的参与应成为县级融媒体中心可持续发展的根本。也就是说，县级融媒体中心在重建基层政府和人民的沟通机制，以及把民众组织起来进行当代基层社会重建方面，都可贡献不可或缺的力量。县级融媒体建设中，人们的参与式传播能够更好地体现党媒

---

① 耿晓梦，方可人，喻国明．从用户资讯阅读需求出发的县级融媒体运营策略：以百度百家号“用户下沉”调研分析结论为启示［J］．中国出版，2020（10）：3-4.

② 谢新洲，黄杨．我国县级融媒体建设的现状与问题［J］．中国记者，2018（10）：55.

③ 沙垚．重建基层：县级融媒体中心实践的平台化和组织化［J］．当代传播，2020（1）：30.

的党性和人民性的统一。

县级融媒体中心如何推动和促进人们的参与式传播呢？首先，县级融媒体中心可以将自己打造成集合“媒体功能”“政务功能”“服务功能”，乃至“娱乐功能”于一身的综合型媒体平台，将人们吸引、聚拢到这个平台上，尊重人们的参与性，容纳人们在内容和形式上的创造偏好和使用偏好。其次，在这个平台上，能够让人们便利地获取本地化的有用信息，便利地获取当地的政务服务和商业服务，使人们的基本信息需求和实用服务需求均得到满足。也就是说，县级融媒体中心要通过日常生活中必不可少的服务项目来吸引本地群众，从而保证县级融媒体中心的用户覆盖面和传播影响力。① 再次，县级融媒体中心的用户还可以创造和传播自己的信息内容。人们可以反映、讨论乡村、县域的公共事物，还能参与、设计与乡村生产生活息息相关的发展规划，积极开展与其他群体和组织机构的互动。参与式传播的根本是人们不再仅仅是媒体的受传者，也是信息传播和制作的自觉者和参与者。人们主动参与社区建设和乡村发展，自觉表达各种诉求。人们通过自产、原创新闻信息、娱乐信息等能够促进相互之间的横向沟通和交流，从而加强县级融媒体中心的黏性和吸引度。最后，还可以增加熟人网络的交互元素与游戏化的趣味元素。②

县级融媒体建设基于基层和近用的媒体使用属性特征，在夺取用户以及资源合作、开发、拓展等方面都要接地气。针对县域具有明显的“熟人社会”特征，以及社群用户诉求，县级融媒体还可以将自身打造成县域范围内熟人社会的核心信息节点，在熟人网络中的个体之间建立联系和连接，实现由点到面的放射状联通，从而增加人们的参与热情和参与频率。同时，鼓励县域内群体积极参与“圈子内”的评论与分享，培育一批新型的内容生产者，并随时实现内容生产者和内容消费者的相互转化，促进用户与平台的深度交互。③ 另外，县域范围内线下娱乐较少，基层“有闲”人群较多，娱乐需求较强烈，有独特的娱乐信息偏好。因此，县级融媒体平台在建设和维护过程中，可以尝试引入趣味性奖励机制，以此激发用户更大的参与热情。可参照趣头条的案例，创造游戏

① 张诚，朱天．从“集成媒体的新机构”到“治国理政的新平台”：县级融媒体中心的方位坐标及其功能逻辑再思考［J］．四川大学学报（哲学社会科学版），2020（2）：131.

② 耿晓梦，方可人，喻国明．从用户资讯阅读需求出发的县级融媒体运营策略：以百度百家号“用户下沉”调研分析结论为启示［J］．中国出版，2020（10）：6.

③ 耿晓梦，方可人，喻国明．从用户资讯阅读需求出发的县级融媒体运营策略：以百度百家号“用户下沉”调研分析结论为启示［J］．中国出版，2020（10）：6.

化的运营机制来实现用户的快速增长。

游戏是大众艺术。是集体和社会对任何一种文化的主要趋势和运行机制做出的反应。和制度一样，游戏是社会人和政体的延伸，正如技术是动物有机体的延伸一样。① 因此，要想使媒介为人普遍接受，必然千篇一律地满足于追求“娱乐性”，以此作为一种中性的策略。这一策略能保证任何媒介的最大渗透力，保证任何媒介对心理生活和社会生活的最大影响力。② 从这个意义上讲，适度增加县级融媒体平台的娱乐性、趣味性和游戏化的运营机制，能吸引到更多的网络用户，也能更好地促进人们的参与式传播。

县级融媒体建设面临着人员严重不足的问题。县级媒体机构尚未建立起针对新媒体平台运营的人才管理机制，缺乏专业运营团队，人员老化，人才流失问题较为严重。③ 同时，县级融媒体参与人员队伍建设尚在起步之中，仅有20.7%的县制定面向新媒体平台运营的人员机制，覆盖率较低，其余县级单位大都沿袭之前传统媒体的人员运营模式，参与人员收编在政府各个部门，分布较为分散，鲜有以培养新媒体运营平台人才为直接目的的相关机制。④ 要从新媒体人才的选用育留全过程发力，从人才引进、交流与人才培训激励等方面强化县级融媒体人才队伍建设。县级融媒体中心可以借由服务群众所拥有的庞大用户群和优质资源作为筹码，邀约县域内的其中重要传播节点，特别是影响力较大的自媒体账户，共同组建专门的协会、联盟或者就特定项目展开长期合作，从而“编制”出县域传播网络的核心圈，这在很大程度上可以决定哪些信息能够在县域内广泛流通。⑤

除此之外，还可以建立健全乃至发展创新县级融媒体中心的通讯员制度。县级融媒体的通讯员制度如果能够吸纳、吸引更多来自基层的、具有不同职业特征的普通民众的参与，并与之建立较密切的联系，必能促进县级融媒体中心的覆盖面和影响力，从而促进县级融媒体中心向纵深发展。我国通讯员制度是中国共产党实现“全党办报”“群众办报”的路径之一，也是“群众路线”理念的实现路径之一，是具有中国特色的参与式传播与实践的制度保障。通讯员

---

① 麦克卢汉．理解媒介：论人的延伸［M］．何道宽，译．南京：译林出版社，2011：267.

② 麦克卢汉．理解媒介：论人的延伸［M］．何道宽，译．南京：译林出版社，2011：348.

③ 谢新洲，黄杨．我国县级融媒体建设的现状与问题［J］．中国记者，2018（10）：55.

④ 谢新洲，黄杨．我国县级融媒体建设的现状与问题［J］．中国记者，2018（10）：54.

⑤ 张诚，朱天．从“集成媒体的新机构”到“治国理政的新平台”：县级融媒体中心的方位坐标及其功能逻辑再思考［J］．四川大学学报（哲学社会科学版），2020（2）：132.

制度在党发展的早期，在延安时期，以及新中国建设时期都发挥了重要作用。在吸纳、鼓励人们参与新闻的制作、传播，促进人们获得表达的权利，并增强人们的文化自信和政治自信方面也都发挥着重要作用。同时，在扩大国家大众传播网络的覆盖面和影响力方面也具有独特的作用。它是党报党性和人民性相统一的较好体现。

然而，目前通讯员制度的作用在不断减弱，通讯员队伍的人数在不断下滑，规模在不断萎缩，通讯员队伍的人员组成也较为固定和单一。党委成员、知识分子、专家、学者逐渐成为通讯员队伍的主力，农民、工人等其他职业群体，以及普通基层民众的占比都不断下降。党媒受众或者用户群体的参与性也在不断下降。从这个意义上讲，党媒坚持走媒体发展的群众路线，坚持彰显主流媒体以及县级融媒体的人民性原则，不断创新和发展与群众密切联系的通讯员制度，就能够鼓励、支持和带动更多的人进行参与式传播，也能够进一步促进县级融媒体中心的快速发展。

综上，民族自治区大众传播网络已初具规模化和现代化的特征，但也存在着一些传播网络和人们联系不够紧密、受众和用户群体的参与性和互动性不高等问题。因此，将民族自治区大众传播网络构建与参与式传播紧密结合起来，将参与式传播与乡村振兴发展战略、数字中国发展战略、基层治理方针等结合起来，与县级融媒体平台建设结合起来，与党媒通讯员制度的发展创新结合起来，就能够使民族自治区的人们获得更多表达的权利和参与的权利，最终促进和实现人们的全面发展，以及促进和实现地区和国家的全面发展。

# 结论与展望

新中国成立70多年来，我国经济建设取得重大成就，民主法治建设、思想文化建设取得重大发展，人民生活水平得到巨大改善，教育事业得到全面提升，生态文明建设成效显著，全面深化改革取得重大突破，大众传媒事业和大众传播网络得到飞跃性、规模化的发展。其中，民族自治区在70多年的发展中，经济获得快速发展，地区生产总值不断增长，人均地区生产总值逐年上升，人民生活水平普遍大幅提高；交通基础设施获得巨大发展，生态环境得到明显改善；已形成现代化、规模化、普遍化的教育格局和教育体系；也构建生成了前所未有的、多层次、多类别、多媒介形态、全景式的大众传播网络，大众传媒事业也获得突破性、历史性的发展。如果说，“大众传媒的发展是民主发展的三阶段之一”①，“出现多元和本地的渠道是表明现代传播的转换正在顺利进行的一个标志”②，那么上述的发展变化均已表明民族自治区的地区发展和大众传播网络的构建之间呈现出一种正相关的相互促进的发展关系。不过，民族自治区尽管取得了巨大的发展成就，但它仍然是我国经济发展较落后的地区，仍然是全面建成中国式现代化的薄弱地区。民族自治区的大众传播网络和大众传媒发展仍然有着较大的发展空间，人们的参与式传播和参与式发展还较为有限，大众传播网络在促进民族自治区的社会发展和人们的现代化转变方面还有着巨大的挖掘空间。因此，系统地梳理和勾勒民族自治区大众传播网络发展的全貌，深入研究民族自治区大众传播网络形成与发展的动力机制，剖析民族自治区大众传播的模式、特点、存在的问题，并研判它的发展趋势，探析民族自治区大众传

---

① LERNER D. The passing of Triaditional Society: Modernizing the Middle East [M]. New York: The Free Press, 1958: 52.

② 施拉姆. 大众传播媒介与社会发展 [M]. 金燕宁，蒋千红，朱剑红，译. 北京：华夏出版社，1990: 92.

播网络在促进地区发展和人们的现代化过程中的作用和功能，将民族自治区大众传播网络与参与式传播模式相结合，将参与式传播与民族自治区乡村振兴战略、数字乡村战略、县级融媒体发展战略相结合，就具有十分重要的战略意义。

## 一、结论

民族自治区在70多年的发展历程中，在经济发展、基础设施建设、生态环境改善、教育质量提升、教育规模扩大等方面均取得了巨大的发展成就，大众传媒事业也获得了长足的发展，已形成前所未有的、多层次、多媒介形态、多语种的、现代化、大规模传播网络。这一大众传播网络主要包括：传统媒体传播网络、新媒体传播网络、新新媒体传播网络。其中，民族自治区报刊传播网络发展已渐至成熟。广播电视传播网络发展已渐至完备，广播节目综合人口覆盖率已达到97%以上，电视节目综合人口覆盖率已达到98%以上。新媒体发展迅速且全面，已初步形成包括政府网站、新闻网站、手机报等为代表的新媒体传播网络，互联网普及率和上网人数不断激增，政府网站数量、新闻网站数量也稳步增长，已形成多层次、多类别、多语种的新闻网站传播网络。同时，民族自治区新新媒体传播网络发展得广泛而深入，已形成庞大的政务微博群和众多的政务头条号、政务抖音号。媒体融合也开展得如火如荼，全媒体矩阵已初步形成，全媒体传播的实践也正在不断地探索实施中。总之，民族自治区已形成规模大、数量多、媒介形态齐全的、现代化大众传播网络。这些大众传播网络在推动和促进民族自治区社会发展和国家发展等方面发挥了重要的不可替代的作用，同时也在传递国家话语，增强国家认同，提升中华民族凝聚力，铸牢中华民族共同体意识，强化对外传播，维护意识形态安全等方面发挥了重要的作用。

### （一）民族自治区大众传播发展变迁的动力要素

以下三个元素在促进民族自治区大众传播网络发展变迁方面发挥了重要而不可替代的作用。

首先，中国特色社会主义制度在保障和促进民族自治区大众传播网络发展方面发挥了核心的主导性作用。中国特色社会主义制度的优越性在于，它始终坚持中国共产党的领导，坚持以人民为中心，不断深化改革，始终把发展视为解决中国一切问题的基础和关键。正是在中国特色社会主义制度的引领下，在科学发展观、可持续发展、新发展理念的指导下，民族自治区的大众传播网络才形成了大规模、多媒介形态、多类别、多语种的传播体系和传播格局。同时，作为国家和地区发展以及民主政治发展重要表征之一的大众传播网络的发展变迁，也充分彰显了中国特色社会主义制度的优越性和经济发展的强大推动力。

其次，中国统一的传媒制度的建立、发展、改革和完善对推动和促进民族自治区大众传播网络普遍快速发展提供了更具体的制度保障。这些统一的传媒制度主要包括：党媒通讯员制度的确立与发展；“四级办广播、四级办电视、四级混合覆盖”的制度安排；事业化管理、企业化经营的媒体体制的确立；以及就此形成的条块分割、垂直式的管理制度的创建和普及。其中，通讯员制度作为“全党办报”“群众办报”“群众路线”的重要实现路径之一，促进了民族自治区民众的参与式传播和实践，扩大了民族自治区大众传播网络的影响范围，使人们通过新闻写作获得了表达的权利并增强了文化和政治上的自信，也起到了社会动员和政治组织的作用。在推动和促进民族自治区大众传播网络横向到边、纵向到底方面也发挥了重要作用。同时，四级办媒体的统一性媒体制度在保障民族自治区在最初形成“一报两台”的媒体格局后，又保障了民族自治区逐步形成了四纵三横乃至四纵多横的媒体格局，即横向上是报纸、广播、电视乃至门户网站、微博、微信、APP 等共分天下，纵向上是中央、省、地（市）、县四级大众传播网络分布。这四级办媒体的制度既保障了民族自治区享有和其他地区一样的平等的传媒发展权利，也保障了民族自治区民众拥有基本的信息权。事业化管理、企业化经营的媒体体制使民族自治区大众传播网络获得了强劲、持久的发展动力，民族自治区市场化浪潮开始蓬勃而起，整个媒体数量、类型、媒介形态都开始激增。晚报、都市报相继崛起，广播、电视、网站等都开始商业化运作，各大媒体都获得了较大的经济收益，民众多样化的信息需求也进一步得到满足，民族自治区全景式大众传播网络形态已经显现。

最后，技术的发展创新普及应用在民族自治区大众传播网络发展方面起到了底架驱动作用。媒体是技术发展的产物，技术是推动媒介发展的源动力。传播科技的每一次突破性的进展，通常都伴随着一种新的传播媒介的诞生，并导致传播水平的相应提高和传播观念的相应变革。① 从这个意义上讲，我国印刷术的发展和普及应用促进了民族自治区报刊业的发展；广播电视技术的发展保障了民族自治区最大范围的人群覆盖，推动着我国广播电视基本公共服务标准化、均等化取得重大进展；网络技术的发展驱动着民族自治区迈入了数字化大众传

① 吴廷俊．科技发展与传播革命［M］．武汉：华中科技大学出版社，2002：10.

播网络时代，Web 4.0 阶段互联网应用的共享性更强、参与性更广泛、智能化特征更明显的发展趋势，将为民族自治区媒体融合发展奠定坚实的基础。

（二）民族自治区大众传播网络发展中存在的主要问题

民族自治区在 70 多年的发展历程中，已经形成前所未有的、多层次、多媒介形态、多语种、现代化、大规模的大众传播网络。在这一包括报纸传播网络、期刊传播网络、广播传播网络、电视传播网络、新媒体传播网络、新新媒体传播网络在内的大众传播网络中，报刊传播网络发展已渐至成熟，广播电视传播网络发展已渐至完备，新媒体传播网络发展迅速且全面，新新媒体也发展得广泛而深入。然而，民族自治区大众传播在发展过程中仍存在诸多需要解决的问题。

1. 民族自治区大众传播网络虽然规模庞大，但是影响力较为有限

2000 年以来，我国民族自治区已经形成了以党报为核心，以都市报、晚报、行业报等为主要补充的多层次、多地域、多种类、多文字的现代化报纸传播网络。同时，五个民族自治区也分别形成了独立的、规模庞大的、层次多、覆盖范围广、收听收看人群广泛的广播电视传播网络。另外，民族自治区还逐渐形成了包括新闻网站、政府网站、手机报、政务微博、媒体微博、政务微信、媒体微信、移动客户端、政务头条号、政务抖音号等在内的庞大的、多层次的、立体化的、全景式的新媒体传播网络和新新媒体传播网络，即我国五个民族自治区已经分别形成了包括传统媒体、新媒体、新新媒体在内的全媒介形态的全景式大众传播网络。然而，尽管民族自治区形成了数量、规模庞大的全媒介形态的大众传播网络，但是整体而言，民族自治区大众传播网络的整体影响力还是相对有限，其大众传媒的影响力还仅限于本省区，传统媒体的影响力开始衰落，新媒体、新新媒体的公信力和影响力还有待提升。

2. 民族自治区民众的媒体参与度不高

民族自治区尽管拥有较大规模和一定数量的大众传播网络，但本地民众的媒体参与度却普遍不高。本研究通过分析民族自治区连续几年千人报纸拥有量的变化趋势和平均每百人每年订报刊数量的变化趋势发现，民族自治区普通民众的报纸接触率、占有率和普及率并非都是随着经济发展、人们生活水平提高以及人们教育水平提升而呈现出正相关的增长态势。也就是说，地区经济发展、人们生活水平提高以及人们教育水平的提升等并不必然促进和推动该地区民众报纸接触率、占有率、普及率的提高。媒介化社会的形成使人们拥有了更多的

媒体使用选择权，却未必直接促进了人们的媒体参与程度。同时，学者们对2000年以来新疆哈萨克族群众、锡伯族群众，西藏藏族群众以及其他民族自治区群众的媒体接触、使用等情况进行调查后发现，电视是民族地区拥有率和使用率最高的大众传播媒体，但电视的拥有率和使用率并未达到100%；广播的使用率在不断下降；报纸处于萎缩化和边缘化的状态；网络的普及率还较低；手机已成为人们生活中的日用品，90%的家庭都拥有手机。但是手机出版还未能在少数民族农村的经济发展中扮演重要的信息传播角色。手机虽然拥有率高，但是对少数民族农村地区多半的手机用户而言，它仅仅是作为一种通信工具，尚未充分发挥其媒体功能，它对部分年轻群体的主要功能是提供娱乐。民族地区人们使用电视的首要功能是“获取娱乐”，而不是“获取新闻信息”。调查还显示，民族地区民众的媒体参与度较低，民族民众对使用大众媒介存在着矛盾心理。一方面，大多数农村民众对媒体内容持将信将疑态度；另一方面，人们希望尽快发展大众媒介。这表明，民族民众既对大众传播媒介保持了基本的质疑立场，也对通过大众传播媒介改变自身生活充满了渴望和期待。整体而言，民族自治区受众对大众传播媒体有一定的媒体参与意愿，但实际上的媒体参与度还较低。

3. 民族自治区发展传播研究较为薄弱

首先，民族自治区发展传播研究在民族自治区新闻传播研究、民族新闻传播研究中所占的研究比重较小。1949年以后，党和政府一直致力于解决发展问题，持续强调用发展的方法解决前进中的问题，以全面发展为目标，突出强调科学发展和可持续发展，这都应该成为我国民族自治区新闻传播研究，尤其是发展传播研究的底色和背景，也应该成为民族自治区发展传播研究的重点之一。然而，我国民族自治区的新闻传播研究大多局限于“传播中心主义”“媒介中心主义”，仅停留在对传媒现象、现状的描述和概括层面，停留在对媒介技术的分析和研究上，停留在传媒与经济发展的简单互动上，较少采用马克思的政治经济学视角来透视民族自治区大众传播与发展的关系问题。

其次，民族自治区发展传播研究大多缺乏对社会背景、政治结构、经济结构等宏观层面的研究。综观很多有关民族自治区发展传播研究的论著，很难在论著中看出特定历史时期的特色和当时的社会背景，也很少见到对政治结构、经济结构的分析。这样的研究局限于“新闻传播学”单一学科体系，过于强调新闻传播的本位主义和专业主义，忽视了新闻传播与政治、经济、文化、社会等方面的互动。

再次，民族自治区发展传播研究大多缺乏对国家制度层面的研究。民族自治区大众传媒行业和大众传播网络是在行政手段的推动下逐步建立起来的，制度在民族自治区大众传媒行业和大众传播网络的发展过程中起到了关键性的主导作用。制度应该成为新闻传播学研究中的重要研究对象和研究背景。然而，民族自治区发展传播研究对国家相关的制度研究却相对匮乏，既缺乏全局的、宏观的视野，也缺乏独特的观点和思考。

最后，民族自治区发展传播研究还缺乏全面深入的受众研究。这主要表现为：民族自治区受众研究总体薄弱，处于边缘、冷门的研究状态；民族受众研究规模和数量偏小，代表性不强；少数民族新媒体用户研究稀缺。

### （三）民族自治区大众传播网络发展及参与式传播模式建构

参与式传播模式是针对自上而下的、精英式的、单向传播模式而提出的一种新型传播模式。这种传播模式倡导平等、民主、参与和对话。它将发展视为一个整体、多维和辩证的过程，强调发展的可参与性和可持续性。它要求主动发现民众的需求，强调大众的参与作用。传播的目标是允许地方社团交流他们的观点、见解和意见，促成彼此在目标和方法上达成一致。

参与式传播对于民族自治区大众传播网络构建有积极的促进作用。它在中国共产党传媒发展的历程中发挥着重要的作用。中国共产党开创的新闻事业从诞生之日起就十分重视普通民众的参与式传播。它不仅把党报作为重要的宣传工具，也把党报作为重要的组织工具来开展工作，始终注重发挥党报的组织功能。为了体现党报的人民性，党一方面积极开展通讯员运动，确立通讯员制度，建立人民通讯网，培养人民通讯员，使他们参与党报新闻写作和传播信息；另一方面通过职业记者和通讯员们写作的稿件反映人民的现实生活。也就是说，参与式传播奠定了党报人民性的基础。另外，参与式传播同样促进了新媒体、新新媒体的飞速发展。促进新媒体、新新媒体飞速发展的因素众多，有技术的撬动作用，有媒介的演进作用，以及资本的主导作用等。除了以上这些因素外，人们的参与式传播也在其中扮演着重要的角色。从事参与式传播的人们，既是大众传播网络中的传播主体，同时也是大众传播的对象，即既是生产者，又是消费者。他们将自己关于社会现象、个人生活等的真实表达和情感、情绪在大众传播网络中展现出来，并谋求获得其他人的关注、理解、支持，从而实现进一步的交际交流。这种传播群体或是消费群体的存在，以及强烈的现实需求——主动参与的意识和热情，极大地促进了新媒体、新新媒体的飞速发展。

民族自治区媒体融合发展和人们的参与式传播之间也有着密切的联系。进入到第二阶段的民族自治区的媒体融合，政府主导的特色已越发明显，社会治理的功能需求和促进人的全面发展的目标已越来越强烈。经过新媒体、新新媒体应用的培育和熏陶，人们的参与意识也与日俱增，参与能力逐渐提高。将媒体融合和参与式传播有机结合起来，构建两者之间共容共生的新型传播模式，能够促进民族自治区媒体融合发展走得更远，也能够促使参与式传播落到实处。

媒体融合发展对于解决民族自治区大众传播网络影响力有限、受众规模萎缩、民众参与度不高以及促进民族自治区和少数民族全面发展等方面更具有现实作用和实际意义。它能够巩固和扩大民族自治区传统主流媒体的传播力、引导力、影响力和公信力，能够更好地引导网络舆论，更好地开展互联网治理，也能够吸引、连接更多的受众和用户。同时，媒体融合还能够更好地促进少数民族地区和少数民族的发展。如将媒体融合与参与式传播结合起来，坚持“从群众中来到群众中去”的群众传播路线，坚持实践取向和情境路径，就有可能重新吸引、连接到新的用户群体，与新的用户群体建立新的关系和互动，这样能够更好地起到信息引导和舆论领导的作用。媒体融合与参与式传播的结合，既应进行一定程度上的结构调整、制度调试，也应突出共享、参与、对话和民主，要将人们的意见、建议纳入媒体决策过程，甚至改变一定的决策流程。两者有机结合的最终目的是促进发展，促进人的全面发展，促进地区和国家的全面发展。

参与式传播理论给我们的启示是，应从乡村传播的总体思路上进行调整，从大众媒体的信息前端和终端寻找解决乡村传播问题的突破口。因此，参与式传播模式可以与国家和地区的乡村振兴战略相结合，除了倡导、鼓励和支持民族自治区村民们利用各种乡土媒介和适宜技术进行自发的参与式传播外，同时倡导、鼓励和支持由当地政府主导的非政府组织带动和促进村民们的参与式传播，还应借助国家乡村振兴战略的实施，促进民族自治区农村地区大众传播的公共性的重构，激发和促进民族自治区人们的参与式传播的信心和行为。也就是说，要发挥行政力量在民族自治区农村参与式传播中的主导作用。乡村振兴战略是国家发展理念中关于乡村发展的直接体现，本质是发展问题，和发展传播学的研究主题十分契合，因此民族自治区参与式传播模式与国家乡村振兴战略的结合，能够更好地发挥国家行政力量和基层组织在民族自治区参与式传播中的基础性作用。

最后，参与式传播能够促进县级融媒体建设向纵深发展。县级融媒体中心功能多样，发展潜能大，能较好地解决基层媒体欠缺、发展动力不足、公共性和服务性不足等问题。它是国家媒体融合战略中的重要组成部分，也可以在国家媒体战略中发挥基础性作用。同时，也可以在促进人们的参与式传播，促进当地的经济发展，促进人们的现代化方面发挥重要作用。县级融媒体中心作为平台型媒体，主要任务不是充当表达和内容生产的主体，而是作为新一代传播生产力的表达和内容生产平台，提供一系列连接、整合、激活和基础条件构建的服务，通过刺激基层用户与基层组织的内容生产热情，提升 UGC（用户生产内容）、PGC（专业生产内容）、OGC（职业生产内容）的内容产品质量，以此激活基层区域内更多的社会资源、商业资源、生活资源的流通。① 也就是说，县级融媒体中心建设成功与否关键还在于连接、整合、激发基层用户与基层组织的参与热情和参与能力。县级融媒体建设中，人们的参与式传播能更好实现党媒的党性和人民性的统一。

总之，民族自治区大众传播网络与参与式传播模式的结合，参与式传播模式与乡村振兴发展战略、基层治理方针、数字中国发展战略以及通讯员制度的发展创新的结合，能够使民族自治区人们获得更多表达的权利和参与的权利，能够增强人们的文化自信、道路自信、理论自信和制度自信，最终促进当地人们的全面发展，促进地区和国家的全面发展。

## 二、展望

本研究认为，除了中国特色社会主义的政治优势、全国统一性的传媒制度安排以及技术的发展创新普及应用是推动和促进民族自治区大众传播网络演进发展的三种主要因素外，经济的发展、基础设施建设的改善，以及教育的普及发展等，同样也对民族自治区大众传播网络的演进发展具有巨大的促进和支撑作用。显然，经济的发展、使用国家通用语言文字人数的增多，以及人们接受教育的机会的逐渐增多，都为大众传播网络的演进发展起到了支撑

① 耿晓梦，方可人，喻国明．从用户资讯阅读需求出发的县级融媒体运营策略：以百度百家号“用户下沉”调研分析结论为启示［J］．中国出版，2020（10）：3-4.

和促进作用。但限于篇幅，本研究仅对民族自治区经济发展、基础设施建设以及教育发展等方面的内容加以简略地概括和提炼，并没有对上述因素在促进民族自治区大众传播网络演进发展方面展开深入论述。因此，后续的研究者可以深入地探讨：在媒介化社会中，在地方以及国家的大众传播网络空间内，行政力量、经济资本、技术发展与人们的参与式体验之间该如何进行互动、竞争和整合？行政力量要想一直保持在民族自治区大众传播网络中的主导地位，又该采取什么样的策略应对来自市场、资本以及人们主体参与意识日益增强的挑战？如何在技术赋权、教育普及化程度更高的环境下，满足普通民众的参与式要求？相信对这一课题的深入思考能更好地推进和促进本研究向纵深层面拓展。

为聚焦研究目标，本研究集中探讨从特殊性到一般性的规律和机制问题，仅把民族自治区大众传播网络的演进发展和形成的动力机制作为一个研究个案进行剖析，并没有将民族自治区大众传播网络置于国家未来更宏大的社会发展场景中加以更具前瞻性的剖析。显然，民族自治区大众传播网络不是人类社会中孤立、封闭的存在。它不能独自覆盖世界，也不能单独、孤立地给社会生活设置某种秩序。因此，后续的研究者们可以考虑的研究命题是在未来的网络化社会中，民族自治区大众传播网络将如何适应网络化生存与发展？显然，在未来的网络化社会中，民族自治区大众传播网络将作为网络化社会的一个网络节点存在。但是各节点在网络中的位置和影响力如何并不取决于节点自身的定位，而是取决于网络中的其他节点是否认可它的影响力和连接性。从这个意义上讲，在网络化发展的未来，当介入节点的影响力要比实际拥有的所有权更重要的时候，民族自治区大众传播网络应该具备什么样的特色和优势才能够获得其他网络节点的认可，才能够被接入网络化社会中，这显然会是一个十分具有前瞻性的课题。

本研究认为，地方空间内大众传播网络演进发展的过程是不同媒介形态发展演化的过程，也是各媒介形态共存的过程。然而限于篇幅，本研究并没有就不同媒介的性质和形式本身展开深入论述。因此，本研究后续的拓展性研究还可以聚焦以下议题：印刷媒介、电子媒介、数字媒介是如何给地方空间和国家空间带来新的行动和互动变化的？这些媒介又是如何开启了地方空间和国家空间内权力运作、技术发展、社会治理新模式的？它们又是如何穿越时空，使人们能够远距离地看见、听见乃至一起行动的？最后，不同的媒介形态是如何建构不同的传播关系、传播场景，并带来怎样的信息传播方式的变迁？又将如何界定文化与认同，信息与传播，并如何改变认知达成共识，生成地方空间和国家空间内新的意识形态和新的话语模式？这些都将是富有挑战性而又深具现实性的课题。

# 参考文献

## 一、中文著作

［1］中共中央马克思恩格斯列宁斯大林著作编译局．马克思恩格斯文集：第1卷［M］. 北京：人民出版社，2009.

［2］中共中央马克思恩格斯列宁斯大林著作编译局．马克思恩格斯全集：第8卷［M］. 北京：人民出版社，2009.

［3］邓小平．邓小平文选：第1卷［M］. 北京：人民出版社，1993.

［4］胡锦涛．高举中国特色社会主义伟大旗帜为夺取全面建设小康社会新胜利而奋斗［M］. 北京：人民出版社，2007.

［5］习近平．习近平谈治国理政：第二卷［M］. 北京：外文出版社，2017.

［6］白润生．中国少数民族新闻传播史［M］. 北京：民族出版社，2008.

［7］陈崇山，孙五三．媒介·人·现代化［M］. 北京：中国社会科学出版社，1997.

［8］陈力丹，易正林．传播学关键词［M］. 北京：北京师范大学出版社，2009.

［9］陈力丹．马克思主义新闻观思想体系［M］. 北京：中国人民大学出版社，2000.

［10］陈卫星．传播的观念［M］. 北京：人民出版社，2008.

［11］东风，彭剑．传媒与民族地区发展：甘孜藏区新闻事业研究［M］. 成都：四川大学出版社，2012.

［12］方汉奇．中国新闻事业编年史：中［M］. 福州：福建人民出版社，2000.

［13］方汉奇．中国新闻事业通史：第3卷［M］. 北京：中国人民大学出版社，1999.

[14] 方晓红．大众传媒与农村［M］．北京：中华书局，2002.

[15] 高西莲．陕甘宁边区新闻广播事业发展概述［C］//齐心，张馨．陕甘宁边区政府成立五十周年论文选编．西安：三秦出版社，1988.

[16] 郭建斌，吴飞．中外传播学名著导读［M］．杭州：浙江大学出版社，2005.

[17] 韩东屏．制度的威力［M］．武汉：华中科技大学出版社，2018.

[18] 韩鸿．参与式影像与参与式传播：当代中国参与式影像研究［M］．成都：电子科技大学出版社，2012.

[19] 何精华．网络空间的政府治理：电子治理前沿问题研究［M］．上海：上海社会科学出版社，2006.

[20] 郎劲松，邓文卿，侯月娟．社会变迁与传媒体制重构：亚洲部分国家和地区传媒制度研究［M］．北京：中国传媒大学出版社，2010.

[21] 李彬．传播学引论［M］．3版．北京：高等教育出版社，2018.

[22] 林青．中国少数民族广播电视发展史［M］．北京：北京广播学院出版社，2000.

[23] 刘洪才，邸世杰．广播电影电视专业技术发展简史：上册（广播电视）［M］．北京：中国广播电视出版社，2007.

[24] 刘云莱．新华社史话［M］．北京：新华出版社，1988.

[25] 罗鸣，张立伟．中国发展新闻学概论［M］．北京：社会科学文献出版社，2010.

[26] 南长森．西北地区少数民族新闻传播与国家认同研究［M］．西安：陕西师范大学出版总社有限公司，2014.

[27] 宁夏通志编纂委员会．宁夏通志（十九）：文化卷下［M］．北京：方志出版社，2009.

[28] 彭兰．网络传播概论［M］．北京：中国人民大学出版社，2001.

[29] 乔巧海．值得回味的往事［C］//五十年华．西安：陕西日报社编印，1990.

[30] 庆祝中国共产党成立90周年胡锦涛同志“七一”重要讲话辅导读本［M］．北京：学习出版社，2011.

[31] 裘正义．大众传媒与中国乡村发展［M］．北京：群言出版社，1993.

[32] 王维．革命战争年代江苏盐阜地区的通讯工作［C］//中国社科院新

闻研究所. 抗日战争时期的中国新闻界. 重庆: 重庆出版社, 1987.

[33] 吴廷俊. 科技发展与传播革命 [M]. 武汉: 华中科技大学出版社, 2002.

[34] 姚君喜. 甘肃大众传播与社会发展报告: 2002—2003 [M]. 兰州: 甘肃民族出版社, 2005.

[35] 曾兰平. 中国广告产业制度问题检讨 [M]. 北京: 经济科学出版社, 2009.

[36] 张国良. 新闻媒介与社会 [M]. 上海: 上海人民出版社, 2001.

[37] 张昆. 中外新闻传播史 [M]. 北京: 高等教育出版社, 2017.

[38] 张宇丹. 传播与民族发展: 云南少数民族地区信息传播与社会发展关系研究 [M]. 北京: 新华出版社, 2000.

[39] 赵玉明. 中国广播电视通史 [M]. 北京: 中国传媒大学出版社, 2006.

[40] 郑保卫. 中国少数民族地区新闻传播发展报告 [M]. 北京: 人民日报出版社, 2012.

[41] 中共中央关于全面深化改革若干重大问题的决定 [M]. 北京: 人民出版社, 2013.

[42] 中共中央文献研究室编. 习近平关于社会主义文化建设论述摘编 [M]. 北京: 中央文献出版社, 2017.

[43] 中共中央宣传部. 习近平总书记系列重要讲话读本: 2016 年版 [M]. 北京: 人民出版社, 2016.

[44] 中共中央宣传部新闻局. 习近平总书记党的新闻舆论工作座谈会重要讲话精神学习辅助材料 [M]. 北京: 学习出版社, 2016.

[45] 中国共产党第十九次全国代表大会文件汇编 [M]. 北京: 人民出版社, 2017.

[46] 中国新闻年鉴 [M]. 北京: 中国新闻年鉴社, 2018.

[47] 周德仓. 西藏新闻传播史 [M]. 北京: 中央民族大学出版社, 2005.

[48] 朱培民. 新疆与祖国关系史论 [M]. 乌鲁木齐: 新疆人民出版社, 2008.

[49] 卓南生, 程曼丽. 宁树藩文集 [M]. 增订版. 北京: 清华大学出版社, 2017.

## 二、中文译著

［1］巴勒．传媒［M］．张迎旋，译．北京：中国传媒大学出版社，2007.

［2］巴伦．大众传播概论：媒介认知与文化［M］．3 版．刘鸿英，译．北京：中国人民大学出版社，2005.

［3］彼得斯．交流的无奈：传播思想史［M］．何道宽，译．北京：华夏出版社，2003.

［4］布莱克，布莱恩特，汤普森．大众传播通论［M］．张咏华，译．上海：复旦大学出版社，2009.

［5］德勒巴克，奈．新制度经济学前沿［M］．张宇燕，等译．北京：经济科学出版社，2003.

［6］费希尔．阅读的历史［M］．李瑞林，译．北京：商务印书馆，2009.

［7］福克斯，莫斯可．马克思归来：上［M］．“传播驿站”工作坊，译．上海：华东师范大学出版社，2017.

［8］盖恩，比尔．新媒介：关键概念［M］．刘君，周竞男，译．上海：复旦大学出版社，2015.

［9］凯瑞．作为文化的传播［M］．丁未，译．北京：华夏出版社，2005.

［10］克拉珀．大众传播的效果［M］．段鹏，译．北京：中国传媒大学出版社，2016.

［11］库尔德利．媒介、社会与世界：社会理论与数字媒介实践［M］．何道宽，译．上海：复旦大学出版社，2014.

［12］莱文森．人类历程回放：媒介进化论［M］．邬建中，译．重庆：西南师范大学出版社，2017.

［13］莱文森．软利器：信息革命的自然历史与未来［M］．何道宽，译．上海：复旦大学出版社，2011.

［14］莱文森．新新媒介［M］．何道宽，译．上海：复旦大学出版社，2016.

［15］李特约翰．人类传播理论［M］．7 版．史安斌，译．北京：清华大学出版社，2004.

［16］罗杰斯．创新的扩散［M］．辛欣，译．北京：中央编译出版社，2002.

［17］麦格雷．传播理论史：一种社会学的视角［M］．刘芳，译．北京：中

国传媒大学出版社，2009.

［18］麦克卢汉．理解媒介：论人的延伸［M］．何道宽，译．南京：译林出版社，2011.

［19］麦奎尔．麦奎尔大众传播理论［M］．5版．崔保国，李琨，译．北京：清华大学出版社，2010.

［20］芒戈，康特拉克特．传播网络理论［M］．陈禹，刘颖，等译．北京：中国人民大学出版社，2009.

［21］米耶热．传播思想［M］．陈蕴敏，译．南京：江苏人民出版社，2008.

［22］莫利．传媒、现代性和科技："新"的地理学［M］．郭大为，等译．北京：中国传媒大学出版社，2010.

［23］莫斯可．数字化崇拜：迷思、权力与赛博空间［M］．黄典林，译．北京：北京大学出版社，2010.

［24］赛佛林，坦卡德．传播理论：起源、方法与应用［M］．5版．郭镇之，徐培喜，译．北京：中国传媒大学出版社，2006.

［25］瑟韦斯，玛丽考．发展传播学［M］．张凌，译．武汉：武汉大学出版社，2014.

［26］施拉姆．大众传播媒介与社会发展［M］．金燕宁，蒋千红，朱剑红，译．北京：华夏出版社，1990.

［27］斯巴克斯．全球化、社会发展与大众媒体［M］．刘舸，常怡如，译．北京：社会科学文献出版社，2009.

［28］汤普森．意识形态与现代文化［M］．高铦，文涓，高戈，等译．南京：译林出版社，2012.

［29］威廉斯．关键词：文化与社会的词汇［M］．刘建基，译．北京：生活·读书·新知三联书店，2005.

［30］韦伯斯特．信息社会理论［M］．曹晋，梁静，李哲，等译．北京：北京大学出版社，2011.

［31］温纳．自主性技术：作为政治思想主题的时空技术［M］．杨海燕，译．北京：北京大学出版社，2014.

［32］谢尔顿．社交媒体原理与应用［M］．张振维，译．上海：复旦大学出版社，2018.

[33] 延森. 媒介融合：网络传播、大众传播和人际传播的三重维度 [M]. 刘君，译. 上海：复旦大学出版社，2018.

## 三、中文期刊

[1] 习近平. 生态兴则文明兴：推进生态建设打造“绿色浙江” [J]. 求是，2003 (13) .

[2] 白润生，荆琰清. 中国共产党成立以来的少数民族报业 [J]. 中国报业，2011 (6) .

[3] 包玉明. 内蒙古广播电视台媒体融合发展对策思考 [J]. 新闻论坛，2019 (2) .

[4] 鲍海波. 媒介融合的媒介变革逻辑及其他 [J]. 长安大学学报 (社会科学版)，2016 (2) .

[5] 蔡秀清. 新时期西藏学术期刊编辑素质提升的途径分析 [J]. 中国藏学，2018 (4) .

[6] 陈崇山. 中国受众研究之回顾：上 [J]. 当代传播，2001 (1) .

[7] 陈崇山. 中国受众研究之回顾：中 [J]. 当代传播，2001 (3) .

[8] 陈海霞. 论我国少数民族环境权保护 [J]. 青海民族研究，2008 (4).

[9] 陈力丹. 党性和人民性的提出、争论和归结：习近平重新并提“党性”和“人民性”的思想溯源与现实意义 [J]. 安徽大学学报，2016 (6) .

[10] 陈龙. “发展理论”演进中的媒介角色及其再认识 [J]. 新闻与传播研究，1998 (3) .

[11] 陈嫣如，石迪. 移动媒介与少数民族农村社区变迁研究述评：一个全球化的视角 [J]. 厦门大学学报 (哲学社会科学版)，2017 (4) .

[12] 村田忠禧. 从改革开放以来的党代会政治报告的词语变化来看中共十六大的特点 [J]. 中共党史研究，2003 (1) .

[13] 党东耀. 互联网进化路径与媒介融合模式的变迁 [J]. 编辑之友，2015 (11).

[14] 邸乘光. 具有划时代意义的马克思主义纲领性文献：解析习近平在中国共产党第十九次全国代表大会上的报告 [J]. 黑龙江社会科学，2018 (1).

[15] 董成. 习近平生态文明思想十大特征 [J]. 湖南社会科学，2020 (3).

[16] 杜松平．新疆锡伯族受众媒体接触行为分析［J］．新疆社科论坛，2007（4）．

[17] 范东生．发展传播学：传播学研究的新领域［J］．国际新闻界，1990（3）．

[18] 高西莲．陕甘宁边区新闻广播事业发展概述［J］．延安大学学报（社会科学版），1988（3）．

[19] 耿晓梦，方可人，喻国明．从用户资讯阅读需求出发的县级融媒体运营策略：以百度百家号“用户下沉”调研分析结论为启示［J］．中国出版，2020（10）．

[20] 宫承波，艾红红．试论勒纳的传播与发展理论［J］．山东大学学报（哲学社会科学版），2002（6）．

[21] 宫承波，管璘．试论泰拉尼安的传播思想［J］．当代传播，2014（3）．

[22] 宫京成，苗福成．当前宁夏电视观众的收视特征与传媒对策［J］．宁夏大学学报（人文社会科学版），2005（2）．

[23] 韩鸿．参与和赋权：中国乡村社区建设中的参与式影像研究［J］．国际新闻界，2011（6）．

[24] 韩鸿．参与式传播：发展传播学的范式转换及其中国价值：一种基于媒介传播偏向的研究［J］．新闻与传播研究，2010（1）．

[25] 韩鸿．参与式传播对中国乡村广播发展的启示：基于四川古蔺县桂香村“夫妻广播”的调查［J］．当代传播，2009（2）．

[26] 韩鸿．参与式影像与参与式传播：发展传播视野中的中国参与式影像研究［J］．新闻大学，2007（4）．

[27] 韩鸿．发展传播学近三十余年的学术流变与理论转型［J］．国际新闻界，2014（7）．

[28] 韩立新，杨新明．论媒介与行动的融合［J］．出版广角，2020（13）．

[29] 胡可杨，李洪涛．媒体融合环境下新疆主流媒体转型研究［J］．新媒体研究，2017（17）．

[30] 胡翼青，柴菊．发展传播学批判：传播学本土化的再思考［J］．当代传播，2013（1）．

[31] 胡翼青，李璟．“第四堵墙”：媒介化视角下的传统媒体媒介融合进

程 [J]. 新闻界, 2020 (4) .

[32] 黄燕萍, 刘榆, 吴一群, 等. 中国地区经济增长差异: 基于分级教育的效应 [J]. 经济研究, 2013 (4).

[33] 黄月琴. “弱者”与新媒介赋权研究: 基于关系维度的述评 [J]. 新闻记者, 2015 (7) .

[34] 季红. “互联网+”背景下银川日报社媒体融合发展之路 [J]. 中国地市报人, 2016 (5) .

[35] 贾楚楚. 新疆日报社媒体融合发展的实践与探索 [J]. 传媒, 2019 (6).

[36] 贾慧芳, 张瑾燕. 少数民族地区主流媒体的转型与融合: 以内蒙古日报传媒集团为例 [J]. 传媒论坛, 2019 (6) .

[37] 李彬. 试论媒介与发展的三代范式 [J]. 现代传播, 1996 (8) .

[38] 李金铨. 传播研究的典范与认同 [J]. 书城, 2014 (2) .

[39] 李金铨. 在地经验, 全球视野: 国际传播研究的文化性 [J]. 开放时代, 2014 (2) .

[40] 李克. 西北少数民族地区新闻事业现状及对策 [J]. 青海师范大学民族师范学院学报, 2016, 27 (1) .

[41] 李丽明. 打造“四全媒体”走好媒体融合之路 [J]. 新闻潮, 2019 (6) .

[42] 李斯颐. 传播与人的现代化研究: 源流、认识及评价 [J]. 新闻与传播研究, 2004 (1) .

[43] 李万明, 吴奇峰, 王能. 西部开发政策效率评价与反思 [J]. 开发研究, 2014 (2) .

[44] 李文. 中国西部报业发展状况分析 [J]. 兰州商学院学报, 2005 (6).

[45] 李彧. 微信公众号“最后一公里”的传播格局 [J]. 传媒, 2016 (7).

[46] 林晖, 李良荣. 关于中国新闻媒介总体格局的探讨: 关于二级电视、三级报纸、四级广播的构想 [J]. 新闻大学, 2000 (1).

[47] 林珊. “国际传播发展计划”的来龙去脉 [J]. 国际新闻界, 1986 (3) .

[48] 林晓华，邱艳萍．手机出版：突破少数民族农村信息传播瓶颈的最优选择 [J]．出版发行研究，2013 (1) .

[49] 林晓华，钟熠．大众传媒对少数民族农村的影响度分析 [J]．西南民族大学学报 (人文社科版)，2008 (9) .

[50] 刘海龙．中国语境下“传播”概念的演变及意义 [J]．新闻与传播研究，2014 (8) .

[51] 刘慧珍．对工农通讯员制度的传播学解读：以延安时期革命根据地的实践为视界 [J]．编辑之友，2012 (11) .

[52] 刘祥平．论大众传播媒介与贵州民族地区民族文化传播 [J]．贵州民族研究，2009 (3) .

[53] 鲁鹏．制度与历史决定论 [J]．东岳论丛，2020 (6) .

[54] 陆庆机．广西广播电视无线传输覆盖事业五十年发展成就 [J]．视听，2008 (12) .

[55] 陆鑫，张丽萍．互联网思维下内蒙古地区新闻网站发展策略初探：以内蒙古新闻网、正北方网为例 [J]．新闻论坛，2014 (6) .

[56] 罗杰斯，刘燕南．传播事业与国家发展研究现状 [J]．国际新闻界，1988 (4) .

[57] 梅琼林，胡力荣，袁光锋．关于受众的表述：中国传播学受众研究回顾 (2000—2010) [J]．河南社会科学，2011 (1) .

[58] 南长森，石义彬．媒介融合的中国释义及其本土化致思与评骘 [J]．陕西师范大学学报 (哲学社会科学版)，2012 (3) .

[59] 南长森．西北地区少数民族和谐稳定发展与新闻报道路径创新 [J]．新闻论坛，2013 (5) .

[60] 70 年披荆斩棘 70 年风雨兼程：新中国成立 70 周年以来内蒙古自治区广播电视事业简述 [J]．数字传媒研究，2019 (10) .

[61] 潘玉鹏．发展传播学简介 [J]．新闻大学，1989 (4).

[62] 秦汉．媒介体制：一个亟待梳理的研究领域——专访加利福尼亚大学圣地亚哥分校传播学院教授丹尼尔·哈林 [J]．国际新闻界，2016 (2).

[63] 丘，蒋俊新．2000 年的发展传播学：未来趋势和发展方向 [J]．现代传播，1989 (5) .

[64] 邱洁玲，严锦辉．“全媒体+”视域下的“梧州探索”：梧州日报社媒

体融合案例分析 [J]. 新闻潮, 2019 (2).

[65] 赛来西·阿不都拉, 阿斯玛·尼亚孜. 新疆哈萨克族受众分析 [J]. 当代传播, 2004 (1).

[66] 沙垚. 重建基层: 县级融媒体中心实践的平台化和组织化 [J]. 当代传播, 2020 (1).

[67] 商娜红, 江宇, 刘晓慧, 等. 媒介化社会: 当局与旁观——基于广西少数民族地区传播媒介使用与接触状况的调查 [J]. 文化与传播, 2016 (6).

[68] 宋玉玉. 对发展广告学中制度的阐释理路 [J]. 广告大观理论版, 2019 (12).

[69] 宋月红. 当代中国民族区域自治的建设和发展 [J]. 前线, 2017 (8).

[70] 孙娜, 张梅青, 陶克涛. 交通基础设施对民族地区经济增长的影响: 兼论民族地区高铁建设 [J]. 中央民族大学学报 (哲学社会科学版), 2019 (1).

[71] 孙信茹, 杨星星. "媒介化社会" 中的传播与乡村社会变迁 [J]. 国际新闻界, 2013 (7).

[72] 田中初. 鼓励群众成为新闻传播者: 革命根据地时期党促进通讯员事业发展的相关实践 [J]. 新闻记者, 2011 (7).

[73] 汪罗. 少数民族新闻传播研究: 学术传统与范式重构 [J]. 新闻论坛, 2018 (3).

[74] 王建, 金浩. 坚持和发展中国特色社会主义民族理论, 坚定中国特色解决民族问题的 "三个自信": 学习习近平总书记关于民族方面重要论述系列论文之一 [J]. 黑龙江民族丛刊, 2014 (4).

[75] 王旭. 发展传播学的历程与启示 [J]. 兰州学刊, 1999 (6).

[76] 王怡红. 大众媒介对观念现代化的影响 [J]. 行为研究资料, 1990 (5).

[77] 王勇, 龙玥璇. 我国民语电视发展的问题与对策: 基于 32 个少数民族自治地区的调查研究 [J]. 文化与传播, 2015 (5).

[78] 吾提库尔·阿扎提. 新疆维吾尔语电视业的发展现状及对策 [J]. 青年记者, 2016 (10).

[79] 吴飞. 社会传播网络分析: 传播学研究的新进路 [J]. 中国人民大学

学报，2007（4）.

[80] 吴业苗.乡村共同体：国家权力主导下再建［J］.人文杂志，2020（8）.

[81] 吴予敏.全球化时代的传播与国家发展［J］.新闻大学，2000（4）.

[82] 谢新洲，黄杨.我国县级融媒体建设的现状与问题［J］.中国记者，2018（10）.

[83] 谢卓华.广西网络媒体对东盟传播优化策略分析［J］.新闻爱好者，2015（2）.

[84] 徐晖明.我国发展传播学研究状况［J］.现代传播，2003（2）.

[85] 杨魁，肖正涛.中国西部传媒与社会发展研究的现状与趋势［J］.中国媒体发展研究报告（辑刊），2012（0）.

[86] 殷乐.2018年中国媒体融合发展报告［J］.中国广播电视学刊，2019（2）.

[87] 殷晓蓉.当代美国发展传播学的一些理论动向［J］.现代传播（北京广播学院学报），1999（6）.

[88] 喻国明，杨雅.5G时代：未来传播中“人—机”关系的模式重构［J］.新闻与传播评论，2020（1）.

[89] 袁爱中，王阳，杨静.援助与发展：发展新闻学视域下《西藏日报》援藏20周年报道研究［J］.西藏民族学院学报（哲学社会科学版），2015（3）.

[90] 袁路阳.传播事业与国家发展：国际传播学研究的一个新领域［J］.新闻学刊，1986（1）.

[91] 詹恂，孙宇.西藏党媒“两微一端”的发展现状及传播力分析［J］.现代传播，2019（6）.

[92] 张诚，朱天.从“集成媒体的新机构”到“治国理政的新平台”：县级融媒体中心的方位坐标及其功能逻辑再思考［J］.四川大学学报（哲学社会科学版），2020（2）.

[93] 张雷声.关于科学发展观的科学地位和意义［J］.毛泽东邓小平理论研究，2007（12）.

[94] 张凌，陈先红.瑟韦斯的发展传播学学术思想述要［J］.武汉理工大学学报（社会科学版），2015（2）.

[95] 张巧莲，杨晨晨，常军民.新疆少数民族文种科技期刊现状及发展策

略初探 [J]. 传播与版权，2018（2）.

[96] 张瑞倩. 电视对少数民族传统文化的“修补”：以青海“长江源村”藏族生态移民为例 [J]. 新闻与传播研究，2009（1）.

[97] 张小平，蔡惠福. 新传播格局下受众理论的重思与重建 [J]. 传媒观察，2020（2）.

[98] 张学凤，吕原生. 十七大报告中的“变”与“不变” [J]. 新长征，2008（4）.

[99] 张学洪. 新闻传播效力的一项实证分析 [J]. 新闻研究资料，1992（4）.

[100] 张学霞，鲍海波. 政务微博功能属性研究与应用分析：以“@问政银川”为例 [J]. 北方民族大学学报（哲学社会科学版），2016（4）.

[101] 张学霞，鲍海波. 社会治理式政务微博的优势、局限及发展面向 [J]. 北方民族大学学报（哲学社会科学版），2019（3）.

[102] 张学霞. 宁夏回族社区新媒体应用及效果分析：2013 年 11 月—12 月宁夏兴泾镇实证调查 [J]. 新闻知识，2015（2）.

[103] 张雨欣.《乌鲁木齐晚报》融媒体中心的建设与实践 [J]. 新媒体研究，2020（8）.

[104] 张志华. 委内瑞拉社区媒体：参与式传播的力量 [J]. 新闻大学，2012（5）.

[105] 赵丽芳. 西藏、新疆少数民族受众对母语媒介的接触与使用研究 [J]. 中国广播电视学刊，2015（8）.

[106] 赵星耀. 认知媒介融合的既有理念和实践 [J]. 国际新闻界，2011（3）.

[107] 赵英，张丽. 宁夏新媒体从业人员基本情况及思想状况调查 [J]. 2014 年宁夏社会学会学术年会论文集，2015（1）.

[108] 赵月枝，石力月. 历史视野里的资本主义危机与批判传播学之转机 [J]. 新闻大学，2015（5）.

[109] 郑成贵. 科学地揭示广西广播电视事业的发展规律：谈谈修改广西《广播电视志》篇目的一点认识 [J]. 中国广播电视学刊，1992（10）.

[110] 支庭荣. 由盛转衰的发展传播学 [J]. 新闻大学，1996（4）.

[111] 周德仓，吴江霞，王清华. 改革开放 40 年西藏新闻事业的发展和重

塑［J］. 西藏民族大学学报（哲学社会科学版），2019（1）.

［112］周芳，王艳. 新媒体时代下编辑学术水平与期刊学术质量的关系探究：以新疆 17 种期刊为例［J］. 新媒体研究，2016（23）.

［113］周峰. 新民主主义革命时期中共工农通讯员制度的生成与运作［J］. 中共党史研究，2017（1）.

［114］朱菊生，郭广银. 我国社会主要矛盾的科学概括及其划时代意义［J］. 南京社会科学，2019（4）.

## 四、报纸

［1］广西壮族自治区生态环境厅. 2019 年广西壮族自治区生态环境状况公报［N］. 广西日报，2020-06-03（6）.

［2］黄金萍. 新一轮“西部淘金”：从大开发到大开放［N］. 南方周末，2020-05-28（1）.

［3］加快民族地区奔向全面小康的步伐：三论学习贯彻习近平中央民族工作会议重要讲话精神［N］. 人民日报，2014-10-11（1）.

［4］决胜全面建成小康社会 夺取新时代中国特色社会主义伟大胜利：在中国共产党第十九次全国代表大会上的报告［N］. 人民日报，2017-10-28（1）.

［5］马桂英. 奋力打造北疆生态文明风景线［N］. 内蒙古日报（汉），2017-04-10（9）.

［6］让西部地区分享改革发展成果［N］. 人民日报，2013-10-22（1）.

［7］我国将全面进入数字电视时代［N］. 人民日报，2020-07-23（6）.

［8］习近平. 关于《中共中央关于全面深化改革若干重大问题的决定》的说明［N］. 人民日报，2013-11-16（1）.

［9］中共中央关于坚持和完善中国特色社会主义制度 推进国家治理体系和治理能力现代化若干重大问题的决定［N］. 人民日报，2019-11-06（1）.

## 五、其他文献

［1］龚文英. 我国电视技术的革新对电视媒体发展影响研究［D］. 郑州：河南大学，2013.

［2］关永凤. 长沙县“乐和乡村”社区建设中的参与式传播研究［D］. 长沙：湖南大学，2018.

［3］黄莉．媒介融合背景下地方媒体民生内容的全媒体品牌塑造：以呼和浩特市“青城眼”为例［D］．呼和浩特：内蒙古大学，2019.

［4］匡导球．二十世纪中国出版技术变迁研究［D］．南京：南京农业大学，2009.

［5］李萌．美国发展传播研究的历史考察：发展传播现代化范式的生成、危机与重构［D］．武汉：华中科技大学，2012.

［6］李彦．我国西部少数民族地区退耕还林（草）实践及对策研究［D］．北京：中央民族大学，2005.

［7］乔晓莹．媒介融合发展形势下地方党报“中央厨房”建设研究：以广西日报传媒集团为例［D］．南宁：广西大学，2017.

［8］王靖．推进西藏自治区基础教育服务均等化问题研究［D］．长春：吉林大学，2017.

［9］王朋．西部民族地区参与式乡村信息传播模式研究：以松坪沟为例［D］．成都：电子科技大学，2015.

［10］王睿哲．交通基础设施对全要素生产率的影响机制研究［D］．北京：北京交通大学，2019.

［11］邬宇皓．《内蒙古晨报》融媒体转型策略研究［D］．呼和浩特：内蒙古师范大学，2019.

［12］辛皎佼．延安时期通讯员队伍建设的历史语境与现实启示研究［D］．西安：陕西师范大学，2015.

［13］徐晖明．传播与发展：我国大众传播现状调查与分析［D］．上海：复旦大学，2004 .

［14］张学霞．宁夏大众传播网络构建研究：1926—2018［D］．西安：陕西师范大学，2019.

［15］植凤寅．当代广西壮族自治区报业的发展［D］．北京：中央民族大学，2005.

## 六、英文专著

［1］LERNER D. The Passing of Traditional Society：Modernizing the Middle East［M］．New York：The Free Press，1958.

［2］HARTLEY J. Communication，Cultural and Media Studies：The Key concepts [M]. London: Routledge, 2002.

## 七、英文期刊

[1] ROGERS E M. Communication and Development: The Passing of the Dominant Paradigm [J]. Communication Research, 1976, 3 (2).

[2] FAIR J E. 29 years of theory and research on media and development: the dominant paradigm impact [J]. Gazette, 1989 (44).

[3] FAIR J E, SHAH H. Continuities and discontinuities in communication and development research since 1958 [J]. Journal of International Communication, 1997 (4).

[4] KRUGMAN P. Increasing Returns and Economic Geography [J]. Journal of Political Economy, 1991, 99 (3).

# 后　记

城上风光莺语乱，城下烟波春拍岸。又是一年春暖花开，甲辰龙年如约而至。醉人的春风轻轻拂面，唐徕渠上的草色若隐若现。远望贺兰山，它巍峨耸立。

2023年的早春，我人生中的第一本专著《宁夏大众传播网络构建研究》（1926—2018）由光明日报出版社顺利出版。这本书是在博士论文的基础上，经数轮修改后得以面世。有幸邀请到中央民族大学白润生教授和西藏民族大学周德仓教授作序，大笑奖掖，周老师还在朋友圈里进行了推介。两位老师的鼓励，化为温暖的力量，激励我在学术荆棘之路上执着探索而不觉苦！

《民族自治区大众传播网络构建及参与式传播模式研究》是我的第二本著作，可以同前作一起，视为系列研究。受疫情影响，本书写作过程比较波折，原本实地调研、现场访谈的计划落空，但也使我有更宽裕的时间研读大量的著作和文献，对发展传播学、参与式传播、民族自治区大众传媒发展等有了更系统、更准确的认识。2022年10月初稿形成后，又反复按照五位不同专家的修改意见精心打磨一年之久，最终呈现在读者面前。

本书详尽梳理了国内外发展传播研究的基本历程和主要脉络，重点描述了民族自治区发展传播研究现状，在评述中提出了自己的观点。

在文献资料的占有和梳理方面，开展了大量的工作。比较全面、系统地梳理和呈现了近20年来民族自治区的社会发展变迁以及大众传播网络构建等发展全貌。特别是对民族自治区新媒体和新媒体的梳理和呈现，有助于人们全面地了解和掌握2000年以后的民族自治区大众传播网络发展。

本书试图提出在民族自治区建构参与式传播模式，在模式分析方面有一些独到的见解，如提出媒体融合和参与式传播共融共生的传播模式，如县级融媒体参与式传播模式等。

最后，本书对“参与式传播”理论和“发展传播学”理论进行了在地化话语转换，赋予发展传播学以新内涵。结合国内媒体的通讯员制度的历史演变和当下的县级融媒体平台建设的实践，阐释了其中的参与式传播的内涵，创新了参与式传播的理论内涵。书中建构的大众传播网络系统，试图把参与式传播模式与通讯员制度、县级融媒体建设等结合起来，探索参与式传播对乡村振兴战略的可能影响，为促进民族地区的发展提供了生动的实践案例。尤其是结合大众传播网络的形成来探讨中国不同区域内展开参与式传播的可能和前景，为参与式传播构建了新范式。

当然，本书后续还可以在民族自治区共性研究的基础上，细分每个民族自治区参与式传播的不同层面和不同案例，这样就能凸显研究对象个案分析的深度。另外，书中没有提及民族地区的纪录片和电影，非故意疏漏，乃力有不逮。近几年，民族地区的影视研究其实有了更多丰硕的成果。很多学者已经从民族志、人类学和社会学的角度，做了相当多的研究。本书并没有呈现这些研究成果，深感抱歉，乃至不安。另外，本书后续的研究还可以结合当下最新技术和传播特点，以及中央对各民族地区的要求，来补足部分案例的不足。

感谢我的老师白润生教授。先生已是耄耋之年，但严谨的治学态度令人钦佩，他多次催我修改书稿，催我加快出版进程，每每收到恩师问询，作为学生，心里万分感动又无比惶恐。何其有幸，让恩师如此记挂，又何其惭愧，在治学之路上还那么稚嫩和懒散。

感谢西北民族大学的朱杰教授。和他沿黄河比邻而居，因兄弟院校之故，近年有着非常频繁而愉快的交流，我们既是学友又是道友，为新闻传播之学而共谋，为发展传播之道而共鸣。他当新闻传播学院院长的时候，不仅多次在网上指导我们专业发展，学科建设，还曾莅临本院指导，慷慨无私，深具大家风范。至朱院长起，我们两个兄弟院校的业务联系日益紧密。现在他虽然由于工作原因，繁忙程度尤胜以往，但还是在学术道路上深耕如常，并给拙作作序，我心中不胜感激。黄河的水啊奔腾不息，不曾断流，恰似前辈学者对后辈学人的扶持与鼓励，推动着后辈奋勇前行。

感谢光明日报出版社。感谢他们在我两本著作的出版过程中给予的帮助和指导。他们和我之间流畅的沟通、高效率的合作让我印象深刻。

感谢北方民族大学文学与新闻传播学院给予的经费资助。近年来学院持之以恒地资助出版费用，使更多书稿得以面世，也为专业发展和学科建设奠定了基础。

感谢我的爱人。什么样的赞美之词和感谢之语都无法表达我对他的心意。人生种种，也不如得一心人，白首不相离。他给予我的信任、支持、爱护和尊重使我能够在学术探索中，心无旁骛，勇往直前。惟有爱，才得圆满。

最后，祝所有相识和未相识的人都所得皆所愿，均收获幸福与美满。

张学霞

2024 年 2 月 18 日于宁夏银川